英語教育学の実証的研究法入門

寺内正典［編集代表］　中谷安男［編集］

Excelで学ぶ統計処理

研究社

Microsoft Excel は、米国 Microsoft 社の米国およびその他の国における登録商標または商標です。

はしがき

　21世紀を迎え、英語教育学や第二言語習得研究は、さらに進展を遂げています。また、統計処理ソフトなどの技術革新ともあいまって、これらの研究分野でも統計処理を用いた数量的研究を中心とする実証的研究が主流になってきました。ところが、特に、これから研究を始めようとする方々にとって実証的研究法の基礎を習得するのは予想以上に難しいようです。筆者は、これまでにいくつかの大学や大学院で教えたり、いくつかの学会や研究機関などで研究に着手したばかりの方々の指導や育成に関わってきました。これらの貴重な体験から気づいたことは、実証的研究法や、関連する統計処理の方法の学習に困難を感じている方々が実は少なくないという事実でした。このような実態に触れるにつれ、そうした方々の研究に少しでも役立つために、英語教育学や第二言語習得研究に関する、わかりやすい実証的研究法の入門書を執筆・編集したいという思いが、時を経るごとに強くなってきました。

　もちろん、これまでも統計学や実証的研究法の入門書には優れたものが数多く出版されています。まず本書のコンセプトを考案するための市場調査として、これまでに出版された20数冊の類書の検討に着手しました。その結果、実は、それらの多くには、統計学や実証的研究法に関する予備知識を持たない読者にとって、かなりわかりにくい点があることがわかってきました。例えば、主な問題点としては、次の点などがあげられます。

(1) 統計学に関する予備知識のない初学者には、数式を初めとする「統計学」そのものへの抵抗感が予想以上に強い。
(2) 英語教育学などの専攻の学生にとって、扱われている実例は馴染みが薄い例が多いために、各自が実施したい研究と直接的に結びつけることが難しい。
(3) 執筆者によっては、ご自身が豊富な専門分野の知識を持ち、その研究方法や専門用語に熟知しているために、当該の研究分野に関する重要な予備知識について、読み手は熟知しているものと想定してしまいがち

はしがき

で、それらに言及せずに一方的に説明が展開されている場合が少なくない。

このような現状を重視し、本書は、この分野に関する予備知識を持たない学生や教員を主な対象として統計的な概念や実証的研究方法の基礎をできるだけわかりやすく学習・習得し、各自が実施したい研究に対して、それらを適切に応用できるようになることを主な目的として執筆・編集された入門書です。

本書は次の6章から構成されています。
第1章は、「これから研究を始める方」を対象として、本書の使い方や実証的研究方法の手順などを解説した序章です。
第2章では、リサーチデザインの立て方、数量的リサーチの方法、質的リサーチの方法、統計処理を行うための留意点、さらに「基礎統計量」、「平均値」、「分散」、「標準偏差」などの統計の基礎的知識を説明します。
第3章では、実験を行なう上で必要な「実験タスク作成法」と、調査を行なう上で必要な「アンケートの作成法」を扱います。
第4章では、この分野の研究を実施する上で最低限、必要であると筆者が判断した6つの主な統計処理の方法に焦点を当て、実施の手順や留意点などをコンピュータのディスプレイ画面に沿ってシュミレーションしながら読み手が理解できるようにわかりやすく説明していきます。
第5章では、収集したデータを研究論文にどのようにまとめるのかと、研究論文の投稿方法を扱います。
第6章では、5章までで扱っていない他の重要な統計処理の方法として「回帰分析」と「対応分析」を各々簡潔に説明します。

本書を効果的に活用する上で不可欠なのが、『Excel 2010』と『エクセル統計2010』の両方をインストールしておくことです。本書で扱う統計処理方法のうち、t検定、相関係数などの統計処理を行うためには、『Excel 2010』だけで十分可能です。ただし、χ^2（カイ二乗）検定や因子分析などの統計処理を行うためには、『エクセル統計2010』が必要になるために、あらかじめ『Excel 2010』と『エクセル統計2010』の両方をインストールしておくこと

はしがき

をお薦めします。また、どちらの統計ソフトを使用しているのかを読者が把握しやすいように、例えば「ここでは、『Excel 2010』を使って...」のように該当箇所で各々説明しています。

　本書は、多くの執筆者との共同分担執筆によって成り立っています。また、いくつかの節は、各執筆者の持ち味、専門性、研究スタンスの差異を相乗的に活かすために、共同執筆としました（→執筆分担に関してはp. xiiを参照ください）。また、編集委員、編集コーディネータ、研究社の編集担当者で編集会議を頻繁に持ち、すべての原稿の内容を何度も検討し、各執筆者に修正を依頼し、最終的には、本書の全体的な内容面の統一と読者へのわかりやすさの重視という観点から、全体的に加除修正を施しました。

　また次の方々には、各執筆者の原稿を読み、初学者にとってわかりにくい箇所とその理由を指摘していただきました。記して感謝の意を表します。

　巴将樹*、花田亮*、中村光孝、田辺奈穂子、工藤充、橘田布佐子、西田美弥、桑原洋（*印を付した方々は、編集コーディネータとして、編集会議において編集作業の補助を担当）

　本書の編集を担当してくださった杉本義則氏には、企画の段階から執筆、編集、校正の最終段階まで終始、献身的にご尽力いただきました。心より深く感謝いたしております。

　なお最後になりましたが、本書は、平成23年度～平成25年度 科学研究費助成事業（学術研究助成金（挑戦的萌芽研究））「日本人EFL学習者の読解指導における文処理と談話処理に関する研究」（研究課題番号：23652145 研究代表者：寺内正典）の研究成果の一部に基づいています。

　2012年7月の清々しい夏の日に

編集代表　寺内正典

目　　次

はしがき　iii
執筆分担・執筆者一覧　xii

第1章　これから研究を始める方へ　1
1.1　本書の特色と使用上の留意点　1
　1.1.1　本書の主な目的　1
　1.1.2　本書の主な特色　1
　1.1.3　従来の類書に見られる問題点とその解決策　3
1.2　実証的研究法の手引き　5
　1.2.1　研究方法の10段階の手順　5
1.3　これから大学院進学や研究者を目指す初学者へ　9
　1.3.1　指導教授と大学院を適切に選ぶために　9
　1.3.2　実りのある大学院生活を効率的に送るための心構え　10
　1.3.3　大学院で研究することの究極的な目的　14
　1.3.4　英語教育学研究の前提条件　14
　1.3.5　大学院の授業準備で必要なこと　15
　1.3.6　研究者としてのライフスタイルの確立　16
　1.3.7　共同研究による研究力の育成　16

第2章　リサーチデザイン、研究方法、統計の基礎　19
2.1　研究テーマの選定とリサーチデザインの立て方　20
　2.1.1　実証的研究　20
　2.1.2　研究とは　21
　2.1.3　研究のタイプ　21
　2.1.4　研究テーマの見つけ方　22
　2.1.5　リサーチデザインの立て方　24
　2.1.6　妥当性と信頼性　24

目　次

- 2.1.7　実験デザイン　26
- 2.1.8　実験計画　27
- 2.1.9　倫理的配慮　28

2.2　数量的リサーチの方法　30
- 2.2.1　数量的リサーチデザイン　30
- 2.2.2　数量的リサーチの方法　30
- 2.2.3　数量的リサーチにおける統計分析の方法　31
- 2.2.4　数量的データの信頼性と妥当性　32
- 2.2.5　まとめ　33

2.3　質的リサーチの方法　35
- 2.3.1　質的リサーチの目的　35
- 2.3.2　代表的な質的リサーチ　36
- 2.3.3　まとめ　39

2.4　統計処理を行うための手引きと留意点　42
- 2.4.1　データ収集に関する留意点　42
- 2.4.2　『Excel 2010』と『エクセル統計 2010』　42
- 2.4.3　統計処理を行う場合の留意点　43
- 2.4.4　『Excel 2010』以外の統計処理ソフト　46

2.5　統計の基礎　48
- 2.5.1　基本統計量　48
  - 2.5.1.1　平均値　48
  - 2.5.1.2　分散　48
  - 2.5.1.3　標準偏差　50
  - 2.5.1.4　基本統計量の一括出力　52
- 2.5.2　区間推定と信頼区間　57

第3章　実験タスクとアンケートの作成法　59

3.1　実験タスク作成法　60
- 3.1.1　タスクに影響を与える要因　60
- 3.1.2　代表的なタスク　62
  - 3.1.2.1　スピーキング技能　62
  - 3.1.2.2　ライティング技能　63

        3.1.2.3　リスニング技能 …………………………………………… 64
        3.1.2.4　リーディング技能 …………………………………………… 65
  3.2　アンケート作成法 …………………………………………………………… 69
    3.2.1　調査の目的 …………………………………………………………… 69
    3.2.2　調査の対象 …………………………………………………………… 70
    3.2.3　質問項目の収集 ……………………………………………………… 71
    3.2.4　回答方法の選択 ……………………………………………………… 72
  3.3　アンケート調査と集計 ……………………………………………………… 75
    3.3.1　予備データを収集する ……………………………………………… 76
    3.3.2　質問項目を決定する ………………………………………………… 76
        3.3.2.1　応答の分布精査 ……………………………………………… 76
        3.3.2.2　G-P (Good-Poor) 分析 (上位・下位分析) …………………… 77
        3.3.2.3　I-T (Item-Total) 相関 (項目・全体得点相関) ……………… 77
        3.3.2.4　α 係数 ………………………………………………………… 77
        3.3.2.5　妥当性の検証 ………………………………………………… 82
    3.3.3　アンケート結果の集計と分析 ……………………………………… 82
        3.3.3.1　度数分布と基本統計量 ……………………………………… 82
        3.3.3.2　クロス集計 …………………………………………………… 86
        3.3.3.3　記述統計 (基本統計量) ……………………………………… 89
    3.3.4　記述統計から推測統計へ …………………………………………… 95

第4章　統計処理の方法 ……………………………………………………… 97
  4.1　t 検定と F 検定 ……………………………………………………………… 99
    4.1.1　対応のある t 検定と対応のない t 検定 …………………………… 100
        4.1.1.1　対応のある t 検定 …………………………………………… 100
        4.1.1.2　対応のない t 検定 …………………………………………… 100
    4.1.2　対応のある t 検定の方法 ………………………………………… 101
        4.1.2.1　分析ツール：t 検定 ………………………………………… 102
        4.1.2.2　t 検定の結果の見方 (解釈の仕方) ………………………… 105
        4.1.2.3　t 検定の結果の書き方 ……………………………………… 105
    4.1.3　対応のない t 検定 ………………………………………………… 107
        4.1.3.1　分散が等しい場合と分散が等しくない場合 ……………… 108

目　次

   4.1.3.2 対応のない t 検定の方法 ……………………………… 108
   4.1.3.3 F 検定 ……………………………………………………… 108
   4.1.3.4 t 検定：等分散を仮定した2標本による検定 …………… 111
 4.2 分散分析 …………………………………………………………………… 116
  4.2.1 一元配置分散分析（対応なし／グループ間／被験者間）……… 116
  4.2.2 一元配置分散分析（対応あり／個人内／被験者内）…………… 125
  4.2.3 分散分析を行う場合の留意点 ……………………………………… 127
 4.3 ピアソンの相関係数 ……………………………………………………… 130
  4.3.1 基本的な考え方を理解する ……………………………………… 130
  4.3.2 相関係数の求め方と解釈 ………………………………………… 134
  4.3.3 『Excel』で相関係数を計算 ……………………………………… 135
  4.3.4 無相関の検定 ………………………………………………………… 136
  4.3.5 『エクセル統計』による相関係数の求め方 …………………… 138
  4.3.6 まとめ ………………………………………………………………… 141
 4.4 χ^2（カイ二乗）検定 ……………………………………………………… 143
  4.4.1 クロス集計から χ^2 検定へ ……………………………………… 144
  4.4.2 残差分析 ……………………………………………………………… 149
 4.5 スピアマンの順位相関係数 ……………………………………………… 157
  4.5.1 はじめに ……………………………………………………………… 157
  4.5.2 スピアマンの順位相関係数 ……………………………………… 157
   4.5.2.1 スピアマン順位相関係数の求め方 …………………… 158
  4.5.3 相関係数を活用した形態素の習得順序研究 …………………… 164
 4.6 因子分析 …………………………………………………………………… 171
  4.6.1 基本的な考え方を理解する ……………………………………… 171
  4.6.2 実際の因子分析 …………………………………………………… 176

第5章　データ分析の方法と学会論文の投稿 ……………………………… 187
 5.1 データ分析の方法 ………………………………………………………… 188
  5.1.1 事例1 ………………………………………………………………… 188
   5.1.1.1 研究方法の示し方 ……………………………………… 188
   5.1.1.2 分析方法の記述 ………………………………………… 191
   5.1.1.3 記述統計の示し方 ……………………………………… 192

  5.1.1.4 推測統計の示し方 ………………………………… 193
  5.1.1.5 考察の記述方法 …………………………………… 194
  5.1.1.6 英語教育への示唆の記述 ………………………… 195
  5.1.1.7 研究上の課題の記述 ……………………………… 195
 5.1.2 事例 2 ………………………………………………………… 196
  5.1.2.1 研究方法の示し方 ………………………………… 196
  5.1.2.2 分析方法の記述 …………………………………… 199
  5.1.2.3 記述統計の示し方 ………………………………… 199
  5.1.2.4 推測統計の示し方 ………………………………… 201
  5.1.2.5 考察の記述方法 …………………………………… 203
  5.1.2.6 英語教育への示唆の記述 ………………………… 206
  5.1.2.7 研究上の課題の記述 ……………………………… 207
5.2 学会論文の投稿の方法と留意点 ………………………………… 210
 5.2.1 読者を意識する …………………………………………… 210
 5.2.2 どのジャーナルに投稿するか …………………………… 211
 5.2.3 完成度の高い論文とは：投稿の際に気をつけること ……… 212

第 6 章 より発展的な研究を目指して ………………………… 215
6.1 まとめ ……………………………………………………………… 215
6.2 その他の重要な統計処理の方法 ………………………………… 216
 6.2.1 回帰分析 …………………………………………………… 216
 6.2.2 対応分析 …………………………………………………… 217

参考図書紹介 ……………………………………………………………… 221

索　引 233

【執筆分担】

はしがき	［寺内］
第1章　これから研究を始める方へ	
1.1　本書の特色と使用上の留意点	［寺内］
1.2　実証的研究法の手引き	［寺内］
1.3　これから大学院進学や研究者を目指す初学者へ	［寺内］
第2章　リサーチデザイン、研究方法、統計の基礎	
2.1　研究テーマの選定とリサーチデザインの立て方	［川崎、ウィスナー］
2.2　数量的リサーチの方法	［長沼、寺内、中谷］
2.3　質的リサーチの方法	［中谷］
2.4　統計処理を行うための手引きと留意点	［小沢］
2.5　統計の基礎	［工藤（洋）］
第3章　実験タスクとアンケートの作成法	
3.1　実験タスク作成法	［中谷、寺内、巴、中村］
3.2　アンケート作成法	［飯野、中谷、寺内］
3.3　アンケート調査と集計	［飯野、中谷、寺内］
第4章　統計処理の方法	
4.1　t 検定と F 検定	［寺内、巴、中谷］
4.2　分散分析	［長沼、寺内、中谷］
4.3　ピアソンの相関係数	［中谷］
4.4　χ^2（カイ二乗）検定	［飯野、中谷、寺内］
4.5　スピアマンの順位相関係数	［寺内、中村、中谷］
4.6　因子分析	［中谷］
第5章　データ分析の方法と学会論文の投稿	
5.1　データ分析の方法	［飯野、寺内、巴、中谷］
5.2　学会論文の投稿の方法と留意点	［中谷］
第6章　データ分析の方法と学会論文の投稿	［中谷、寺内、小林］
参考図書紹介	［各文の末尾に記載］

【編集・執筆者一覧】

編集委員
　寺内正典（法政大学教授）［代表］
　中谷安男（法政大学教授）

執筆者（五十音順）
　飯野厚（法政大学准教授）
　小沢和浩（法政大学教授）
　川﨑貴子（法政大学准教授）
　工藤洋路（東京外国語大学任期制講師）
　長沼君主（東京外国語大学任期制講師）
　小林雄一郎（日本学術振興会特別研究員PD）
　寺内正典（法政大学教授）
　巴将樹（法政大学第二中・高校教諭）
　中谷安男（法政大学教授）
　中村光孝（法政大学兼任講師）
　ブライアン・ウィスナー（法政大学准教授）

「参考図書紹介」執筆者（五十音順）
　工藤充（法政大学大学院生）
　鈴木健之（目白大学短期大学部教授）
　田辺奈穂子（聖心女学院中等科・高等科教諭）
　寺内一（高千穂大学教授）
　花田亮（法政大学大学院修了）
　土方裕子（東京理科大学専任講師）
　松谷明美（高千穂大学教授）

（肩書きは2012年7月現在）

第1章
これから研究を始める方へ

1.1 本書の特色と使用上の留意点

1.1.1 本書の主な目的

　統計学に関する予備知識がない方でも、『Excel 2010』や『エクセル統計2010』を実際に活用しながら「統計処理を活用した実証的研究法の基礎」をできるだけわかりやすく学び、習得できるように執筆しています。
　特に、これまでの類書では、「統計処理の方法」や「実証的研究法」を習得することに困難を感じていた大学生、大学院生、さらには、中学校、高校、大学の英語教師などの理解に役立つように、できる限り丁寧な説明を心がけています。

1.1.2 本書の主な特色
(1) 編集委員と執筆者の連携を重視した執筆・編集のプロセス
　本書は、編集委員を中心に、次の専門領域の方々との密接な連携によって完成しました。

① 理論言語学、応用言語学、第二言語習得、英語教育学の研究者
② 統計学、教育統計学の研究者
③ 現役の大学院生と大学院修了生
④ 中学、高校、大学の現職英語教員

　初学者でも本書の内容を無理なく理解できるようにと編集委員が心を砕いて何度も執筆者と綿密な連絡を取り合い、お互いの専門分野を十分に活かして執筆しました。草稿に対して時間をかけて何度も検討し、どの原稿も何度も加除修正を施し、読者にとって読みやすい完成原稿に仕上げました。
　また、次の節の「実証的研究法の手引き」では、研究の手順を読者が理解

第1章 これから研究を始める方へ

しやすいように「10段階のフローチャート」を示し、研究手順の流れが一目で理解できるように具体的に説明しました。

(2) コンピュータ・ディスプレイ画面を取り入れた紙面構成

実際のディスプレイ画面を、それぞれの手順ごとにわかりやすく提示してあります。初学者でも『Excel 2010』や『エクセル統計 2010』を活用しながら、本書の手順をそのまま正しくたどっていけば、基本的な統計処理や統計分析が比較的、簡単に行えるような紙面構成になっています。

(3) 視覚に訴える紙面構成

読者が「研究方法」や「統計処理方法」の具体的な手順や流れを一目で理解できるように、必要に応じて図・表・フローチャートなどを挿入し、視覚に訴える記憶しやすい紙面構成を心がけています。

(4) 各章の概要を示す序文

各章の最初で、その「章」で扱う内容、項目などを簡潔にまとめ、読者がこれから読む章の概要を簡潔に理解できるように執筆しています。

例えば、「この検定は、どのような研究を行う場合に、どのように使われるのか」、また「関連する他の検定との関係はどのような相互関係になっているのか」などが一目でわかるようになっています。

(5) 専門用語のわかりやすい説明

「統計処理」、「研究方法」、「研究分野」に関する専門用語を、できるだけ、その場で意味や内容を具体的に説明し、関連する専門用語が相互に関連づけられるように工夫しています。

また、「注」や「参照項目」などを豊富に取り入れ、関連する項目と相互に参照しやすいように配慮して執筆しています。

(6) 例題と演習問題を豊富に取り入れた説明

実際の「研究方法」、「研究手順」、「研究上の留意点」、「統計処理の方法」は、読者が『Excel 2010』や『エクセル統計 2010』を実際に活用し、例題や演習問題に取り組みながら無理なく理解できるように執筆しています。

1.1 本書の特色と使用上の留意点

(7) Q&Aやコラムを活用した発展的な説明

本書で学ぶ「研究方法」や「統計処理方法」の基礎的な知識を補うために、「Q&A」や「コラム」などで「研究上の留意点」や「つまずきやすい項目」に焦点を当て、より発展的な補足説明を加えています。

(8) 参考図書の概要や特色の紹介

①「統計処理方法関連」、②「研究方法・研究論文関連」、③「応用言語学（英語教育学、第二言語習得）関連」の研究領域ごとに「参考図書」を巻末にまとめています。本書とともに読者のみなさんにぜひとも読んでいただきたいと編集委員がお薦めするものを選びました。

各本の特色や概要を簡単に紹介していますので、発展的な学習の参考としてください。

1.1.3 従来の類書に見られる問題点とその解決策

次のような諸問題のために「統計処理の方法の学習」につまずきがちだった初学者の使用の便を考慮し、以下の解決策を取り入れて執筆しました。

[問題点 ①]

類書では、統計処理の手順の一部、あるいは、多くの部分が省略されて書かれているので、実際の統計処理作業を具体的にどのように進めたらよいのかわからなくなってしまう。

また統計の本を何冊も相互に関連づけて読まないと、統計処理の方法や手順の流れがわからないので不便である。

解決策：統計処理に関する必要な手順は、省略せずにきちんと明示し、手順にしたがっていけば、初学者でも統計処理方法が理解できるように執筆しています。

[問題点 ②]

類書では、使われている専門用語の説明がない、あるいは説明が難解なので意味がよく理解できないために先に読み進めなくなって、読むことをやめてしまう。

解決策：統計処理、英語教育学、第二言語習得に関する専門用語は、初出

の箇所で、わかりやすく言い換えたり、脚注などで説明したりして、初学者ができるだけその場で読みながら理解でき、読み進められるように執筆しました。

また専門用語は、前述の箇所と相互参照をしやすいようにクロスレファレンスを施しています。初学者が繰り返し内容を確認し、理解が深まるように心がけています。

[問題点 ③]
　統計処理によって算出された結果をどのように解釈したらよいのかわからない。また、結果を研究論文にどのように具体的に記述したらよいのかわからない。
　解決策：研究論文を執筆するときのヒントとなるように「結果の解釈の仕方」と「結果の解釈の書き方」の具体例を提示しています。

[問題点 ④]
　研究を行う上で、どのような検定を、どのような場合に使ったらよいのか、よく理解できない。
　解決策：特定の研究を行う場合に、実際にどのような検定を使ったらよいのかが明確になるように具体例を示しています。
　また、『Excel 2010』や『エクセル統計 2010』を実際に使いながら例題や演習問題に取り組むことによって、それぞれの統計処理方法の基礎に関する理解が徐々に深められていくように配慮して執筆しています。

1.2 実証的研究法の手引き
── 研究計画から研究論文作成までの手順

　本節では、英語教育学研究や第二言語習得研究をこれから始めようとする初学者を対象として、本書で扱う「統計処理に基づく実証的研究の方法」の手順について項目ごとに説明していきます。特に「研究計画の立て方」から「研究論文の作成」までの10段階の手順を、該当する各章、各節と関連づけながら本書の全体像が簡潔に把握できるように説明していきます。

1.2.1　研究方法の10段階の手順

　以下が研究方法の10段階の手順を示したフローチャートです。研究を実際に行う際には、チェックしながら進めてみてください。

□	(1)	文献研究を行う	(1.3, 2.1.4節参照)
		↓	
□	(2)	研究テーマを設定し、研究計画を立てる	(2.1節参照)
		↓	
□	(3)	研究仮説や研究課題を設定する	(2.1.5, 5.1節参照)
		↓	
□	(4)	実験タスク、テスト、質問紙などを適切に作成する	(第3章, 2.1.6, 2.2.4, 5.1節参照)
		↓	
□	(5)	最適な実験参加者を選択する	(2.1.9, 3.1.1, 3.2.2節参照)
		↓	
□	(6)	最適な統計処理方法を選択する	(第4章参照)
		↓	
□	(7)	予備実験を経てから本実験を行う	(2.1.8, 3.3.1節参照)
		↓	
□	(8)	仮説を検証する	(第4章, 5.1節参照)
		↓	
□	(9)	結論をまとめる	(第4章, 5.1節参照)
		↓	
□	(10)	実験に関わる諸問題などに言及する	(第4章, 5.1節参照)

第1章 これから研究を始める方へ

(1) 文献研究を行う

① 入門書や概論書を読む

英語教育学や第二言語習得に関する入門書や概論書を読み、自分が興味を持っている研究分野は、どのような研究分野なのか、また、これまでにどのような代表的な研究が行われてきたのかについての概要や進展状況を正確に把握します。

→「入門書や概論書の読み方」の具体的な方法については、1.3「これから大学院進学や研究者を目指す初学者へ」や2.1.4「研究テーマの見つけ方」を参照ください。

② 関連する先行研究を読む

自分が興味のある研究分野の先行研究を相互に関連づけながら読み、自分が研究したいと思う研究分野では、先行研究によって、これまでにどのようなことが解明され、どのようなことがまだ解明されていないのかを正確に理解します。

→「関連する先行研究の読み方」の具体的な方法については、1.3「これから大学院進学や研究者を目指す初学者へ」を参照ください。

(2) 研究テーマを設定し、研究計画を立てる

これまでの先行研究では、まだ十分に解明、あるいは検証されていない研究テーマの中から、研究する価値があると判断したテーマを精選して絞り込んでいきます。研究テーマや研究目的を決定し、研究計画（research design）を立てる場合には、どのような要因（例えば、指導法の影響）を独立変数とし、またどのような要因（例えば、学習者の英語力の伸長度）を従属変数として設定するのかなどが重要になります。また交絡要因（confounding factor）なども考慮する必要があります。

→「テーマの選び方」に関しては2.1.4「研究テーマの見つけ方」を参照ください。
→「独立変数と従属変数」に関しては、2.1.5「リサーチデザインの立て方」や2.2の「数量的リサーチの方法」を参照ください。
→「交絡要因」に関しては、2.1.7「実験デザイン」を参照ください。

(3) 研究仮説や研究課題を設定する

先行研究結果を十分に検討・考察し、研究によって解明したい研究仮説（research hypothesis）や研究課題（research questions）を予測しながら設定

します。
→「研究仮説や研究課題の設定」に関しては、2.1.5「リサーチデザインの立て方」や5.1「データ分析の方法」を参照ください。

(4) 実験タスク、テスト、質問紙などを適切に作成する

先行研究を参考にしながら、研究仮説や研究課題を検証するために必要なデータを収集するのに適した言語素材（例えば、刺激文など）、実験タスク、テスト、質問紙などを作成します。この際には、「妥当性」と「信頼性」という2つの基準が重要になります。
→ 実験タスクや質問紙を作成する上での留意点に関しては、第3章「実験タスクとアンケートの作成法」を参照ください。
→「妥当性」と「信頼性」に関しては、2.1.6「妥当性と信頼性」や2.2.4「数量的データの信頼性と妥当性」を参照ください。
→「言語素材（刺激文）」に関しては、5.1「データ分析の方法」を参照ください。

(5) 最適な実験参加者を選択する

実験に最適な被験者要因（年齢、性別、英語力など）を検討し、実験の対象者として、どのような実験参加者を何名くらい選択して実験を行うのかを決定します。
→「実験参加者に関する留意点」に関しては、2.1.9の「倫理的配慮」や3.1.1「タスクに影響を与える要因」、3.2.2「調査の対象」を参照ください。

(6) 最適な統計処理方法を選択する

研究テーマ、研究課題、研究目的、被験者要因などを考慮し、実験に最適な統計処理方法を選択します。
→「最適な統計処理方法の選択」に関しては、第4章「統計処理の方法」を参照ください。

(7) 予備実験を経てから本実験を行う

予備実験の結果を十分に検討し、実験上の問題点を発見し、例えば、実験参加者が取り組みやすいように、指示文の内容を修正するなど、本実験用のタスクなどに修正を加えて、本実験を行います。
→「予備実験の留意点」に関しては、2.1.8「実験計画」や3.3.1「予備データを収集

する」を参照ください。

（8） 仮説を検証する

入手した実験データの分析結果に基づいて、仮説を検証し、それが支持された理由、あるいは支持されなかった理由を、「分析と考察の章」で先行研究などを踏まえて分析し、説明していきます。

→「仮説の検証」に関しては、第4章「統計処理の方法」と5.1「データ分析の方法」を参照ください。

（9） 結論をまとめる

さまざまな観点から、関連する先行研究や、理論言語学、応用言語学、言語科学、認知科学などの知見を活用して分析結果を再検討し、結論としてまとめていきます。

→「結論のまとめ方」に関しては、第4章「統計処理の方法」と5.1「データ分析の方法」を参照ください。

（10） 実験に関わる諸問題などに言及する

実験に関する諸問題を多角的に考察し、実験の限界や今後の研究への展望に言及します。英語教育学研究では、指導法への示唆などにも言及します。

→「実験に関わる諸問題や今後の研究への展望の書き方」に関しては、第4章「統計処理の方法」と5.1「データ分析の方法」を参照ください。

1.3 これから大学院進学や研究者を目指す初学者へ
―― 大学院とは自分で主体的に研究する場である

　この節では、これから大学院に進学し、研究者を目指そうと考えている初学者の方を対象として、基本的な事柄に焦点をあてて説明していきます。たとえば、「英語教育学」や「第二言語習得」に興味を持っているのだが、「研究テーマとして、どんなテーマを選んだらよいのか」、「大学院を選ぶにはどんな点に注意したらよいのか」、「どんな入門書を選び、どのような方法で読み始めていけばよいのか」などの初歩的な事柄がまだ漠然としていてよくわからない、という方を主に想定して執筆しています。また、この節では、これから「英語教育学」や「第二言語習得」を勉強していこうと考えている大学生や、小学校、中学校、高校、大学の英語教員の方々にも参考になるように具体例をあげながらわかりやすく執筆しています。

(注) 本節は、特に初学者を対象としていますので、他の節とは異なり、予備知識のない方にも参考図書の内容がわかりやすいようにと配慮し、「著者名」でなく、「本の題名」が直接、記載されています。

1.3.1　指導教授と大学院を適切に選ぶために

> 自分の研究テーマを決めてから指導教授と大学院を選ぶ

　将来、大学の教員や研究所の研究員などの研究職を目指す方にとっての大前提は、大学院に入学する前に、まず自分が研究するテーマを明確に決めておくことです。次に、自分のテーマの研究指導にふさわしい、その研究領域の第一線で研究に取り組んでいる指導教授がいる大学院を選び、その大学院への合格を目指して受験準備を行い、入学することです。特に英語教育学や第二言語習得理論の領域は、この領域自体が学際的になっていますので、関連領域を専門とする教授間の研究指導上の連携がうまく機能しており、研究環境が十分に整っている大学院を選ぶことが重要です。そのための最初のステップとしては、「大学院案内のガイドブック」を読み、検討することから始めるとよいでしょう。

　研究者になるためには、次の道筋が一般的です。

第 1 章　これから研究を始める方へ

(1) まず自分の研究分野や研究テーマに関して定評のある大学院の修士課程に進み、修士論文を書きあげ、修士号を取得します。
(2) 次に、さらに研究を深めるために博士課程に進み、博士論文を書きあげ、博士号を取得することです。

　大学の最近の専任人事の募集では、応募条件に博士号の取得、あるいは同等の条件を課している大学がほとんどです。また、実際に応募者の半数以上が博士号を取得している場合も少なくないので、これから研究者を目指す方は、博士号の取得を目指すことが求められます。

　最近は、日本の大学院でも博士号を授与する大学院が増えてきています。しかし、日本の大学院で修士号を取得してから、時間と費用などが許す限り、関連する研究分野で定評のある海外の有名大学院で博士号 (Ph.D.) の取得を目指すことも重要な選択肢のひとつです。それは、英語圏で英語でのインプットを豊富に受け、高い英語運用能力を習得できるというメリットだけでなく、世界の第一線の研究者や最先端の研究に直接触れることができるからです。

　大学院の選定にあたっては、研究指導力に定評のある指導教授と研究職への就職の支援体制が整っている大学院を選ぶことをお薦めします。特に大学院に進んだ院生が途中で学位を取らずに辞めてしまうケースがしばしばあるような、研究指導力が高くない指導教授を選ぶことは避けなくてはなりません。したがって、自分が進学を希望する大学院に関しては、できるだけ、その大学院の修了生などから電話やメールや訪問などを通じて、「生」の内部情報を入手し、大学院選びの検討資料とすることが望まれます。

　さらに指導教授の執筆した専門書や研究論文を読み、その方が現在、どのような研究テーマの研究に取り組んでいるのかを調べ、自分の研究テーマの指導教授として本当にふさわしいのかどうかを正確に見極め、判断することが大切です。例えば、著名な教授の場合には、講演などを行うことがよくあります。講演を聴いてみると、教授自身の研究内容、説明のわかりやすさ、時には人柄なども理解できることもあるので、指導教授選びの重要な情報になるでしょう。

1.3.2　実りのある大学院生活を効率的に送るための心構え

　近年では、「大学院重点化政策」などの影響で大学院の数や定員の数が大幅

に増加し、大学院進学者のための門戸が急速に広がりました。この傾向とは裏腹に、日本経済の長期的な停滞状況に伴う保護者の経済状態の悪化などの要因のために、学部生の大学院進学志望者数が減少傾向にあります。また、最近は、「発達障害」、「(双極的)気分障害」、「境界性パーソナリティ障害」などの精神的な問題を抱えた学生や、いわゆる「学歴ロンダリング」を主な目的として大学院進学を目指す学生も増加傾向にあります。このような複合的な状況の変化により、大学院の入学が以前よりも容易になりつつあるとともに学生の質自体も極めて複雑な様相を呈してきました。

筆者は、これまでにいくつかの大学院やいくつかの学会などで、大学院生や若手の研究者たちに実際に指導を多年に渡って行ってきました。これらの経験を基に、本節では、「大学院で効果的に学ぶための心構え」として、これから大学院の進学を希望している方が、充実した大学院生活を始めるために最低限心がけてほしい基本的で大切な事柄について説明していきます。

(1) 問題意識を持って主体的に研究しようという態度を持つ

「仮説設定・仮説検証」のアプローチ

一点目としてあげておきたいことは、学部と大学院では、授業の受け方や研究への取り組み方が大きく異なるということです。例えば、問題意識を持たずに「わからないことを、自分で考えたり、調べたりせずに、教授に教えてもらえばよい」という態度では、授業から得るものが極めて限定されてしまいます。それは問題意識を持って主体的に学ぶ場合と、受動的に学ぶ場合では、授業で触れる知識に対する理解度や記憶の定着率などが決定的に異なるからです。したがって、例えば、大学院の予習の際には、特定の研究課題 (research questions) に対して、問題意識を持ち、主体的に取り組むように心がけていくことが重要です。もし疑問点や理解の不十分な点があれば、それらをそのままにして授業に参加してはいけません。そのような場合には、自分で参考文献を調べて、自分の頭で考え抜き、自分なりの仮説 (hypothesis) としての「暫定的な答」(tentative answers) にたどりついてから授業に参加するという習慣形成が重要なステップとなります。

言い換えると、特定の研究課題に関して、まず仮説を立て (hypothesis-making *or* hypothesis formation)、授業に臨み、授業の中で指導教授や他の

第 1 章　これから研究を始める方へ

院生たちとともに仮説を検証していく（hypothesis-testing）というアプローチで授業に真摯に取り組むことが肝要です。このようにして「仮説設定 → 仮説検証」というアプローチを取り入れ、日々の授業に誠実に取り組み続けていけば、授業内容や知識に関する理解度や記憶の定着度も、おそらく 1 年あまりで望ましい成長を遂げることができるのではないでしょうか。

（2）　研究分野に関する専門書、研究論文、専門事典を（主体的に）読む

> 大学院の授業だけでは、専門知識のインプットは不十分である

　それでは、上記のようなアプローチを取り入れて大学院の授業の内容を主体的にこなしていれば、研究論文や学位論文を執筆するための基礎づくりが確実にできるのでしょうか。

　その答えは、残念ながら「No」です。仮に授業の予習を着実にこなしていたとしても、それだけでは、当該の研究分野に関する基礎的な知識に触れるためのインプットの量が絶対的に足りません。したがって、授業から得られる知識に加えて、不足している知識の情報量を授業以外の時間に自分でできるだけ多く確保しなければなりません。

　例えば、「第二言語習得」（second language acquisition; SLA）に関する研究論文を読むクラスを受講したとしましょう。授業で読む研究論文を十分理解できるまで予習して調べて授業に臨むことは必要最低限の条件ですが、それだけでは、実は不十分なのです。したがって、授業と並行して、まず概論的な入門書を購入し、何度も読み返し、基本的な知識や進展状況などの概要を正確に理解できるように努力することが不可欠になります。

　例えば、『第二言語習得研究に基づく最新の英語教育』（1994）（→ 参考図書紹介参照）や『第二言語習得研究の現在』（2004）（→ 参考図書紹介参照）などは、その研究領域に関する入門書としては、扱っている範囲も射程が広く、比較的、平易に執筆されておりますので初学者向きと言えるでしょう。また、これらの本は 2 冊とも「4 技能、語彙、文法の指導法と第二言語習得の関係」を扱っている章も多いので、教育現場に携わって指導法改善に取り組んでいる小学校、中学校、高校の先生方にも適した入門書です。

　また、このような本を読む場合には、その研究領域に関する定評のある専門用語事典、例えば、『応用言語学事典』（2003）（→ 参考図書紹介参照）などを

1.3 これから大学院進学や研究者を目指す初学者へ

丹念に引いたり、読んだりしながら、専門用語の意味を調べ、大切だと思う専門用語の意味と背景的な知識を正確に理解します。さらに自分の言葉で要約できるように何度も読み返し、概要を記憶し、必要に応じてノートやカードに書き写し、自分の知識として1つ1つ確実に蓄えていくことが重要です。

(3) 第二言語習得研究の基礎的な知識を身につける

> 初学者のための第二言語習得研究の勉強法

次に、初学者の方が、例えば、4技能などの指導法と関連づけながら第二言語習得研究の基礎的な知識を学ぶための一例をあげておきます。

①『第二言語習得研究に基づく最新の英語教育』(1994)→ ②『第二言語習得研究の現在』(2004)という順番で、まず両書の共通章に出てくる専門用語を『応用言語学事典』(2003)で引きながら、必要に応じて各章で扱われている第二言語習得の研究領域の概要と進展状況を正確に理解することから始めてみてください。例えば、両書の「スピーキング」の章を①→②の順に相互に関連づけながら読んでいくと、当該研究の歴史的発展や代表的な研究の概要などをわかりやすくたどることができます。

また、英語で書かれた第二言語習得の入門書として定評のある *Second Language Acquisition* (1997) を上記の2冊と同時並行で、関連づけながら読んでいくこともぜひお薦めします。

このようにして、第二言語習得研究における特定の研究領域に関する基本的な知識と関連する専門用語の知識を習得し、大学院の授業だけでは、不十分な「必要不可欠の重要な情報」を補完することを通じて、授業内容自体の理解度も深まっていきます。そして次第に、第二言語習得に関する基礎的な知識を効果的に効率よく習得することが可能になっていきます。

また、この際の留意点として、まず基本的な知識の正確な理解 (literary level comprehension) を踏まえてから、問題点に関する批判的な理解 (critical level comprehension) へと進むという原則を遵守することが重要です。

1.3.3 大学院で研究することの究極的な目的

> 自立した研究者の育成 → 仮説検証力と問題解決力の習得

　大学院教育の目指す究極的な目的は、一言で言えば、特定の研究分野に関する自立した研究者（independent researcher）の育成です。自立的な研究者とは、自分が解明したい研究課題に関して、「仮説・検証」のアプローチで取り組み、「実証的な研究方法」（experimental research）を駆使し、研究課題に関する「問題・解決」（problem-solution）を適切に遂行することができる研究者を意味します。

1.3.4 英語教育学研究の前提条件

> 英語教育学には第二言語習得理論や理論言語学の基礎が不可欠

　最近は、大学院の専攻が細分化されてきたために、英語教育専攻の学生でも理論言語学や言語理論の授業などをほとんど取らずに大学院を修了していく場合もあります。また、そのために、それらの知識をほとんど習得せずに、修士論文を書き上げる学生も少なくないようです。しかしながら、将来、研究者を目指す方にとっては、英語教育学を支える理論言語学、応用言語学、言語科学、第二言語習得理論などの基礎を学び、それらの知見を身につけることはとても大切なことです。仮説を立てる場合、その仮説が支持された場合、また仮説が支持されなかった場合にも、それらの関連領域の言語科学の知見が極めて重要になります。この点に関しては、5.1 節の「データ分析の方法」を参照してください。

　また、初学者が理論言語学や言語理論などの基本的な知識を新しい視点からわかりやすく理解するのに役立つ入門書として『はじめて学ぶ言語学』(2011) は定評があります。

　また『言語科学の百科事典』(2006)（→ 参考図書紹介参照）は、「人文科学」、「教育学」、「日本語学」、「社会科学」、「生物学」、「医学」、「工学」、「人間学」などの言語科学の最前線が一望できる、「言語科学」に関する百科事典です。本事典では、重要な専門用語が見開き 1 ページで簡潔にまとめられており、英語教育学や第二言語習得理論と密接に関わる研究領域の背景知識の基礎を関連づけながら理解するのにも役立ちます。

1.3 これから大学院進学や研究者を目指す初学者へ

1.3.5 大学院の授業準備で必要なこと

> 周到な授業準備こそが、修士論文の作成の要

次に、標準的な大学院の授業を想定して大学院の授業の準備に関して必要なことに焦点を当てて述べていきます。

大学院の授業の準備（発表者の場合）

発表者は担当として割り当てられた研究論文を、最初のうちは、理解できるまで何度も熟読し、重要箇所に線を引いたりして、概要（summarization）を作成していきます。この場合には重要だと思う英文を抜き出して羅列するのではなく自分の言葉で概要をまとめ直し、参加者に対してできるだけわかりやすく発表するように準備しておきます。また、内容を要約するだけでなく発表内容に関して必ず自分独自の意見や見解を付け加えるように心がけることが望まれます。

優れた研究論文を熟読することによって、「研究論文の基本的な構成」（① 研究の背景、② 目的、③ 仮説、④ 結果の分析・考察、⑤ 結論）のお手本を学習するだけでなく、「どのようにして仮説を検証していくのか」という実証的研究のアプローチの具体例を実際に学ぶことが可能になります。

この際に、専門事典などを引きながら、「専門用語集」を、自分の言葉でまとめ直して作成し、付記するように心がけると、発表者自身の発表内容や専門用語に関する正確な理解はもとより、他の受講生の基本的な理解も深まっていきます。できれば、自分が大学院の教授になったつもりで他の学生の理解度を確認しながら、わかりやすく授業を運営・展開していくように心がけて準備してみましょう。このための具体的な方法や技術に関しては、『授業をどうする』（1995）、『伝える力』（2007）、『わかりやすく〈伝える〉技術』（2009）、『伝える力2』（2012）などが、すぐに役に立つ本として推薦できます。

また、不断の周到な授業準備こそが、修士論文の作成の『要』となることを認識しておくことも重要です。すなわち、日頃の授業における口頭発表（oral presentation）の質を日々高めていくことが修士論文の質を高めていくことにつながっていくのです。このような授業準備を真摯に重ねることによって、はじめて研究論文を正確に読み、理解する能力や先行研究（previous studies）の結果の概要を統合化（integration）していく能力を身につけ、研究方法（research method）の基礎を正しく習得できるようになります。

1.3.6 研究者としてのライフスタイルの確立

> 研究優先型のライフスタイルを確立し、習慣化する

　原則としてできる限り、毎日、一定時間は研究する習慣を、自分のライフスタイルに確実に組み入れます。そのためには、まず「自分の思考力、思考活動が最も活性化される時間」（prime time）を見つけ、その時間を「研究のための大切な時間」として定めます。次にできるだけ毎日、その時間を研究時間に当てる習慣を確立するように心がけることが大切です。また、「研究時間は朝型が適しているか、夜型が適しているか」に関しては、「個人差による適性の差」に依存するという仮説がありました。しかしながら、最近の「免疫理論」（『疲れない身体を作る免疫力』（2011）；『なぜ、「これ」は健康に良いのか？』（2011）に基づく仮説や実証的研究結果によると、「「朝型」の方が、健康的且つ生産的な（productive）研究生活により適していること」が証明されつつあるようです。研究活動は生涯にわたる長期的なものとなりますので、健康に十分配慮し、自分の特性に適した研究時間を選ぶことも大切なことと言えるのではないでしょうか。

1.3.7 共同研究による研究力の育成

> 共同研究への関わり方と重要な習慣

　大学院では、指導教授などが主体的に関わっている文部科学省の科学研究費や、他のさまざまな研究プロジェクトなどに、大学院生が研究協力者などとして関わることがよくあります。

　研究代表者の指導教授や研究分担者の教授、大学院の先輩方との共同研究や共同執筆は、大学院生にとって自分の研究遂行力や研究論文の執筆力を向上させるための絶好の機会となります。

　多くの院生たちが研究の質の向上を目指して、互いにしのぎを削る大学院では、共同研究などで誠実に努力し評価を得ることが、まず研究者への道の第一関門となります。

1.3 これから大学院進学や研究者を目指す初学者へ

　このような共同研究や共同執筆などの研究分担作業に関しては、自分の果たすべき研究課題に最善を尽くして取り組み、推敲を重ね、完成度の高いレベルにまで仕上げることが大前提です。また、必ず締め切りまでに課題を確実に仕上げる習慣をつけることも必須です。これらを習得できれば、限定された期間内でどのように研究を計画するのかという「研究企画力」だけでなく、どのようにして研究論文の内容の質を高めて完成させるのかという「研究遂行力」も育成されます。また、このような過程を通じて、同時に、高度な「仮説設定・仮説検証力」や「問題解決力」も習得されます。

終わりに

　大学院や研究者を目指しているみなさん、ここで説明した基本的な事柄を参考にして勇気と希望を胸に、あなたの第一歩を踏み出してみませんか。

　本書で、「実証的研究法の基礎」を習得し、自分の興味のある研究テーマに本気で取り組み続けていけば、いつの日か必ず、「英語教育学」、「第二言語習得」、「言語科学」の持つ不思議さ、面白さを体感できるようになります。

　また、さらに最低10年間、自分の研究テーマの研究を主体的に継続しつづけていけば、必ず、将来、独立した研究者への道が開かれることでしょう。

【推薦・参考文献】
安保徹．2011．『疲れない身体を作る免疫力』三笠書房．
池上彰．2007．『「話す」「書く」「聞く」能力が仕事を変える　伝える力』PHP研究所．
池上彰．2009．『わかりやすく〈伝える〉技術』講談社．
池上彰．2012．『伝える力2　もっと役立つ！「話す」「書く」「聞く」技術』PHP研究所．
小池生夫（監修），SLA研究会（編）．1994．『第二言語習得研究に基づく最新の英語教育』大修館書店．
小池生夫（編集主幹）．2003．『応用言語学事典』研究社．
小池生夫，寺内正典，木下耕児，成田真澄（編）．2004．『第二言語習得研究の現在―これからの外国語教育への視点』大修館書店．
小林弘幸．2011．『なぜ、「これ」は健康に良いのか？』サンマーク出版．
鈴木良次，畠山雄二，岡ノ谷一夫，萩野綱男，金子敬一，寺内正典，藤巻則夫，森山卓郎（編）．2006．『言語科学の百科事典』丸善．

第 1 章　これから研究を始める方へ

デイビス，B. G. 他（著），香取草之助（監訳）．1995．『授業をどうする！　カリフォルニア大学バークレイ校の授業改善のためのアイデア集』東海大学出版会．

Ellis, R. 1997. *Second language acquisition*. Oxford University Press.

第2章
リサーチデザイン、研究方法、統計の基礎

　第1章では、(1) 本書の特色と使用上の留意点、(2) 実証的研究法の手引き、(3) これから研究を始める方のための留意点についてできるだけわかりやすく説明しました。

　第2章は、大きく分けて次の2部構成となっています。最初にリサーチデザインの立て方と、数量的リサーチと質的リサーチについて学びます。次に、研究方法と、それらに不可欠な統計処理の基礎と留意点について具体的に説明していきます。

(1)　リサーチデザインと研究方法に関する節 (2.1節、2.2節、2.3節)

　2.1節では、実証的研究を行う場合の大前提となる、研究テーマの選定とリサーチデザインの立て方について説明します。たとえば、適切な研究テーマを見つけるためには、具体的にどうすればよいのか、さらに実験計画を立てる上でどんな点が重要なのかについて言及します。

　2.2節では「数量的リサーチ」とは、どのようなリサーチ方法なのかを解説します。特に、数量的リサーチを行う上で重要な「信頼性」と「妥当性」の問題などを説明していきます。

　2.3節では「質的リサーチ」とは、どのようなリサーチ方法なのかを解説します。例えば、「研究者観察法」、「プロトコール分析」などに焦点を当てて説明します。

(2)　統計の基礎と留意点に関する節 (2.4節と2.5節)

　2.4節では、『Excel 2010』を用いて統計処理を実際に行う場合の手引きと留意点について説明します。

　2.5節では、基本的な統計処理を行う場合に、読者のみなさんに、最低限これだけは覚えておいてほしい統計処理に関する基礎的な知識を、実際のディスプレイ画面を通じて学習していきます。

第2章　リサーチデザイン、研究方法、統計の基礎

2.1　研究テーマの選定とリサーチデザインの立て方

2.1.1　実証的研究

　研究テーマを決めることは、卒業論文・修士論文を書く人にとって、あまり簡単なことではないようです。

　　　「惑星 A はどのような物質でできているか？」

　もしこのような問いが提示された場合、みなさんはどのように答えるでしょうか。少なくとも、何の調査もせず、直感であれこれ書き始める人はほとんどいないのではないでしょうか。それが、特に「英語教育」や「第二言語習得」となると、みなさん自身が受けてこられた英語教育に対する思い入れが強いせいか、主観的な主張が入ってしまうことが多いように思います。また、実際に現場で教育に携わっていらっしゃる方々には、「この教え方が良い」、「この教授法で学生が活気づいた」等というご自身の経験に基づいた感覚もあるのではないかと思います。また、筆者らのゼミの学生が卒論作成の最初の段階で持ってくるテーマも、自らの「直感」に大きな影響を受けたものが多く、「日本の文法教育の問題点について」や、「なぜ日本人は英語が話せないか」という感覚的なものが少なくありません。個人的感想・主観を文章化し、まとめたものはエッセイにはなりますが、研究論文とは言えません。研究テーマを決める際にはこのような個々の主観的感覚ではなく、客観的な視点を持つことを心がける必要があります。

　例えば教壇に立たれている方であれば、ある学級で「どういう教材を使った時に学生が活気づいたか」は感覚的にわかるかもしれません。しかし、その感覚はあくまでも主観にすぎず、他人（父兄、他の教員、他の研究者たちなど）に対しては説得力がありません。その教材と他の教材を用いた時の学生の「反応の差」を何らかの客観的データとして提示することによって、他人に対してより説得力を持ち、有用な研究となるのです。

　この節では、まず研究 (research) とはどのようなものかについて説明していきます。そして、研究テーマをどのように見つけるのか、研究計画をどのように立てるのかについて考えていきます。

2.1 研究テーマの選定とリサーチデザインの立て方

2.1.2 研究とは

「研究」という言葉の意味するところは人によって異なります。本を読んで何か新しい知識を得たとして、それは「研究」と呼べるものでしょうか。あなたが新しいコンピュータを買うとします。購入前にさまざまな会社の多種多様なモデルの値段、特徴、評判などを調べたりするのではないでしょうか。

このような調べものや学習を「研究」という言葉で表す人もいます。しかし、本書で紹介する実証的研究（experimental research）は、このようなインフォーマルな調査とは異なります。第一に、実証的研究では、データ収集から分析結果の報告に至るまで、科学的な手法に則って行われるものです。そして研究論文では、行った実験の詳細を、その実験方法（research method）、実験参加者（participants）あるいは被験者（subjects）、実験手続き（procedure）などを研究結果とともに詳しく報告する必要があります。

実験・調査の詳細を報告することは、その研究が他の研究者に再現することができるようにし、研究の結果の検証を可能にするという目的もあります。論文に実験の詳細が報告されることで、研究者たちは同様の実験を異なるグループの参加者や異なる条件で行うことができます。このような後続的な実験を再現実験（replication study）と言います。ある論文での発見が、別の研究者によって再現され、異なるグループ、異なる条件で再び同じような結果が得られることにより、その発見をより一般的で、より確かなものにしていくことが可能になります。

2.1.3 研究のタイプ

研究には主に2つのタイプがあり、すでに出版されている研究論文・文献のデータ、理論などに基づいて議論を組み立てていく文献研究、そして自分で実験を構築してデータを採取して研究を行う実証的研究に分かれます。文献研究とはある特定のテーマについてすでに発表された研究をまとめ直したり、評論したり、理論やデータ分析の再検討をしたりする論文のことを言います。もしみなさんが研究テーマにしようとしているトピックに関して多くの研究がこれまでに発表されている場合、レビュー論文（review article）や、その分野の研究の流れが端的にまとめられている本などを読むとよいでしょう。文献研究を読むことは、これまで行われてきた議論や研究を学ぶのに適した方法です。

第2章 リサーチデザイン、研究方法、統計の基礎

「英語教育」や「第二言語習得」の分野での文献研究の良い例として、Ellis & Sheen（2006）が挙げられます。この論文で著者らは何らかの仮説を検証するような新しい実験をまったく行っていません。しかしこの研究論文は「第二言語習得におけるリキャスト[*1]（recasts）の役割」について過去に行われた研究（実証的研究）の実験結果と結論を再検討し、リキャストの定義、リキャストにより伝えられる情報、その効果など、さまざまな側面からまとめ直しています。このような文献研究には英語教育や第二言語習得でさらなる研究が必要とされる分野はどこか、またどのような方法で研究を行うかのヒントを与えてくれるという利点があります。

実証的研究もまた過去の研究での仮説や結果の上に積み上げられる形で行われるものです。しかし、実証的研究では文献研究とは異なり、研究者が自ら問いや仮説を立て、その問いを明らかにするための実験をデザインし、データを収集して分析し、結果と結論を報告します。この実証的研究の手順の中で最も難しく、重要なのは研究の核になるテーマを見つけ、具体的な問いや仮説を構築することです。次節ではどのように研究テーマを見つけるかについて説明します。

2.1.4 研究テーマの見つけ方

興味のあるテーマがすでに決まっている人はよいのですが、これから卒論を書く学生や、大学院に入学したばかりの大学院生の中には、「何をテーマに選んでよいかわからない」という人が少なくありません。そのような段階で研究テーマを聞くと、「英語教育について」や、「日本語母語話者の英語学習について」という、壮大なテーマであることが多々あります。このような学生にはまだ英語教育や第二言語習得の分野についての知識が不十分なのでしょう。つまり、この分野の研究はどのように行われているのかに関する知識がほとんどなく、適当なテーマの絞り込みができていないのだと考えられます。このように、研究分野についての知識があまりない人、初めて論文を書く人などは、研究分野を概観するような本を一通り読んでみるのがよいかもしれ

（*1） リキャストとは、学習者が特定の文法項目の誤りを犯した場合に、教師が、それを明示的には修正せずに、学習者の発話を活かしながら誤りの箇所を修正した発話をフィードバックとして学習者に返していき、学習者に修正を促す指導技術のひとつ。

2.1 研究テーマの選定とリサーチデザインの立て方

ません。その際に、当該の研究分野に関するさまざまな文献研究が引用されているものを選ぶ必要があります。例えば第二言語習得の分野であれば、白井 (2008) の『外国語学習の科学─第二言語習得論とは何か』などは新書で読みやすく、初学者が分野を概観するには良い本です。また、白畑他 (2010) による『詳説 第二言語習得研究─理論から研究法まで』も第二言語習得理論の概論から研究計画の立て方に至るまでをカバーしており、特に統語分野に興味のある方にはお薦めの本です。英語教育の分野もカバーした本であれば、Lightbown & Spada (2006) による *How Languages Are Learned* は、言語学習・言語教育をバランスよく取り入れた良書だと思います。

概論書を読み、大まかな研究分野が決まったら、そこからは当該分野の文献をデータベースで検索し、論文を読みつつ研究テーマを絞っていくとよいでしょう。例えば先に述べたような「英語教育」や「第二言語習得」というようなぼんやりしたテーマでは論文を書くことはできません。第二言語習得の中でも、研究対象が音声なのか統語なのか形態素なのか、英語教育であれば発音なのか文法なのか読解なのか語彙なのか、ある程度大まかな分野を絞る必要があります。ただやみくもに「英語教育」、「第二言語習得」をキーワードに論文検索を行っても、数え切れない数の論文が該当してしまい、手がつけられない状態になってしまいます。ある程度、研究の範囲を絞り込んでから、文献検索にあたるのがよいでしょう。例えば、研究分野が「日本語母語話者による英語の動詞の時制の習得」などのようにある程度テーマが絞れたら、データベース検索が有効です。例えば、法政大学の図書館では Academic Search Premier や ERIC, Linguistics and Language Behavior Abstracts, *MLA International Bibliography* など、多数の言語学や教育学関係の文献を含むデータベースが利用可能です。教育機関の図書館を利用できる方は、ぜひ活用してください。そのまま検索で該当した論文の PDF ファイルをダウンロードし、読むことができる場合も少なくありません。また、和文雑誌の検索には国立情報学研究所論文情報ナビゲーター、CiNii が自宅でも利用可能で便利です。最近では日本の大学の図書館でも論文検索の支援をしてくれるアドバイザーサービスや、データベース利用のオリエンテーションなどを始めるところが増えています。利用可能なサービスをぜひ活用しましょう。

当てはまるテーマの研究論文が見つかったら、まず出版年が新しいものを何本か手に入れて読んでみましょう。そして、その中に引用されているもの

で、研究テーマに重要だと思われる関連する論文を次から次へと探して読んでみましょう。このようにして同じテーマの論文を複数読むことによって、そのテーマの研究動向に加え、データの種類に応じた実験の手法などを学ぶことができます。このように研究論文を読み、学ぶことを通して自分の研究テーマを具体化していくとよいでしょう。

2.1.5　リサーチデザインの立て方

　研究テーマが決まったら、具体的に研究計画を立てる必要があります。まずはどのような問題を明らかにするのか、研究目的を明確にしましょう。例えば、「日本における中学生の英語学習」に興味があるとします。実際に研究を行うには、この大まかなテーマを具体的な1つの研究課題に絞り込まなければなりません。「男女間で中学生の英語力に差はあるのか」や「中学生の自宅学習時間と英語力との間に相関はあるのか」などというふうに、具体的に研究計画が立てられるようにしましょう。

　ここからは「男女間で英語力に差はあるのか」を明らかにすることを目的と仮定して進めます。この問題の答えはどうしたら調査できるでしょうか。この問いでは、性別（男女）が影響を与えると考えられる要因となり、また英語力という要因が影響を受けると考えられる項目と言えます。この影響を与えると考えられる変数を独立変数（independent variable）、そして影響を受けると考えられる変数を従属変数（dependent variable）と言います。この例では、「英語力」を計測した値が従属変数となるのですが、どのように「英語力」を計測するかを考えなければなりません。ここでは、独自に作成するテストの点数が英語力を表すと仮定します。このように研究計画を立てる際には、図1のような簡単な研究計画書を作成するとよいでしょう。初めて研究を行う方には、ご自分の研究計画が実行可能であるかどうかの判断が難しい場合が多いようです。しかし計画の内容を文章化することで、自分の考えが明確になります。そして独立変数は何か、従属変数は何かと各々の変数を明確にしていくことによって、研究を実行可能なものにしていくことができるのです。

2.1.6　妥当性と信頼性

　図1の例では英語力を英語のテストの点数で測れるものと仮定し、数値化

2.1 研究テーマの選定とリサーチデザインの立て方

研究計画書　　　　　名前：○○○○
　　　　　　　　　　　所属：○○大学

研究テーマ：中学生の英語学習の男女差についての研究

研究目的：男女間で中学生の英語力に差はあるのかを、英語のテストの点数を比較することによって明らかにする。

独立変数：性別
従属変数：英語テストの点数

参加者　：△△中学 2 年生　（男子：40 名　女子：39 名）
手順　　：6 月初旬に実力テストとして 40 分の英語力テストを行う。

研究計画：
2012 年 5 月 1－2 週：テスト作成
　　　　 5 月 3 週　　：パイロット実験
　　　　 5 月 3－4 週：テスト修正
　　　　 6 月 1 週　　：テスト実施
　　　　 6 月 2 週　　：結果集計・分析

図 1　研究計画書の例

しました。この英語のテスト結果が「英語力」を反映するものとして適切なのかどうかも考慮すべき問題です。質問用紙やテストなどを用いた実験では、妥当性（validity）と信頼性（reliability）（→ 2.2 節参照）という 2 つの基準を考慮に入れる必要があります。英語教育学や第二言語習得の分野でよく問題とされる「妥当性」というのは、その実験課題が測定したい言語事象を正しく測定できているのかという基準です。例えば「英語力」を測定するべきテストで、歴史的知識や計算能力が必要な問題が出されていたりするような場合、その試験は参加者の英語力を計測するのに妥当な試験にはなりません。また、信頼性の問題には、同様の試験を同じ人が受けた場合に同様の結果が得られるかという問題などがあげられます。実験・調査におけるさまざまな妥当性・信頼性については、南風原他（2001）などをお薦めします。英語教育学や第

第2章 リサーチデザイン、研究方法、統計の基礎

二言語習得の分野の実験でこれらの基準を満たしているかどうかをきちんと検証するのは実は大変困難です。

試験の信頼性を確認する方法としては、再テスト法 (test-retest method) があります。同じ参加者グループに同一の試験を2度受けてもらい、2つの結果の関連性を見るものです。この結果、2つの試験の結果の相関が強いほど、その試験の信頼性は高いとするものです。しかし、このような方法には問題があります。同じ試験を2度受けることにより、1度目のテストの記憶が影響を与えることは避けられません。また、記憶の影響を排除するために2度の試験の時期を離すと、参加者の英語力がその間に変化する可能性が増えてしまいます。

再テスト法以外にも、平行テスト法 (parallel test method)、折半法 (split-half method) など、信頼性を調べる方法はいくつか提唱されています。平行テスト法とは、2つのほぼ同一難易度、同一形式のテスト、例えば、Test A と Test B を同じグループの参加者に受けてもらい、それぞれの参加者の2つのテストでの結果を比較する方法です。もし行ったテストが信頼性の高いものであれば、Test A でのスコアが高い人ほど Test B のスコアも高くなるというような一定の相関が見られるはずです。しかし、ほぼ同じ難易度、同じ形式のテストを2つ用意することはとても困難である上、1人の参加者が2つのテストを受ける必要があるという難点があります。一方、折半法では、1人の参加者が受けるのは1つのテストのみです。そして、そのテスト項目をほぼ同質になるよう2つに分け、その結果を比較し、その2つの結果の相関を見ます。再テスト法、平行テスト法とは異なり、参加者が受けるのは1つのテストのみですので、参加者への負担が少なく、実施しやすい方法です。ただし、どのように同質に分けるのかという問題があります。このように、英語教育学・第二言語習得の分野のテストに使用するにはどれも一長一短があります。しかし、妥当性と信頼性の基準は大変重要な問題なので、実験のデザインを考える際には必ず配慮しましょう。この分野の実験・調査に関する妥当性・信頼性については、Brown (1988)、および三浦他 (2004) にわかりやすく説明されています。

2.1.7 実験デザイン

実験をデザインする際に注意すべきことはたくさんあります。例えば、単

2.1 研究テーマの選定とリサーチデザインの立て方

語の記憶に関する実験を行う場合、提示される単語の特性や難易度以外にも、提示される順序が記憶に影響を与える可能性があります。これを順序効果（order effect）と言います。このような提示順序の影響が研究対象ではない場合、実際に影響を見たい要因の観察を困難にしてしまいます。このような観察対象の要因以外の、影響を与えると考えられる要因のことを交絡要因（confounding factor）と呼び、実験デザインではこれらをできる限り排除するように計画を立てることが重要なのです。このように実際に影響を見たい要因以外の要因の影響を排除することをカウンターバランス（counter-balance）と言います。例えば、前述の順序効果を排除するためには、同じタイプの刺激（例えば上記の単語記憶の実験の場合には、実験参加者に提示される単語のことを指します）を複数用意します。すべての刺激の順序をランダム化して提示すること、そして参加者を2グループに分け、もう一方のグループでは提示順序を逆にしたものを提示すること等の対策が考えられます。

　刺激の提示順序以外にも、実験を行う場所や時間など、他にも考えられる交絡要因はさまざまです。日本語母語話者とドイツ語母語話者の英語の試験の成績を比較するという計画を立てるとします。この実験で、日本語母語話者のグループとドイツ語母語話者のグループの試験を、一方を朝10時に、もう一方を夜の7時に行ったとしたらどうでしょう。夜に試験を受けたグループの結果には実験参加者の疲れの影響が試験結果に現れることが考えられます。また、一方の試験を騒音がひどい教室で行い、もう一方を静かな教室で行ったとしたら、教室環境の差も試験結果に影響を与えるでしょう。このようなさまざまな条件を考慮した上で、交絡要因をできる限り排除するような実験デザインを心がけましょう。良い実験計画を立てるためには、事前にBrown (1988)、南風原他 (2001) などの研究法に関する本に目を通すとよいでしょう。

2.1.8　実験計画

　どのようにして研究課題に取り組むのかを決めたら、実験参加者を誰にするか、そしてどのように募集するか、何名募集する予定かを考え、実験の手順を文章化します。図1の例ではテストを受けてもらうだけのシンプルなものですが、事前テスト（pre-test）・事後テスト（post-test）が必要なものや、複雑な実験手続きが必要になる場合もあり、そのような場合には正確に手順

を記載しておくのがよいでしょう。

　また、「研究をどのように進めていくか」、「いつ何を行うか」という計画を立てることはとても重要です。例えば、学生を参加者とした実験計画を実施する場合、本実験が夏休みや春休み中、定期試験期間中では参加者を集めることが困難になることが予想されます。また、最終的な論文の締め切りがいつなのか、を考慮し、締め切りまでに論文が仕上がるような計画を立てることが重要です。特に卒業論文・修士論文の場合には締め切りに間に合うことが絶対条件なので、与えられた期間内に終えられる研究計画であるかどうかを十分に考慮しましょう。

　また、本実験を行う前に、予備実験（pilot study）を行うことも重要です。予備実験とは、実際の実験を行う前に、事前に少数の参加者に実験を行い、実験の指示や手順、そして実験内容自体に問題がないかを確認するための試験的実験です。この結果によっては指示文を修正したり試行数を増減したり、また実験内容を変更したりという調整が必要になります。

2.1.9　倫理的配慮

　英語教育、第二言語習得の分野のように人を実験の参加者あるいは被験者とする調査の場合、欧米では研究機関ごとに倫理規定を設けている場合がほとんどです。日本でも最近では倫理的配慮が十分なのかどうかが問われることが多くなっており、実験参加者に対する人道的・倫理的配慮が必要不可欠です。日本でも個人情報保護法の施行以来、個人情報の取り扱いは厳重に管理されることが求められてきています。実験に参加してくださった方々の個人情報が外に漏れることのないよう、くれぐれも注意が必要です。特に近年ではパソコンからのデータの流出などにも注意する必要があるので、実験データをExcelなどのファイルに入力する際、実際の参加者名を入力せず、イニシャルや参加者番号で管理するなどの配慮もすべきでしょう。

　実験に参加するということは、実験参加者の時間と労力を費やしてもらうということになります。参加者が十分に納得した上で参加するためには、参加同意書（informed consent）をあらかじめ読んでもらい、実験参加者に署名をいただくという手順を踏んだ方がよいでしょう。

　参加同意書には、実験に際して ① その実験の大まかな内容と手順、② 実験に要する時間に加え、③ 実験結果は参加者個人が特定されないような形で

発表されること、④ 実験で得た参加者の個人情報は慎重に管理され外に漏れることがないことなどを記載します。すなわち、実験を行う責任者の所属・名前・連絡先などを明記し、参加の合意の署名を求めるというものです。また、実験に不参加の場合でも、あるいは実験の途中で参加を止めても、不利益をこうむることはないということを知らせる必要があるでしょう。

　この点は教員が学生に参加を依頼する場合に、特に配慮される必要があるでしょう。学生は教員に実験参加を依頼された場合、強制的に参加させられているように感じたり、参加しないことが成績に影響するかもしれないと心配したりする可能性もあります。あくまでも自由参加であること、不参加による不利益はないことを明確に伝えましょう。

　また、研究で得られた結果をどう参加者にフィードバックするかということを明確にする場合もあります。大まかな結果が得られた後、簡単な報告レポートを作成して希望する実験参加者に配布し、調査結果や論文を個人のホームページに掲載することを実験参加者に明確にする研究者が増えているようです。

【参考文献】

大村平. 1984.『実験計画と分散分析のはなし―効率よい計画とデータ解析のコツ』日科技連.

白井恭弘. 2008.『外国語学習の科学―第二言語習得論とは何か』岩波書店.

白畑知彦, 若林茂則, 村野井仁. 2010.『詳説 第二言語習得研究―理論から研究法まで』研究社.

南風原朝和, 市川伸一, 下山晴彦（編）. 2001.『心理学研究法入門―調査・実験から実践まで』東京大学出版会.

三浦省五（監修）, 前田啓朗, 山森光陽（編）, 磯田貴道, 廣森友人（著）. 2004.『英語教師のための教育データ分析入門』大修館書店.

Brown, J. D. 1988. *Understanding research in second language learning: A teacher's guide to statistics and research design*. Cambridge University Press.

Ellis, R. and Sheen, Y. 2006. Reexamining the role of recasts in second language acquisition. *Studies in Second Language Acquisition,* 28, 575–600.

Lightbown, P. and Spada, N. 2006. *How languages are learned,* 3rd ed. Oxford University Press.

2.2. 数量的リサーチの方法

2.2.1 数量的リサーチデザイン

　実証研究におけるリサーチデザインは、数量的リサーチ（quantitative research）と質的リサーチ（qualitative research）とに大別できます。数量的リサーチでは、数値データをもとに統計的処理を行い、一般化された結論を導きます。データは主に実験（experiment）や質問紙（questionnaire）から得られ、仮説の検証には実験や調査への参加者数などの一定量のサンプルが必要となります。数量的リサーチとは、個人差によるデータの揺れを大量のデータを集めることで補い、偶然起こったのではないと想定できる一般的な傾向を探るための手法です。本節では、数量的リサーチにおけるリサーチデザインの方法と統計手法を紹介していきます。

2.2.2 数量的リサーチの方法

　数量的リサーチを行う際には、まず研究の仮説（hypothesis）を研究目的に応じて適切に設定する必要があります。仮説の設定は、研究を通じて検証を行うためのリサーチ・クエスチョン（research questions）に基づいて設定されます。研究仮説の設定の一例としては、「ある特定の指導法」と「学習者の成績」というデータの間のさまざまな因果関係などを調査する場合などが挙げられます。この場合、研究仮説は「特定のある指導法に基づいて指導された学習者の成績は高い」などと設定することができます。

　例えば、新しい指導法 A を導入した場合の効果を調査したいと仮定してみましょう。研究の対象となる「指導法 A を用いて指導を行うクラス」を実験群（experimental group）として設けます。ただし、実験群だけでは、指導法 A による効果がどの程度であったかを判断することはできないため、「比較の対象」として「指導法 A を用いない従来の指導法に基づくクラス」を統制群（control group）として設け、比較していきます。

　他にも指導法導入前後の成績を比較する方法などもありますが、統計処理において「テスト得点」のような「量的変数」としてどのようなデータを分析の対象とし、どのように仮説を設定するのかが、数量的研究を行うための第一歩となります。これらのことを踏まえて、仮説を設定し直すと、「指導法

Aに基づいて指導された学習者の成績は、指導法Aを用いない従来の指導法に基づく学習者の成績と比べて高い」となります。

2.2.3　数量的リサーチにおける統計分析の方法

実験や質問紙調査から得られた量的あるいは質的データの間の因果関係を調べるには、大きく分けて2つの統計的分析手法があります。1つ目は「変数間の平均値の差」を調査する方法です。2つ目は「変数間の相関」を調べる方法です。

(1) 「変数間の平均値の差」を比較する方法

平均の差を比較する方法として、「2つの平均の差」を比較するためには4.1節で扱う t 検定（t-test）を用います。一方、「3つ以上の平均の差」を比較するためには、4.2節で扱う分散分析（ANOVA）を用います。これらの場合には、対象となる従属変数（dependent variable）は、テスト得点などの「量的変数」となります。また、従属変数に影響を与える独立変数（independent variable）をどのように設定するかが、リサーチデザインを決定する上で重要な観点となります。

同じ集団の実験や調査の前と後のデータを比較する場合には、「対応のある t 検定」や「対応のある分散分析」を用います。また、グループ間の平均の差を比較する場合には、「対応のない t 検定」や「対応のない分散分析」などを用います。

(2) 「変数間の相関」を調査する方法

変数間の相関に基づいて、2変量間の相関を調査する方法としては、4.3節で扱うピアソンの積率相関係数（Pearson's product-moment correlation coefficient）と、4.5節で扱うスピアマンの順位相関係数（Spearman rank correlation coefficient）があります。ピアソンの相関係数は尺度が量的尺度（quantitative scale）、間隔尺度（interval scale）、比率尺度（ratio scale）の場合に用いられ、スピアマンの順位相関係数は、尺度が順位尺度（ordinal scale）の場合に用いられます。

また多変量間の相関を調査する方法としては、4.6節で扱う因子分析（factor analysis）などがあります。因子分析は、複数の変数を相互の相関関係の

中から、いくつかのカテゴリーに大きくまとめて要約する手法です。例えば、アンケートで質問項目が数多くある場合などでは、1つ1つの項目ごとに分析することもできますが、類似した項目はまとめて分析することにより、その全体的な特徴や傾向がある程度まで理解しやすくなります。

2.2.4 数量的データの信頼性と妥当性

数量的リサーチを行う際には、実験計画を立案し、仮説を立てることはもとより、どのようなデータを取るべきか、また、どのような統計分析の手法を採用すべきかを考慮した上で、データの信頼性（reliability）と妥当性（validity）にも十分注意を払うことが不可欠です。

(1) データの信頼性

データの信頼性とは、テストから得られる個人の得点が安定していることを表します。例えば、あるテストを同一の実験参加者に受けさせ、いつテストを施行しても、誰が採点しても、常に同じような得点が得られた場合に、そのテストの信頼性が高いということになります。質問紙に関しても同様のことが言えます。

テストから得られたデータを扱う際には、テストが信頼性の高い項目によって構成されているかどうかを確認するために信頼性係数（reliability coefficient）を算出することが必要となります。また、このような場合には、テスト得点の安定性だけでなく、一貫性を調べるために、個々の問題の得点と全体得点との相関を調べるなどの項目分析（item analysis）を行うことも必要です。信頼性係数としては、クロンバック α 係数などが使われています。

また例えば、スピーキングの評価を複数の評定者間で行った場合には、異なる評定者が同一の応答（performance）に対して同じような判断を下すことができるかどうかを検証することが重要です。このために評定者間信頼性（inter-rater reliability）を算出し、適切な手続きを経て入手した信頼性の高いデータであることを証明することが求められます。また、1人の評定者が同一の応答を複数回採点した場合も、同じ判断を下すことができるかどうかを検証するために評定者内信頼性（intra-rater reliability）を算出することも重要です。

(2) データの妥当性

データの妥当性とは、ある調査をする場合に、その調査で使用するテストや質問紙がその調査で測定したいことを本当に測定しているかどうかを表すものです。妥当性には、① 内容的妥当性（content validity）、② 基準関連妥当性（criterion-related validity）、③ 構成概念妥当性（construct validity）などがあります。

① 内容的妥当性とは、テストの課題や質問紙の質問項目が、そのテストや質問紙で調査したいことを適切に取り入れているかどうかを表すものです。テストの内容的妥当性を確認するためには、例えば、ある指導法では英文の速読力を伸ばすことを目的としているのに、英文和訳の得点で分析するということがないように、実験や調査に用いるテストが測りたい能力を測っているかを十分に検討することが望まれます。
② 基準関連妥当性とは、その調査で使用する言語テストや質問紙の結果が外部の妥当性が高い基準と相関があるかどうかを表すものです。基準関連妥当性には、併存的妥当性（concurrent validity）と予測的妥当性（predictive validity）があります。併存的妥当性とは、例えばTOEFLやTOEICなどの標準化されたテスト（standardized test）の結果とその調査で使用するテストなどの結果間においてどの程度の相関があるかを表すものです。一方、予測的妥当性とは、その調査で使用するテストなどの結果が、一定の時間の経過後における被験者の英語力などを、どの程度まで予測することが可能かどうかを表すものです（靜 2002；渡部良典 2003）。
③ 構成概念妥当性とは、その調査で使用するテストが、調査の対象となる言語理論に基づいた言語能力の構成概念を適切に測定しているかどうかを表すものです。例えばそのテストが英語のリーディング能力を測定するものであれば、構成概念は英語のリーディング能力を構成する下位概念（例えば、語彙力や構文解析能力（→ 5.1 節参照）など）を統合したものと考えられます。

2.2.5 まとめ

数量的リサーチにおいて、最も大切なのは仮説の設定です。リサーチ・クエスチョンから、より具体的な仮説を導き出す中で、どのような数値データ

を扱うかを検討します。そして、比較のためのデータを設けるなど、数値間の関連性を調べるために実験や調査のデザインを組み立てていきます。平均の差を調べるのか、相関を調べるのか、どのような分析方法を用いるのかを前もってイメージしていくことも重要です。分析を行う段階になってから、比較が十分にできていないことに気がつくなどのことがないように、仮説の設定の段階からこれらの点に関して考えておきます。

　仮説が十分に検討され、研究の目的が明確になっても、実験や調査に用いる道具の精度が低い状況では、仮に仮説が支持されたとしても、結果は疑わしいものとなってしまいます。テストや質問紙が信頼性と妥当性の点から十分なものと言えるかどうかの検証を行うことは重要です。それらの情報を開示し、研究の手続きを明らかにすることで、研究そのものの信頼性や妥当性を高めることが、結論の一般化において必要不可欠となります。また、研究手続きに関する情報を開示することで、別の研究者が異なる変数（異なる条件や異なる実験参加者など）を設定した後続研究を再現することが可能になり、結果を、より一般的で、より確かなものにすることにもつながります（→「再現実験」に関しては、2.1.2 節参照）。

【参考文献】

佐伯胖，松原望．2000．『実践としての統計学』東京大学出版会．

靜哲人．2002．「concurrent validity（併存的妥当性）」，「criterion-related validity（基準関連妥当性）」，「predictive validity（予測的妥当性）」『外国語教育リサーチとテスティングの基礎概念』（靜哲人，竹内理，吉澤清美編著）関西大学出版部．

寺内正典．2004．「リーディング」『第二言語習得研究の現在—これからの外国語教育への視点』（小池生夫，寺内正典，木下耕児，成田真澄編）大修館書店．

中谷安男．2005．『オーラル・コミュニケーション・ストラテジー研究』開文社出版．

根岸雅史．2003．「信頼性（reliability）」「信頼性係数（reliability coefficient）」『応用言語学事典』（小池生夫編集主幹）研究社．

山田剛史，村井潤一郎．2004．『よくわかる心理統計』ミネルヴァ書房．

渡部洋（編）．1993．『心理検査法入門—正確な診断と評価のために』福村出版．

渡部良典．2003．「構成概念妥当性（construct validity）」，「併存妥当性（concurrent validity）」，「予測妥当性（predictive validity）」『応用言語学事典』（小池生夫編集主幹）研究社．

2.3 質的リサーチの方法

なぜ質的リサーチ (qualitative research) が必要なのか

　この節は、数量的リサーチなどの統計処理とは異なる質的なリサーチを扱います。これは実験の成果を、他の研究者や学会紀要及びジャーナルなどの査読者に納得してもらうために、論文に含めた方がよい重要な課題です。このリサーチは、「研究の妥当性を高める」ことに役立ちます。5.2 節の「学会論文の投稿の方法と留意点」でも述べますが、論文を評価する人は、「本当に調べようとしていることが検証されているのか」、「なぜそのようなことが言えるのか」を常に念頭に入れて査読します。このような疑問に答えるのが質的リサーチと言えます。特定の質的リサーチでは、通常の言語テストでは見えないブラックボックス化した学習プロセスも抽出できます。

2.3.1　質的リサーチの目的

　質的リサーチの目的は、大きく分けて 2 つあります。1 つ目は、新たな第二言語習得の理論的示唆や、実験の仮説を立てるために、実際の言語使用場面などを詳細に観察することです。Schmidt and Frota (1986) では、成人が外国語としてポルトガル語を学ぶ過程を学習日記という方法でデータを収集しました。この結果を基に Schmidt (1990) は「第二言語習得における意識化の理論」を構築しました。

　もう 1 つの目的は、統計的手法による数量的分析の結果を補完することです。多くの方にとっては、こちらの方が主たる目的になるでしょう。統計は多量のデータを分析できるために信頼性の高い結果が導き出せます。一方で得点の平均や、特定の値、順位などを扱うので実際の言語行動事象を把握して妥当性を高めることは容易ではありません。このため実験参加者の行動、思考などのプロセスやストラテジーを他の方法で収集し、複合的なデータを比較・検証して結果の整合性を高める方法などがとられます。これは、一般に三点測量 (triangulation) (→ 3.2.1 参照) やマルチプル・データ分析 (multiple data analysis) と呼ばれます。

　この章では、統計的分析結果の妥当性を高める手段として、代表的な質的リサーチの手法の特徴とメリット、デメリットを述べます。

Q: 「新しい指導法 A」を開発し、「これまでの指導法 B」と比較して効果があると主張したいと思います。この時、一般に行われるのは 2 つの等質化したグループを作り、事前テスト（pre-test）・事後テスト（post-test）を実施し、各グループの平均点の伸びを比べ成果を検証する方法です。A の指導法を実施したグループの平均点が B のグループより統計的有意に伸びた場合、この新しい指導法に効果があると言えるでしょうか。

A: 気をつけるべきは、「平均」の概念です。つまり、グループ全体として上がっても、全員に効果があると言えるのでしょうか。成績の伸びない人や、中には下がる人もいたかもしれません。教育は人を対象としており、個人の学習スタイルや経験などにより、テスト結果は左右されます。時には当日の体調も影響を与えます。このため、成績の上がった人、変わらなかった人、下がった人などを複数選び、「① どのように学んだか、② 指導法への感想は、③ なぜテストができたか、またはできなかったのか」などに関するインタビューをしておくと、より妥当性のある分析結果が得られます。総合的にデータ評価をして、「この指導法には、このような学生に、このような時に効果がある」と述べるべきです。

2.3.2 代表的な質的リサーチ

(1) 研究者観察法（observational methods）

実際の学習者の行動を、研究者が教室内外で長期間にわたり観察することで、学習過程や言語習得過程のデータを入手できます。興味深い観察法の 1 つとして、Wenden（1991）はワードプロセッサーを使い、学習者の作文時に使われるストラテジーを調査しました。実験参加者の横に座り、英作文をする過程を観察し、その非言語的行動をすべて記録しました。この手法は、画面上での文書作成行動と同時に使用される各種ストラテジーの詳細な把握を可能にしました。また、質的なデータを量的な観察にするため Allwright（1988）は、Communicative Orientation of Language Teaching（COLT）を開発しました。これは一定の基準を作り、学習者の教室内における特定の活動の行動回数や時間を記録し、データの統計的分析を可能にしたものです。

これら観察法による欠点として、結果が研究者の調査目的の意図や期待に左右され、主観的になる可能性があります。さらに、学習者の内面的な意図や、認知的行動を観察することはできません。学習プロセスを直接観察でき

2.3 質的リサーチの方法

ますが、この手法で集めたデータだけでは結果の信頼性を保つのは困難です。

(2) インタビュー調査法 (interview methods)

　学習活動について直接インタビューをすることで、実験参加者の言語使用認識の貴重なデータを収集できます。小人数のグループ面接などによって英語学習における課題や改善点がわかります。例えば、ネイティブ・スピーカーと対話をしてもらい、その最中に何を考え、どのような対話表現やストラテジーが役に立ったか直接聞き取ることができます。これらの調査法は、観察法では実現できない、学習活動中における実験参加者の特定の行動の意図を理解することができます。

　欠点として、多くの実験参加者1人ずつに面接を行うことは、時間やコストの面で問題があります。グループ面接は、これらの問題をある程度解消できますが、報告内容が他の実験参加者の意見や反応に影響を受けることがあります。概して、各学習者の主観的な考えで結果が左右されます。またインタビューの形式や技術によってデータがさまざまな影響を受けます。例えば、面接者の研究目的の期待に応えようとする行動もありえます。かなり妥当性の高い方法ですが、他の客観的なデータに基づいた調査結果と比べて評価する必要があります。

(3) プロトコル分析法 (verbal report protocol analysis)

　学習者が何を考えながら特定の行動をしているのか、内面的な心理に関するデータを収集するためにプロトコル分析が用いられます。この調査法は心理言語学的手法においてよく利用されるものです。特定のタスクを学習者に与え、その準備段階、タスク実行時、または終了時において、自分の行動をモニターする方法です。各自の思考過程を振り返り言葉に出させ、特定の活動についての考えや理由を説明させ、テープなどに記録させます。例えばRobinson (1991) は、米国滞在の日本人英語学習者に対して、発話に関する質問紙を与え、各設問に答える時、何を考えながら回答しているのかテープに録音させました。この結果、実験参加者は回答の段階でさまざまなことを考えており、同じ母国語の場合は学習認識に共通の文化的影響があることを明らかにしました。

　問題としては、実験参加者が各自の行動の内的心理を客観的に正確に口述

できるようになるには訓練を要します。また時として、学習者のプロトコール実施は、本来の目的である学習活動自体を阻害することになりかねません。しかも、実験参加者が各自の行動を記憶しているうちに実施しなくてはならないという、正確なデータ収集のための制限もあります。Cohen & Olshtain (1993) は、実験参加者のロールプレイをビデオカメラで録画し、タスク終了時にこの映像を見せました。必要に応じて映像を止め、各自の行動を振り返らせ、学習活動中の考えをカセットテープに口述させました。この方法であれば、特別のトレーニングも必要なく、実験の妥当性を高めることは可能でしょう。

(4) ダイアリー及び学習ジャーナル研究 (diary and journal studies)

授業や自己学習に関するジャーナルを書かせれば、学習時における思考や達成度に関する、豊富でダイナミックな情報を得ることが可能です。学習記録を書くことで、授業での問題点に気づき、学習過程の自己分析や評価への貴重な機会を与えます。また、この活動を継続的に行えば、自分の学習に責任を持つ、自立した学習者を育てる効果が期待できます。

問題点は、学習者の自由記述による記録は恣意的で多様なために分析が困難なデータとなりがちなことです。記述結果を正確に分析し、信頼性の高い結果を得ることは容易ではありません。また、授業終了後の課外での宿題などにすると、タスク終了から時間が経過し、実際の行動の記憶は不確かなものになります。

(5) 質問紙調査法 (written questionnaire methods)

実験参加者の意識していない言語活動における内面的概念を抽出するためには、質問紙による検証が不可欠です。リッカート尺度 (Likert scale) の評定法による調査用紙を使えば、一度に多くの実験参加者から量的なデータも集めることができます。この評定法は、回答者が質問項目に対して程度や頻度、賛否の度合いなどを5段階などの数値で答える方法です（→3.2.4節参照）。これを活用すると時間やコストが削減でき統計的処理も可能になります。4.6節で扱う因子分析を使えば信頼性の高い質問紙も作成できます。

しかし問題は、実験参加者の回答は必ずしも実際の行動を的確に反映しているとは限りません。一般的な学習行動を、常に正確に報告することは困難

2.3 質的リサーチの方法

です。また、さまざまな要因で質問項目に対する過大、過小評価をもたらす可能性があります。あくまで実験参加者の主観に基づく、間接的な抽出法であることを認識しておかなければなりません。調査用紙自体の信頼性や妥当性をいくら高めても、そのことで実態を正確に把握できるわけではありません。

(6) テキスト・データ分析 (text data analysis)

学習者が目標言語を使用している状況を、ビデオやカセットテープで記録し、トランスクリプション (transcription) を作成する方法が、最も妥当性の高いデータの抽出方法と言えます。談話における実際の言語運用が、明確なテキスト・データとして観察できるので、確固たる証拠を得ることができます。また、ライティングの分析で、実際に書いた文章をデータとして使うのも同様です。

問題は、トランスクリプションを作成する際の手間があります。また抽出されたテキスト・データを、特定の分析項目に分類するには時間がかかり、正確に判断するにはかなりのトレーニングが必要です。また複数の評価者が統一の見解を示すような、信頼性の高い分析基準の設定は容易ではありません。また、分析項目に当てはめるラベリングには、母国語の干渉や、実験参加者の属する言語文化の影響を考慮する必要があります。先行研究を参考にしながら、日本の英語学習者に適合するラベリングを構築する必要があります。

信頼性を高めるには、複数の研究者が、個別でラベリングを行い、終了後に互いの結果を比較します。この時、一致を見た割合を、評定者間信頼性 (inter-rater reliability) として記録します。不一致が出たものは評定者同士で納得するまで再検討し、最終結果を出すのが一般的です。正確なラベリングが完成し、抽出した数量を計算すれば統計処理が可能となります。

2.3.3 まとめ

以上、代表的な質的リサーチ法について述べました。最後に数量的リサーチとの比較を簡単なイメージにして表1にまとめます。質的なリサーチにも、前後比較に適するものと、プロセスを抽出するのに適するものがあります。

質的分析の長所はこれまで述べたように、言語テストなど数量的分析では

第2章 リサーチデザイン、研究方法、統計の基礎

わからない実際の学習行動や思考が調査できる点です。ある実験参加者の点数が上がったとしても、何が原因で、どのような行動が直接影響を与えているのかは把握できず、学習プロセスはいわばブラックボックス化しています。因子分析などで完成した整合性のあるリッカートタイプの質問紙は、実験参加者の思考や概念的行動を数値化し、質的な調査を数量的に分析でき信頼性のある結果を得られます。しかし、いかに統計手法を改善し質問紙を作成しても間接的なものには変わりありません。

一方、インタビューや自由記述の場合は学習の事前・事後に行うことができ、テスト結果に与えた要因をある程度知ることができます。しかし実際の学習活動を行う前の推測の段階で報告したり、実体験から時間が経ちすべてを覚えているのは困難だったりするため、実験参加者の恣意的な報告となりがちです。つまり、実験参加者が「そう思った」という間接的なデータなので実際の行動は見えないものと言えます。

学習のプロセスをより直接的に調査するのに適したのが、観察法や、タスクと同時進行的に口頭で何を考えているのか報告させ行動概念を抽出するプロトコール分析です。テスト結果ではわからなかった実際の行動が記録できます。ただし、一過点的な観測なので、教授法などの成果を計る事前・事後の評価などにはあまり向きません。

表1　質的リサーチと数量的リサーチの比較

実験タイプ	学習前後比較	データ収集時期		
		学習前	学習プロセス	学習後
数量的	適する	言語テスト 質問紙（リッカートタイプ）	ブラックボックス	言語テスト 質問紙（リッカートタイプ）
質的	適する	インタビュー 質問紙 自由記述	ブラックボックス	インタビュー 質問紙 自由記述
	適さない※		・観察法 ・プロトコール分析	日記・ジャーナル

※複数回の授業のデータなどを集めれば変化を比較できる。

【参考文献】

佐藤郁哉. 2008.『質的データ分析法』新曜社.

Allwright, R. 1988. *Observation in the language classroom*. Longman.
Cohen, A. D. and Olshtain, E. 1993. The production of speech acts by EFL learners. *TESOLQuarterly,* 27, 33–56.
Robinson, M. 1991. Introspective methodology in interlanguage pragmatics research. In G. Kasper (ed.) *Pragmatics of Japanese as native and target language*. Second Language Teaching & Curriculum Centre.
Schmidt, R. 1990. The role of consciousness in second language learning. *Applied Linguistics,* 11, 129–158.
Schmidt, R. and Frota, S. 1986. "Developing basic conversational ability in a second language: A case study of an adult learner of Portuguese." In R. R. Day (ed.) *Talking to learn: Conversation in second language acquisition*. Newbury House.
Wenden, A. 1991. *Learner strategies for learner autonomy*. Prentice-Hall International.

第2章　リサーチデザイン、研究方法、統計の基礎

2.4　統計処理を行うための手引きと留意点

2.4.1　データ収集に関する留意点

　最近ではコンピュータの処理速度の飛躍的な向上により、複雑な統計処理も短時間で行えるようになっています。さらに、インターネットの急速な発展により、誰でも簡単にさまざまなデータが入手できるようになりました。しかし、多くのデータが氾濫している割には自分の研究目的に合った統計データがなかなか見当たらないといったことがよくあります。すでに存在するデータは、それぞれにある目的に沿って収集されているはずです。従って、新しい事実を見出そうとすれば新しい計画に従って統計データを収集（もしくは組み合わせ）または加工してゆく必要があります。

　目的に沿って統計データを収集したり利用したりする時にはいくつかの注意が必要です。例えば、日本の高校生の一般的な英語力を調査する場合、ある進学校1校の生徒のみをサンプルとして集めても、日本の高校生全体の一般的な英語力の分布を推測することはできないでしょう。

　ある母集団の特徴を見出すためにサンプル調査をする場合には、解析対象とする母集団を十分反映するような偏りのないサンプルを採用しているかを確認しておくことが必要です。また、アンケートを行ってデータを収集する場合には、研究目的に沿った解析が行えるようなアンケート項目の構成になっているのか十分に検討することも必要です。

2.4.2　『Excel 2010』と『エクセル統計2010』

　コンピュータとインターネットが気軽に使えるようになり、それに伴って統計的な推定や検定を行う統計解析ソフトや、さまざまな方程式の解の探索などの数値解析を行うソフトも比較的安価で入手できるようになりました。そのため誰でも簡単に統計処理が行えるような環境が整っています。しかし、どんなに研究の周辺環境が整ってきても、統計処理を利用した研究の基本的な部分は変わりません。基本となる統計処理及び解析法をしっかりと身につけましょう。

　事務処理業務などで一般的に使われているOfficeソフトの『Excel 2010』にも統計解析のための多くの分析ツールが準備されています。さらに、通常

2.4 統計処理を行うための手引きと留意点

は表計算のソフトとして利用している『Excel』を用いることによって、統計計算を行う際の準備となるデータの前処理や加工がたいへん容易になるという利点もあります。一般的に「統計ソフト」として市販されているものと比べてもこの点は明らかに優位です。さらに、基本的な統計量の計算や検定、ある統計分布に従う乱数（random number）をたくさん発生させる統計シミュレーション（Monte Carlo method）などは『Excel 2010』にあらかじめ備えられた関数で十分に処理が可能です。また、本書で利用する『エクセル統計 2010』を加えるとより高度な統計計算も可能となります。

2.4.3 統計処理を行う場合の留意点

統計解析の基本的な方法論に関しては、2.5 節で具体的な説明がなされています。ここでは統計ツールを利用する際のデータの取り扱いに関する基本的注意事項をいくつか述べていきたいと思います。

『Excel 2010』に用意された分析ツールやアドインソフトの『エクセル統計 2010』はいろいろな目的の統計分析や統計計算を簡単に処理することができる汎用のツールです。ここでは、具体的な例をあげていくつかの基本的な留意点をあげてみたいと思います。

以下に示したのは 12 人の学生の身長です。単位は cm です。

168.3, 156.7, 178.4, 184.2, 176.8, 165.2,
173.7, 158.0, 168.8, 171.3, 161.7, 183.1

『Excel 2010』の分析ツールを用いて平均（mean）と標準偏差（standard deviation）を求めてみます。平均は 170.5167、標準偏差は 9.142193 と計算されました。具体的な計算方法は 2.5 節の「統計の基礎」で詳しく述べます。ここでは、結果の数値について少し考えてみましょう。繰り返しになりますが、ここで扱うデータは、人間の身長です。計算結果の平均値を詳しく書けば 170 cm と 5 mm と 0.1 mm と 0.06 mm と 0.007 mm です。この場合には、0.0167 の部分は必要でしょうか。さらに標準偏差を求めてみると、10 nm（ナノメートル：10^{-9} m）の値まで計算されています。標準偏差とは、データの平均まわりのばらつきの度合いを表す統計量で単位は元のデータと同じです。つまり、12 人の学生の平均身長のまわりのばらつきを nm のレベルまで表示していることになります。計算結果はこれでよいのですが、報告書に結果を

第2章 リサーチデザイン、研究方法、統計の基礎

掲載して提出する場合を考えれば、このような精度は必要がないことは明らかです。当然のことながら『Excel 2010』はデータが身長であることを認識していません。コンピュータは状況を認識できずに自らの計算能力の限界まで計算してしまいます。

論文や報告書に計算結果を載せる場合、『Excel 2010』の計算結果をそのまま載せるのではなくデータの意味を十分考えながら記述するようにしましょう。このようにデータの数値がどの桁まで有効なのか、あるいは、必要なのかを示した数値を有効数字(significant figure)と言います。回帰分析(regression analysis)(→第6章を参照)の結果なども『Excel 2010』の計算結果の表をそのまま報告書に載せてしまった例もまれに見かけます。

ここまでは、統計計算の結果の数値の表記法について注意すべきミスについて例をあげて示しました。次に、データを統計計算のツールに入力する前の留意点について述べたいと思います。一般的にはデータの前処理といわれる部分です。初めに、利用する統計データに測定や記録(コンピュータへの入力)のミスのため生じる欠測値(missing observation)はないか、または計測機器の故障や外乱(ノイズによる信号の変化)または記録ミスのために生じる異常値(outlier)が混在していないかを確認します。これらのデータを見逃すと予期せぬ結果になってしまうこともあります。残念ながらこのような諸問題を自動的に検出する方法は一般的にはありません。収集したデータをよく吟味しグラフなどを描き目視して検討する必要があります。データに欠測値や異常値があった場合には全体に影響を与えないような適切な修正(削除または平均的な値に置き換えるなど)を施します。

表1に10名の学生の体重と身長の計測結果を示します。データをよく見ると、No.7の学生の体重が空欄になっています。このようにデータが何らかの理由で欠けている場合が欠損値です。また、No.6の身長の欄をみる

表1 学生の体重と身長の測定結果

学生 No.	体重 (kg)	身長 (m)
1	57	1.68
2	65	1.76
3	70	1.80
4	73	1.76
5	65	1.65
6	58	0.65
7		1.62
8	55	1.56
9	58	1.61
10	60	1.59

2.4 統計処理を行うための手引きと留意点

と0.65となっています。これは、1.65を誤って0.65と入力した可能性があります。このように常識的にはありえないような値を異常値と呼びます。実際にこのデータをそのまま使い体重と身長の相関係数を計算すると0.441となります。しかし、欠損値にそれぞれ正常なデータの平均値を仮定して算出した相関係数は0.785となり大きな差が出てしまいます。このように、欠損値や異常値がある場合には、まず原因を調べて対処します。例えば、欠損値である学生No.7の体重に60 kgという具体的な値を記入し、異常値である学生No.6の身長は1.65 mに修正するというように、欠損値や異常値を適切な値に修正するという措置をとることもあります。

次に必要に応じてデータの標準化（standardization）または正規化（normalization）を行います。データに標準化や正規化を施さずにそのまま用いても統計処理できる場合もあります。しかし、試験など問題の難易度によって点数（成績）が左右されてしまうような場合や、統計データとしての測定値がかなり大きな値になってしまう場合にはデータの標準化や正規化が必要になります。例えば、多数の科目の試験の点数分布を検討したい場合などは正規化の方法としては偏差値（standard score or T-score）が一般的に使われます。表2に15人の学生の英語と数学の試験の点数を示しました。平均点などを考慮せずに素点で判断すれば、No.6の学生は英語（70点）の方が数学（65点）よりも良くできているようです。しかし、標準化の1つの手法である偏差値を算出してみると、英語が44.8、数学が52.4となり、数学の方が平均よりも良い点数を取っていることがわかります。

また、単純にデータを[0,100]の範囲に変換して処理を行うなどの手法をとる場合もよくあります。社会統計などでは桁数が多いデータ（犯罪件数とか交通事故数など）を扱う場合が多いため、データを正規化してから統計処理に入らないと計算処理に大きな負担がかかってしまう場合があります。実際に4.4節で扱う「カイ二乗検定」などは実データで計算すると結果が算術オーバーフロー（コンピュータの計算能力を超えてしまい計算結果が得られないこと）を起こすことがよくあります。代表的な確率分布である正規分布（normal distribution）に関しては、期待値を0、標準偏差（分散）を1とした分布に変換することがよくあります。この正規化で得られる正規分布を標準正規分布（standardized form of normal distribution）と呼びます。標準正規分布への変換を行うことによって、後の統計計算が容易になってきます。

第 2 章　リサーチデザイン、研究方法、統計の基礎

表 2　英語と数学の点数と偏差値

学生 No.	英語	数学	英語（偏差値）	数学（偏差値）
1	68	67	43.0	54.4
2	89	56	61.0	43.5
3	57	43	33.6	30.6
4	85	75	57.6	62.4
5	76	53	49.9	40.5
6	70	65	44.8	52.4
7	83	62	55.9	49.5
8	63	57	38.8	44.5
9	79	69	52.5	56.4
10	87	55	59.3	42.5
11	58	61	34.5	48.5
12	67	72	42.2	59.4
13	84	83	56.7	70.3
14	95	66	66.1	53.4
15	81	54	54.2	41.5
平均点	76.1	62.5		
標準偏差	11.691674	10.07732		

2.4.4　『Excel 2010』以外の統計処理ソフト

　最後に『Excel 2010』での統計処理から、さらに進んで本格的な統計処理を必要とする場合に利用される統計ソフトを紹介しましょう。さまざまな研究分野で一般的な統計ソフトとしては IBM 社の SPSS や SAS Institute Inc. の SAS、日本では（株）数理システムが日本の代理店を務める Insightful 社の S-PLUS などが有名です。これらの統計パッケージはコンピュータ 1 台に 1 つのパッケージをインストールする使い方のほかに、ネットワーク上のサーバマシンにインストールして複数のクライアントマシンから複数の利用者が同時に利用するネットワークライセンスという契約利用形態もあります。

2.4 統計処理を行うための手引きと留意点

　ちなみに、このネットワークライセンスにより、法政大学では、教職員だけでなくすべての学生も SPSS にアクセスして使用することが可能です。

　さらに上級者向けには統計計算のプログラミングが可能な R 言語や S 言語などがあります。R 言語（http://www.r-project.org/）はオープンソースでフリーソフトウエアの統計解析ソフトです。それに対して S 言語は AT & T の Bell Lab. で開発された統計解析ソフトでその処理形態は商用の S-PLUS（http://www.msi.co.jp/splus/）になります。

　これらのソフトウエアの性能の向上により、多くの統計データから必要となるものを組み合わせ、そこから新たな事実を発見したり、データが欠けている分野の推測を行うという研究も盛んに行われるようになりました。これらがデータマイニング（data mining）やデータフュージョン（data fusion）と呼ばれる分野です（→ 参考図書紹介（p. 223）参照）。

2.5　統計の基礎

テスト得点やアンケート結果などのデータは、特に受験者や回答者が多い場合には、1人1人の得点や数値を一覧しているだけでは、全体の傾向や特徴は見えにくくなります。このような場合には平均値や標準偏差などの数値を用いて、標本の特徴を表すとわかりやすくなります。これらの数値を基本統計量と言います。標本の分布を1つの数値に要約していますので要約統計量とも言われます。

2.5.1　基本統計量

2.5.1.1　平均値

平均値とはテスト得点などのスコアの総和をデータの個数で割ったものです。テスト得点などの平均値は、「関数の検索（S）」の「＝AVERAGE（セルの範囲）」で求めることができます。図1の例では、B2からB7までのセルにテスト得点が入力されているので、セルの範囲は「B2:B7」と入力します。

☞計算結果を少数第何位まで表示するかは、上のツールバーの で調整します。

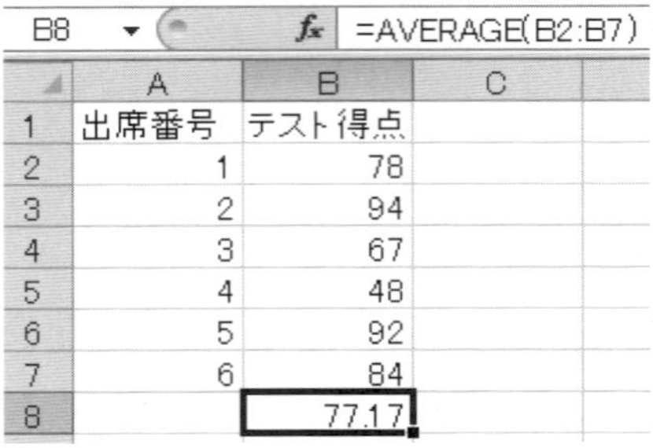
B8　fx　=AVERAGE(B2:B7)

	A	B	C
1	出席番号	テスト得点	
2	1	78	
3	2	94	
4	3	67	
5	4	48	
6	5	92	
7	6	84	
8		77.17	

図１

2.5.1.2　分散

分散とは、データのバラツキの度合いを示す値です。値は、

（（データ－平均値）の二乗）の総和÷データの個数

で算出します。この値が大きいほどバラツキが大きいと言えます。分散は、

2.5 統計の基礎

各データがどのくらい平均値と離れているかを基本的な単位として計算します。この差を二乗するのは、各データと平均値の差が、平均値より高いデータはプラスの値に、平均値より低いデータはマイナスの値になり、これを足し合わせると差の大きさが相殺されてしまうためです。そうなると、全体のバラツキの状態が見えなくなります。したがって、データの値から平均値を引いた差を二乗するのです。

図2のデータを例にとりますと、「平均との差（データ－平均値）」はC列に算出されていて、これらを二乗したものがD列に並んでいます。

☞二乗は「＝二乗する数値が入力されているセル ^2」で求められます。例えば、D2のセルには、「＝C2^2」という式が入力されています。

C10	▼	f_x	=SUM(D2:D7)/6	
	A	B	C	D
1	出席番号	テスト得点	平均との差	平均との差の二乗
2	1	78	0.83	0.69
3	2	94	16.83	283.36
4	3	67	-10.17	103.36
5	4	48	-29.17	850.69
6	5	92	14.83	220.03
7	6	84	6.83	46.69
8				
9		平均値	77.17	
10		分散	250.81	

図2

D2からD7で計算された「平均との差の二乗」の合計を個数の6で割った値（分散）がC10に表示されています。

☞「＝SUM（セルの範囲）」で選択範囲内の数値の合計値が算出されます。

◆2種類の分散（標本分散と母分散）

分散には、標本分散と母分散の2種類があります。例えば、1000人の生徒からなる集団の英語能力を測定するためにテストを実施することにします。全生徒にテストを実施するのが難しい場合は、偏りのない一部の生徒のテスト結果から集団全体の能力を推定することになります。この際、実際にテストを受験した、偏りのない一部の生徒の集団（標本）の分散を標本分散と呼び、集団全体（母集団）の推定される分散を母分散と呼びます。

第2章 リサーチデザイン、研究方法、統計の基礎

分散を『Excel』で自動的に算出する式は、母分散を求める場合は「関数の検索（S）」から「＝VAR（セルの範囲）」を選択します。標本分散を求める場合は同じく「関数の検索（S）」から「＝VARP（セルの範囲）」を選択します。

	A	B
1	出席番号	テスト得点
2	1	78
3	2	94
4	3	67
5	4	48
6	5	92
7	6	84
8	母分散	300.97　← =VAR(B2:B7)
9	標本分散	250.81　← =VARP(B2:B7)

図3

母分散は「((データ－平均値)の二乗)の総和÷(データの個数－1)」で計算されるため、「((データ－平均値)の二乗)の総和÷データの個数」で計算される標本分散より値が大きくなります。

では、なぜ母分散の方が標本分散より値が大きくなるように計算されるのでしょうか。標本は実際に手元にあるデータですが、母分散はあくまで標本から推定される値です。したがって、標本分散を求める時と違い、「データの個数－1」で「((データ－平均値)の二乗)」を割ることによって、分散を大きく見積もっておくということです。また、「データの個数」から1を引くことの意味は、標本分散では標本平均が実際にわかっていますが、母分散の場合は、母平均はわかっていません。したがって、母分散の方が、情報量が1個少ないということですので、1を引いた値で割るということです。これは自由度が1つ少ないということになります。自由度とは、データの個数から1を引いた値のことです。

2.5.1.3 標準偏差

標準偏差とは、データが平均からどの程度ズレているかを表す統計量です。すなわち、標準偏差の値は、データ1個分の標準的なズレ幅を表します。データのバラツキ度合いは分散で見ることができますが、分散はもとのデータを二乗した値から算出しているため、もとのデータが示す数値よりも大きな値

2.5 統計の基礎

で表されていることになります。図 2 (p. 49) で用いられている例では、最高点が 94 点のテストで、(標本) 分散は 250.81 となっていますので、実際の得点を大きく超えた値となっています。標準偏差は、「データと平均の距離」を表す指標であるため、もとのデータが示す数値と同じレベルで、この距離 (バラツキ) をとらえなければなりませんので、分散の平方根を取った値になります。この標準偏差が大きいということは、バラツキが大きいことを示します。

図 4 の例は、2 クラスの得点の人数分布を示したものですが、平均点は同じ (58.4 点) データをヒストグラム (度数分布図) で表したものです。ヒストグラムとは、バラツキの分布状態を棒グラフで表示したもので、テスト得点のような連続する数値を扱う時に用います。変数のとりうる値を横軸に、それぞれの値における度数を縦軸にとったものです。このグラフでは、A クラスは分布が横に広がっていますが、B クラスは分布が中央に固まっています。このことは、A クラスは、生徒の得点が上位から下位までバラついているのに対して、B クラスは生徒の得点が 51〜60 点台を中心に分布していることを意味します。言い換えれば、A クラスよりも B クラスの方が生徒の得点のバラツキが少ないと言えます。標準偏差は、A クラスは 24.06、B クラスは 10.95 です。標準偏差を算出することによって、平均値では違いが見えないデータを比較することができます。

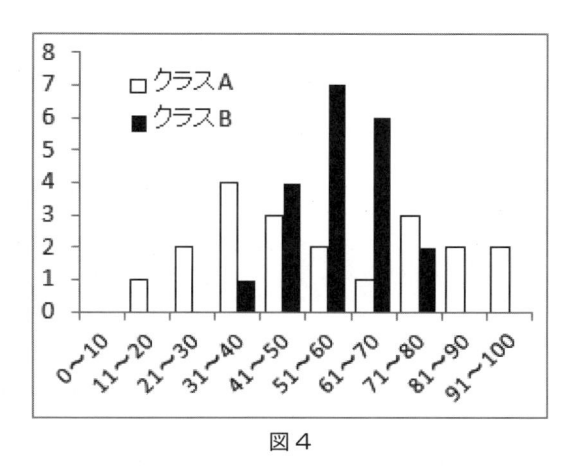

図 4

なお、『Excel』での標準偏差の計算式は、母分散に基づく場合は「関数の

第 2 章　リサーチデザイン、研究方法、統計の基礎

検索（S）」から「＝STDEV（セルの範囲）」を選択します。標本分散に基づく場合は「＝STDEVP（セルの範囲）」となります。

◆正規分布とは？

　標本のデータが、図5のように、平均値を基準として、左右に対称に分布している状態を正規分布といいます。ある中学校の3年生の中間テストの得点の分布のような、100名程度のデータでは、通常、このような正規分布は現れません。毎年10万人程度が受験する、大学入試センター試験の得点のようなデータの個数が非常に多くなる場合に、このような正規分布が現れます。

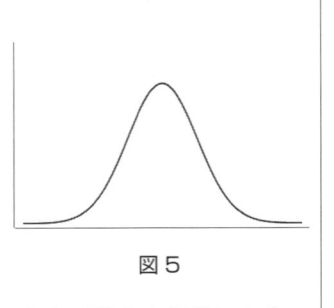

図5

2.5.1.4　基本統計量の一括出力

『Excel 2010』には、データの基本統計量を一括で出力する機能を持つ「分析ツール」があります。ただし「分析ツール」は、アドインを行わなければ『Excel 2010』のツールに表示されませんので注意してください。

具体的には次のような設定を行います。

① 「ファイル」タブの「オプション」をクリックし、「Excel のオプション」画面を表示させます。

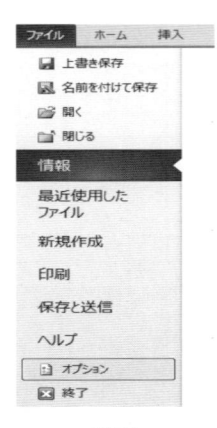

図6 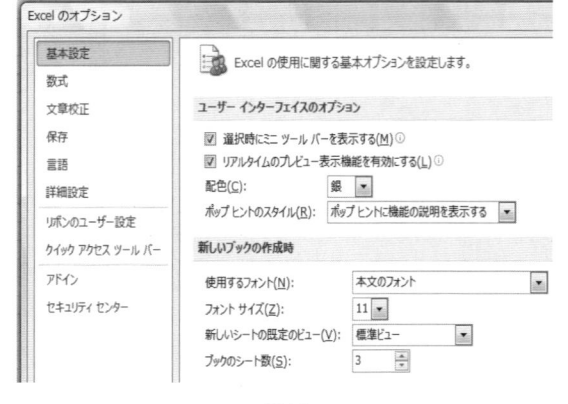　　　　　　　　　　図7

2.5 統計の基礎

② 「Excel のオプション」画面から「アドイン」をクリックします。次に画面の下にある「管理 (A)」欄で「Excel アドイン」を選択し「設定 (G)」をクリックします。

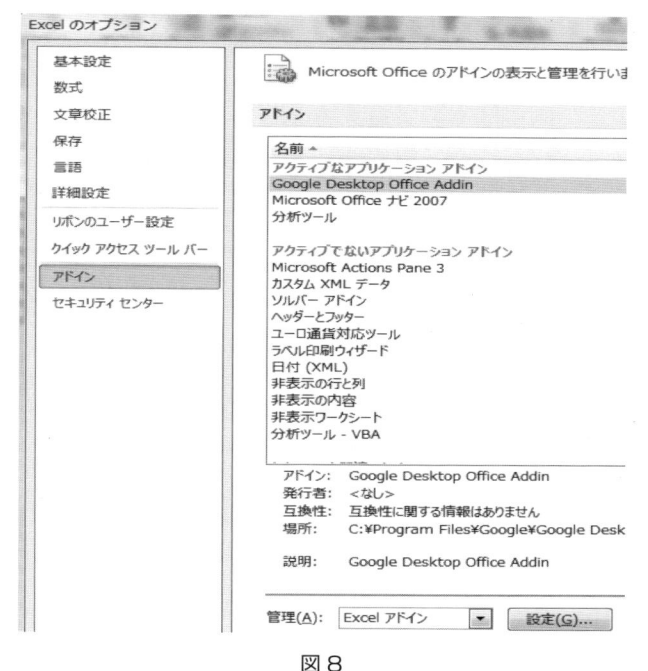

図 8

③ 「アドイン」画面が表示されますので、「有効なアドイン (A)」内の「分析ツール」にチェックをつけ「OK」をクリックします (図 9, 10)。
④ 図 11 のように「データ」タブの右側に「データ分析」が表示されます。これで「データ分析」をクリックすることにより、「分析ツール」が使用できるようになります。

 「データ」から「データ分析」を選択すると、図 12 のように「データ分析」画面が表示されます。他の統計的な分析を行う時もこの画面から進みます。「分析ツール (A)」内にある「基本統計量」を選択すると、図 13 のように「基本統計量」画面が表示されます。ここで、データの範囲などを選択します。

第 2 章 リサーチデザイン、研究方法、統計の基礎

図 9

図 10

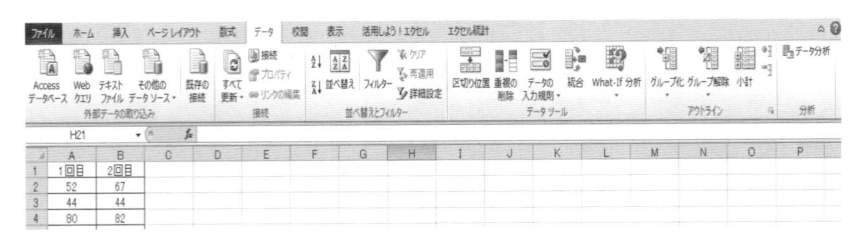

図 11

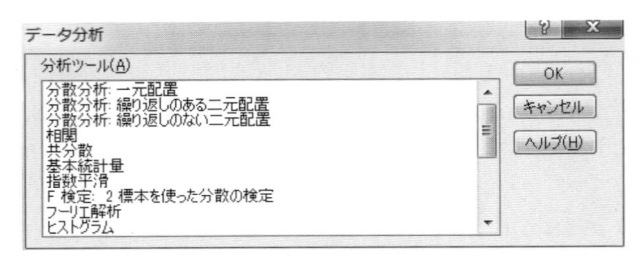

図 12

2.5 統計の基礎

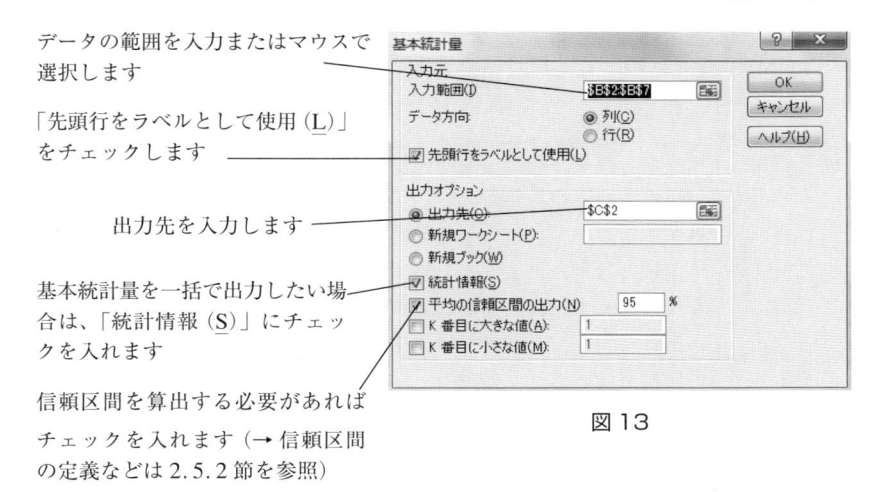

データの範囲を入力またはマウスで選択します

「先頭行をラベルとして使用 (L)」をチェックします

出力先を入力します

基本統計量を一括で出力したい場合は、「統計情報 (S)」にチェックを入れます

信頼区間を算出する必要があればチェックを入れます（→ 信頼区間の定義などは 2.5.2 節を参照）

図 13

「OK」をクリックすると、以下の図 15 のように、指定した出力先に基本統計量とオプションで「信頼区間」が算出されます（使用したデータは、図 14）。ここで算出される基本統計量の各用語に関する説明は、表 1 に載せてあります。

図 14

Aクラス	
平均	58.85
標準誤差	6.054261222
中央値（メジアン）	57
最頻値（モード）	78
標準偏差	27.07547929
分散	733.0815789
尖度	-1.488457512
歪度	0.020172994
範囲	84
最小	15
最大	99
合計	1177
標本数	20
信頼区間(95.0%)	12.67171434

図 15

第2章 リサーチデザイン、研究方法、統計の基礎

表1

項目	内容	算出の式
平均	データの平均値。	=AVERAGE( )
標準誤差	標本から推定された母集団の平均値と母集団の真の平均値の差を言います。言い換えれば、推定値がどのくらい正確かを表す指標です。	=STDEV( )/SQRT(標本数)
中央値（メジアン）	中央値とはデータを大きい順に並べた時の真ん中の値です。データが偶数個の場合は、真ん中2つのデータの平均値となります。	=MEDIAN( )
最頻値（モード）	最頻値とは、データの中で、度数分布で最も多く存在する値です。	=MODE( )
標準偏差	標準偏差とはデータのバラツキ度合いを表す指標です。Excel では母分散による標準偏差が算出されます。	=STDEV( )
分散	分散とは、データのバラツキ度合いを表す指標です。Excel では母分散が算出されます。	=VAR( )
尖度（せんど）	尖度とは、正規分布を基準とした時の、分布の上下への尖り（とがり）具合を数値化したものです。（図16参照）	=KURT( )
歪度（わいど）	歪度とは、正規分布を基準とした時の、分布の左右への歪み具合を数値化したものです。（図16参照）	=SKEW( )
範囲	データの範囲です。「最大値 − 最小値」で算出します。	=MAX( ) − MIN( )
最小	データの中の最小値です。	=MIN( )
最大	データの中の最大値です。	=MAX( )
合計	データの合計値です。	=SUM( )
標本数	データの個数です。	=COUNT( )
信頼区間	信頼区間とは、95% ないしは 99% の確率で母平均が入る範囲のことです。基本統計量に加えて、オプションで算出可能です。（→信頼区間の定義などは 2.5.2 節を参照）	

☞「算出の式」は個別に値を求めるときに使用します。「( )」は「(データ範囲)」を示します。

2.5 統計の基礎

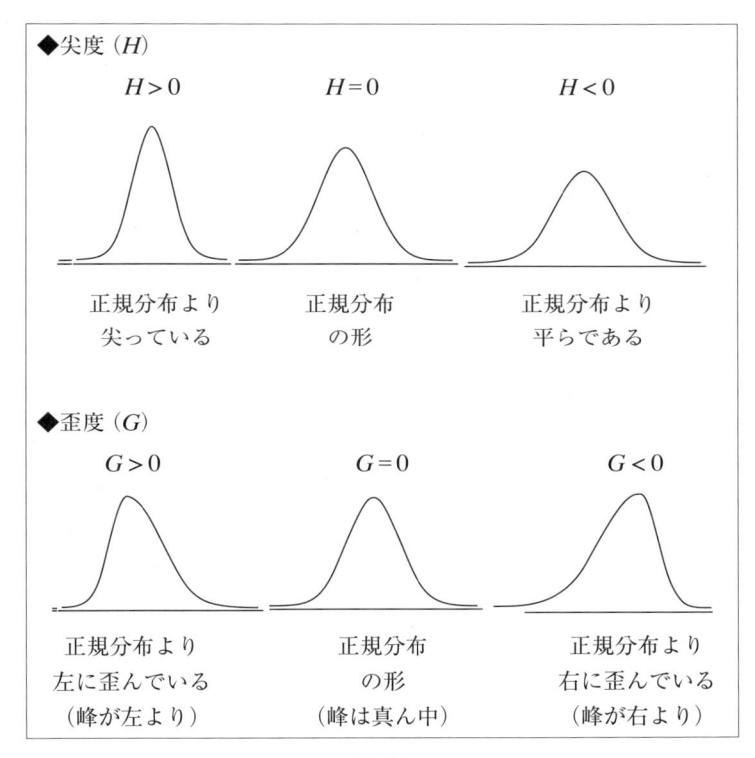

◆尖度（H）

$H>0$	$H=0$	$H<0$
正規分布より尖っている	正規分布の形	正規分布より平らである

◆歪度（G）

$G>0$	$G=0$	$G<0$
正規分布より左に歪んでいる（峰が左より）	正規分布の形（峰は真ん中）	正規分布より右に歪んでいる（峰が右より）

図 16

2.5.2 区間推定と信頼区間

　日本の中学 3 年生のリスニング力を測定しようとした場合、全国の中学 3 年生全員（母集団）にテストを実施することは不可能です。そこで、一部の標本（サンプル）の統計量（平均値や分散など）から母集団の特性を推定することになります。標本数が多ければ、母集団の真の特性に近くなることが予想できます。ここでは、母集団の平均の「区間推定」という手法を紹介します。区間推定とは、母平均がとる値に一定の範囲を想定し、その範囲内に入る確率を統計的に求めることです。たとえば、ランダム抽出した一部の中学 3 年生（標本）の平均から推定される全国の中学 3 年生（母集団）の平均値は、「A 値から B 値の範囲内に 〜% の確率で入る」と統計的に判断できると表すことです。

第 2 章　リサーチデザイン、研究方法、統計の基礎

　この手法では、まず母集団が正規分布していることが前提となります。上で例示した全国の中学 3 年生であれば、相当な人数であるので、正規分布していると考えられます。

　区間推定では、推定した範囲に入る確率を用いますが、確率が低い場合は母集団の特性を推定できないことになるため、あらかじめ確率（信頼性係数とも言います）を決めた上で、範囲を算出します。通常、信頼係数は 95% か 99% を用います。これらの信頼係数に基づいて算出された母平均がとる範囲を信頼区間 (confidence interval) と呼びます。

　下記の表 2 に見られるデータを、中学 3 年生のリスニングテストの結果と仮定して信頼区間について説明します。

表 2

	標本数	平均	標準偏差	信頼区間 95%	信頼区間 99%
標本 1	20	58.4	26.7	12.49	17.07
標本 2	100	58.4	26.1	5.19	6.86

　同じ母集団から 2 つの標本を抽出したデータですが、それぞれの標本数にはかなりの差があります。平均値はまったく同じで、標準偏差もほぼ同じです。信頼区間の解釈は、標本 1 では、「母平均は 95% の確率で、58.4±12.49（つまり、45.91〜70.89）の範囲内にある」、そして「母平均は 99% の確率で、58.4±17.07（つまり、41.33〜75.47）の範囲内にある」ということになります。また、標本 2 では、「母平均は 95% の確率で、58.4±5.19（つまり、53.21〜63.59）の範囲内にある」、そして「母平均は 99% の確率で、58.4±6.86（つまり、51.54〜65.26）の範囲内にある」ということになります。

第3章
実験タスクとアンケートの作成法

　第2章では、リサーチデザインの立て方、研究方法、統計の基礎などについて学びました。第3章からは、実際に実験を行い、データを収集するための具体的な方法について説明していきます。

　3.1節では、実験タスクの作成について学びます。この場合のタスクとは、実験参加者に特定の言語活動を行ってもらい、そのプロセスを観察したり、結果を評価することによって、実験参加者の認識を把握したり、変化を判断するものです。

　まずタスクの作成の場合に注意しなければならない観点を確認します。次に、スピーキング、ライティング、リスニング、リーディングの各技能のデータを収集するための代表的なタスクを説明します。

　3.2節では、タスクの成果を確認したり、実験参加者の内面的な概念を抽出したりするのに頻繁に使われる、アンケート作成上の留意点を確認します。アンケートを使った実験方法は、比較的、作成しやすく、一度にたくさんのデータを集めることができます。しかし、事前によく計画して質問項目を適切に作成しておかないと、せっかく収集したデータもあまり意味のないものになってしまいます。

　3.3節では、どのようにすれば、信頼性と妥当性のあるアンケート調査が実施できるのかを解説します。そのためには、いきなりデータを収集するのではなく、まず実験のための予備調査を行います。この時点で、調査したい質問項目の信頼性や質問内容の妥当性を確認するのです。具体的な手法として、G-P分析、I-T相関、クロンバックのα係数などを使い、信頼性を高める例を見ていきます。

　信頼性のある質問紙が完成した後に、本調査を行い、実際に集めたデータをクロス集計で分析する方法を解説します。さらに結果が得られた後、実施した実験結果を報告する際の記述統計の表し方も学びます。

第3章 実験タスクとアンケートの作成法

3.1 実験タスク作成法

　実験の中で一番重要なのは実験タスクの選定と言っても過言ではありません。なぜならば、実験タスクの種類によって抽出できるデータと、その質や量が決定されるからです。つまり、これは妥当性（→ 2.1.6, 2.2.4 節参照）という概念です。これは調査したい言語事象などが適切に抽出でき、それを正しく評価できるかということです。

　また、実験タスクの作成で重要な項目は、(1) 対象者（subject）、(2) 環境（environment）、(3) 時間（time length）、(4) 回数（frequency）、(5) 記録（recording）、(6) 採点（marking）、(7) 経済性（economy）などです。本実験に取り組む前に、これらの項目を念頭において研究の計画を立てましょう。ここでは、これらの項目を説明した後に、主に4技能のデータを収集するための代表的なタスクを例示していきます。

3.1.1 タスクに影響を与える要因

(1)　対象者に関しては、年齢や性別の与える影響を考慮しましょう。例えば、小学生に英語使用に関するアンケート調査をしても正確に答えられるでしょうか。また一般に男性と女性は、第二言語の使用や習得に対して異なる傾向があると報告されています。対象者は男性だけのグループなのか、女性だけなのか、あるいは両方なのか考慮した方がよいでしょう。両方の場合、タスクがどちらかの好む内容に偏らないように注意することも必要です。例えばスポーツの話題は男性の方が好むようです。また、対象者はタスクの形式に慣れている必要があります。例えば授業の成果を調べたいなら、授業でよく使っているタスクでテストする必要があります。これを内容的妥当性（content validity）（→ 2.2.4 節参照）と呼びます。

(2)　環境は、どこでタスクを行うかです。教室の活動として実施すると、自然な学習環境ですが、雑音や他の学習者の行動が影響を与えます。これらの要因を排除するために教員の研究室や実験室、放課後の教室などで実施することも可能です。この場合には、実験参加者（participant）がリラックスできる環境を設定する必要があります。

(3)　タスクに使う時間の決定は、データの抽出量を左右するので重要な要

3.1 実験タスク作成法

素です。特に、スピーキングやライティングなどの産出的技能（production skills）の調査では時間が結果を大きく左右します。例えば、英語のインタビュー・テストをする場合、制限時間になったからといって、途中でタスクを打ち切るわけにはいきません。この場合、すべてを録音した上で、「録音の開始○○分から○○分までをデータとして使う」などという設定をします。

(4) タスクの回数とは、実験参加者の一定期間の変化を計測する場合に問題になります。通常は事前テスト（pre-test）・事後テスト（post-test）と2回を行いますが、実験終了後も効果が続いているかを確認するために遅延テスト（delayed post-test）を行うこともあります。こうなると3回タスクをすることになりますが、すべて同じタスクでよいのでしょうか。学習者は3回も同じことに取り組むと、その問題に慣れてしまい、行うべき行動が予測でき、本来より良い結果を出す実験参加者がいるかもしれません。そのような場合には、同質の、異なるテストで実施する方が望ましいでしょう（→ 2.1.6 節を参照）。

(5) 記録は、どのようにデータを抽出するかです。ペーパーテストや、コンピュータに入力させるタスクの場合は特に問題がないのですが、発話をさせる場合は、音声だけにするのか、映像もいっしょに記録するのかを考慮すべきです。

(6) 採点方法はタスクの結果を評価するためにとても重要です。通常は、この結果を従属変数（dependent variable）（→ 2.1.5 節参照）として、これに影響を与える各要因を独立変数（independent variable）（→ 2.1.5 節参照）として実験を計画します。このため、タスクの評価基準が不適切だと研究自体の妥当性が低くなってしまいます。例えばリスニングやリーディングなど受容的技能（recognition skills）のタスクを多肢選択法で正答を選ばせて理解度を測る場合は、結果の信頼性を高めやすくなります。一方、スピーキングやライティングなどの産出的技能に関するタスクの評価基準は、確立されたものがほとんどないので注意が必要です。関連する先行研究をよく調べて、適切なものを選びましょう。

(7) 経済性とは、時間的制約や費用との兼ね合いで、効率よく実行可能なタスクを選定することです。修士論文のように限られた提出期限の中で終わらせなければならない場合には、関連する先行研究を参考にして経済性

第 3 章　実験タスクとアンケートの作成法

を考慮したタスクを選びましょう。

3.1.2　代表的なタスク

　ここでは、主に、スピーキング、ライティング、リスニング、リーディングの 4 技能に関する代表的な実験タスクの特徴、実例、留意点などを説明していきます。

3.1.2.1　スピーキング技能

・インフォメーション・ギャップ

　実験参加者がペアやグループで情報を交換するタスクで、聞き手が持っていない情報を話し手が伝達します。例えば、口頭で特定のある物の形を表現し、聞き手にその絵を描かせたり、選ばせたりするものがあります。ペアでゴールを達成するためにさまざまなインタラクション (interaction) を行います。またジグソー活動のように、グループのメンバーが少しずつ情報を持ち、協力して全員の情報を集めることでタスクが完成するものもあります。これらは比較的英語熟達度の高くない実験参加者でも、語彙の言い換えや、意味交渉 (negotiation of meaning) の豊富なデータが収集できます。

・ロール・プレイ及びシミュレーション

　あらかじめ実験参加者に何かの役割を与え、特定の場面の会話を設定します。この際、ペアで問題解決をさせる状況を設定すると、自分で考え対話をするので、より臨場感のあるものになります。例：「A さんは B さんから授業のノートを借りなければなりません。しかし、B さんは、テストの勉強をしたいためノートを貸したくありません」。このような設定で、ペアで自由に話させ問題を解決させるタスクでは、さまざまな表現やストラテジーを使い工夫をしながら話し合う可能性もあります。

・面接インタビュー

　面接官が実験参加者に特定のテーマについて話させるものです。英検の 2 次試験や、ACTFL (The American Council on the Teaching of Foreign Languages) の OPI (Oral Proficiency Interview) などが該当します。やり方次第でかなりの発話量を収集できますが、面接官の力量で結果が左右されます。

・擬似インタビュー

　TOEIC や TOEFL のスピーキングテストで使われているものです。CD や

コンピュータの指示に従って発話を録音させます。ITの環境があれば、面接官がいらないので同時に多数の実験参加者の発話データが収集できます。ただし、あくまで間接的な方法であることに注意が必要です。

・スピーチ

　英語のスピーチをさせ評価する方法です。授業でスピーチのトレーニングをしている場合に適します。実験参加者の直接の英語発話を観察することが可能になります。また、この際には、スピーチのテーマや長さなどを考慮する必要があります。

3.1.2.2　ライティング技能

・自由英作文

　特定のテーマを与え、文字通り自由に書かせます。豊富なデータを得られますが、評価が容易ではありません。語彙、文法、ディスコース、内容などを客観的に評価するには、明確な評価基準と採点者のトレーニングが必要です。

・条件作文

　一定の状況設定を与え英文を書かせます。たとえば、前述のスピーキングのロール・プレイで示した、ノート貸し借りのタスクを応用できます。発話の代わりに、「友人のAさんが授業のノートを借りにきました。でもあなたは、試験勉強でそれが必要です。Aさんに対する返事を英語で書いて下さい。」といった指示を与えます。これは、実験参加者の母語の文化が対人関係の発話に与える影響などの語用論（pragmatics）の実験ではよく用いられるものです。また特定の人物に宛てた手紙を書かせたり、履歴書とカバーレターを書かせたりする、実用的で役立つタスクの利用も有効です。

・部分英作文

　英文テキストの一部分をブランクにしておいて、適切な文を書かせる形式です。かなり制御されたデータが収集できますが、実験参加者の読解力の影響を考慮する必要があります。

・サマリー（要約）作成

　長文の英文を読ませた後に、特定の語数で文章の要約を英文で書かせるタスクです。この場合には実験参加者の英文読解力との影響も考慮しなければなりません。

第 3 章　実験タスクとアンケートの作成法

・談話完成

　前置談話文脈（prior discourse contexts）（→ 5.1.5 節参照）を提示し、抽出したい特定の文法項目を含む句や文などが空所にしてある箇所に、該当する表現などを実際に書かせ、談話を完成させる（discourse completion）タスクです。これは、中間語用論研究（interlanguage pragmatics research）や第二言語統語処理研究（L2 syntactic processing research）などで、よく使われるタスクです。実験参加者が当該の研究対象項目をどの程度まで正確に習得できているかどうかに関するデータを収集するのに適した誘導式タスク（elicitation task）です。

・誘導式絵説明

　このタスクは実験参加者に、研究対象として抽出したい文法項目などを含む絵や写真を提示し、それらが表す内容を英語で説明させるタスク（elicited picture description task）です（→ 4.5.3 節参照）。これは第二言語習得研究などで使われるタスクです。また実験参加者の熟達度に応じて、口頭で表現させる場合もあります。談話完成タスクと同様に、このタスクも実験参加者が当該の研究対象項目をどの程度まで正確に習得できているかどうかに関するデータを収集するのに適した誘導式タスクの一種です。

3.1.2.3　リスニング技能

・絵などを聴き取った情報と結びつけるタスク

　絵や写真などの視覚情報と、聴き取った英文の概要などに関する音声情報を正確に結びつけさせるタスクです。例えば、内容が説明しやすい絵や写真などを準備し、複数の選択肢の英文を音声で聴かせ、その内容を最も正確に表している英文を選ばせる方法などがあります。実験参加者が聴き取った英文の概要を正確に理解しているかどうかを測定するのに適したタスクです。

・英語の質問文に対する適切な応答を選ばせるタスク

　英語の質問文を音声で聴かせ、次に、その応答となる複数の選択肢を聴かせ、最適な選択肢を選択させるタスクです。このタスクは、実際の英語（authentic English）の対話やインタビューなどを題材に選ぶと、実験参加者の本来のリスニング能力を測定するのに適したタスクとなります。また、実験参加者の熟達度があまり高くない場合には、英語の質問文を文字情報として提示して、複数の選択肢を音声で提示するなどの配慮が必要です。

・書き取りタスク

　まとまった分量の英文の一部分（句、節、文など）や全文を空所にして聴かせるタスクです。このタスクは、実験参加者が英文を正確に聴き取り、文法的に正しく書き取れるかどうかに関するデータを収集するのに適したタスクです。実験参加者の熟達度に応じて書き取らせる英語の語数を調整するなど、彼らの認知的負荷（cognitive load）を軽減するように配慮することも重要です。

3.1.2.4　リーディング技能

・情報転移タスク

　情報転移（information transfer）タスクは、まとまった分量の英文を読み、読み取った情報を図や表などに転移させ、まとめさせることによって実験参加者の英文の理解度を測定するためのタスクです。このタスクは、英文の概要や要点を把握する能力を測定するためのデータを収集するのに適しています。

・多肢選択タスク

　多肢選択タスクは、まとまった分量の英文を読み、実験参加者が読解した英文の内容をどの程度理解できているかというデータを測定するためのタスクです。このタスクでは局所的な理解力（local level of comprehension）だけではなく全体的な理解力（global level of comprehension）を測定するためのデータを収集するのに適しています。例えば、まとまった分量の英文を読んだ後に、その内容に関する英語の質問に対して、5つの選択肢から1つの解答を選ばせるタスクなどがあります。選択肢を作成する際の留意点として、実験参加者が選択肢における英文の特徴などによって安易に正解を推測できないように、すべての選択肢の英文の長さや文体をある程度一定にしておくなどの調整も必要です。

・並べ換えタスク

　並べ換えタスクは、英語の物語文（narrative discourse）や論説文（expository discourse）を読み、物語文の時間的順序（chronological order）や論説文の論理展開（logical development）を理解する能力を測定するタスクです。例えば、8～10行程度の英文の原文の順序を入れ替え、正しい順序に並べ換えさせるタスクなどがあります。このタスクは、実験参加者が英文と英文の意味

第3章　実験タスクとアンケートの作成法

的結束性や、論理の整合性に関する理解力を測定するデータを収集するのに適しています。このタスクは熟達度の高くない実験参加者にとっては、かなり認知的負荷が高いタスクなので、最初の一文を提示するなどの前置談話文脈（prior discourse contexts）（→ 5.1.2 節参照）を提示することによって、実験参加者の認知的負荷を軽減することが重要です。

・クローズ・テスト

　クローズ・テストは、英文の読解力や総合的な英語力を測定するためのタスクです。このタスクでは、まとまった分量の英文の単語を 7 語から 10 語などの等間隔で削除し、その削除した空所に適切な英語を入れさせます。このタスクは、実験参加者が、前後の英文の意味的結束性（semantic cohesion）や文法項目などに関する理解力を測定するデータを収集するのに適しています。本文と同一の単語をそのまま使用した場合のみ正答とする exact word method と文脈に適した語や同義語も正答とする appropriate word method があります。

　また、クローズ・テストと類似したタスクとして、c-test があります。これは空所に入れる単語の後半部分を削除して、実験参加者に提示し、英文を読解させながら、該当する単語を完成させるタスクです。

・発話プロトコル

　発話プロトコル（think-aloud protocol）は、実験参加者が読解タスクなどを遂行する間に実験参加者の頭に浮かんだことをできるだけ声に出して自分の言葉で語ることを通して、読解タスクの開始から完了までの読解ストラテジーの使用や認知的プロセスを調査するためのタスクです。例えば、ある刺激文（stimulus sentence）（→ 5.1.2 節参照）を読み、その刺激文の読解プロセスやストラテジーなどに関して考えたことを声に出して説明させるタスクなどがあります。このタスクでは、実験参加者が、例えば曖昧性や複雑性の高い刺激文の読解においてどのような手掛かりを活用して正確な文理解にたどりついたのかということに関する読解中のオンラインデータ（online data）などを収集します。留意点として、実験参加者が自分の読解プロセスやストラテジーを正確に発話できるように実験前に十分な練習を行うことが望まれます。

・再生課題

　再生課題（recall task）は、実験参加者がまとまった分量の英文を読解し、読解後にその英文を見ずにその概要を思い出せる限り想起するタスクです。

このタスクには、(1) 読解した内容を想起しながら文章で書く筆記再生（written recall）と、(2) 読解した内容を想起しながら口頭で再生する再話（retelling）があります。また、(3) 読み取った文章を手掛かりなしで産出する自由再生（free recall）と、(4) 文章の一部を事前に提示し残りの文章のみを産出する手がかりつき再生（cued recall）などの方法があります。このタスクは、実験参加者がどのようなプロセスで読解を行っていくか、またどのような心的表象（mental representation）を構築していくのかという読解後のオフラインデータ（offline data）を収集するのに適しています。

・翻訳タスク

翻訳タスク（translation task）は、実験参加者が英語で書かれた刺激文などを日本語に訳し、英文の統語解析能力（syntactic parsing ability）を測定するためのタスクです。例えば、統語的に曖昧性や複雑性の高い英文を、文処理・談話処理研究に関する先行研究から引用し、実験参加者にその英文を日本語に直させるタスクなどが考えられます。このタスクは、実験参加者が英文の統語構造を正確に把握し、読解を遂行することができるかどうかというデータを収集するのに適しています。構文解析能力に焦点を当てて分析する場合には、刺激文の統語構造（syntactic structures）を正確に把握できていると判断できる日本語訳も正答にするなどの配慮が望まれます。翻訳タスクの後に、その英文の読解プロセスや読解ストラテジーに関する質問を設定することで実験参加者の英文の構文解析能力だけではなく、読解プロセスや読解ストラテジーに関するオフラインデータも収集することが可能になります。

本節では、英語の4技能を主に調査するための代表的な実験タスクを紹介してきました。これ以外にもさまざまなタスクがありますが、まずは、本節で扱ったタスクを参考にしながら自分の研究に活用してみてください。

【参考文献】

石川祥一，西田正，斉田智里（編集）．2011．『英語教育学大系　第13巻　テスティングと評価　4技能測定から大学入試まで』大修館書店．

オルダーゾン，チャールズ，キャロライン・クラッファム，ダイアン・ウォール（著），渡部良典（編訳）．2010．『言語テストの作成と評価　あたらしい外国語教育のために』春風社．

金谷憲，谷口幸夫（編），根岸雅史（著）．1993．『英語教師の四十八手　第2巻　テストの作り方』研究社．

第 3 章　実験タスクとアンケートの作成法

金谷憲，谷口幸夫（編），渡辺浩行（著）．1994.『英語教師の四十八手　第 7 巻　リスニングの指導』研究社.

セリガー，ハーバート・W.，イラーナ・ショハミー（著），土屋武久，森田彰，星美季，狩野紀子（訳）．2001.『外国語教育リサーチマニュアル』大修館書店.

寺内正典．2004.「リーディングと言語情報処理」『応用言語学事典』(小池生夫編集主幹) 研究社.

寺内正典．2006.「関連科学（言語情報処理と脳科学）と第二言語処理・第二言語理解」『言語科学の百科事典』（鈴木良次，畠山雄二，岡ノ谷一夫，萩野綱男，金子敬一，寺内正典，藤巻則夫，森山卓郎編集）丸善.

ヒートン，J. B.（著），語学教育研究所テスト研究グループ（訳），土屋澄男，齋藤誠毅（監修）．1992.『コミュニカティブ・テスティング—英語テストの作り方』研究社.

米山朝二．2011.『新編英語教育法事典』研究社.

Buck, G. 2001. *Assessing listening*. Cambridge University Press.
Rost, M. 2011. *Teaching and researching listening*, 2nd ed. Pearson Education.

3.2 アンケート作成法

「アンケート」は、元来はフランス語の enquête に由来しており、心理学や教育学などの分野では、一般的に「質問紙」と呼ばれます。英語では questionnaire（一般的には、アンケート用紙とほぼ同じ意味に用いられます）、あるいは survey（正式で詳細な調査という意味合いがあります）、inventory（回答者の特性が一覧として概観できるという意味合いがあります）などとも呼ばれます。アンケート用紙作成の手順は図のようになります。ここでは（1）〜（4）の質問項目の作り方までを考えましょう。

(1) 調査の目的を確認する
(2) 調査対象を明確にする
(3) 質問項目の候補を収集する
(4) 回答方法を決定する
(5) 予備データを収集する
(6) 項目を決定する
(7) 本調査を行う
(8) 結果の集計と分析を行う

3.2.1 調査の目的

まず何のためにアンケート調査を行うのかをよく考えます。アンケート調査の利点は、短時間に幅広い質問をすることができ、大量のデータが得られることです。その一方で、面接法のように時間をかけてじっくりと掘り下げるようなデータは取りにくくなります。アンケート調査でどのような情報を得ようとしているのか、そして、その結果から何を言いたいのか熟慮する必要があります。

次に、アンケート調査を研究の中心的なデータとして使うのか、それとも補助的なデータとして使うのか、という点も考えます。中心的なデータとして扱う例として、何らかの異なる一定の処遇（treatment）（例えば、ある特定の教材や指導法など）を行った場合の学習者の応答の違いを、アンケート結果で見る研究などがあります。一方、補助的なデータとして扱う例としては、

第 3 章　実験タスクとアンケートの作成法

言語テストの結果に関するデータから結論を導く上で、アンケート調査や他のデータを合わせて利用した方が、より説得力が増す場合などです。また、アクションリサーチ（action research）などの研究手法として、特定の研究成果を多面的な視点から検討していくために複数の方法を用いる、いわゆる三点測量（triangulation）によるデータ収集も推奨されています。三点測量によるデータ収集とは、① テスト得点などの数量的データや ② 感想文などの質的データに加えて ③ アンケートを行い、データを 3 つの視点から収集するという方法です。実証的研究では、複数のテストを実施し、その結果同士の関係などを扱うことが多いのですが、アンケート調査によるストラテジーや、処遇や条件などに対する情意的反応（affective reaction）などの項目を入れて補完すると、より教育的な示唆に富む論文となります。

アンケート調査の時間の目安は 15～30 分程度です。この時間は、対象者の年齢や調査内容への関心、回答方法の複雑さなどにも左右されます。いずれにしても、集中して質問を読んで考えることができるように、大量の質問をしたり、長時間にわたり答えさせたりすることのないように注意することが必要です。

3.2.2　調査の対象

研究の計画段階で、どのような対象からどのような回答を引き出したいのか、検討しておくことが大切です。

対象は中学生、高校生、大学生、教員などいろいろ考えられます。また、単に中学生、あるいは高校生などとまとめるだけでなく、学年の差異に意味がある場合もあります。例えば、「中学 1 年生の単語の覚え方」について調査するのであれば、小学校での英語活動の影響なども考慮した質問を含めると興味深い結果が得られるでしょう。また、中学 1 年～3 年生の学年別の覚え方に関するデータを収集することも考えられます。このような場合には、学年の差異がどのような結果の差異を生むのかを考える必要があります。たとえば、単語力の指標として語彙サイズテスト[*1]を並行して実施しておく

（*1）　「語彙サイズ」とは、当該の学習者がどの程度の語彙数を知っているかを示すものです。また「語彙サイズ」は、当該の語彙をどのように数えるのかという基準によって異なります。例えば、approach という動詞の屈折形の approaches や

と、学年と語彙サイズの関係を探りながら、単語の覚え方に差異があるかどうかを調べることができます。

3.2.3 質問項目の収集

　質問項目はアンケートの目的や、研究の中心的データとして扱うかどうかなどにより決定します。このためには関連する先行研究の質問項目を参考にすることも大切です。例えば、単語の覚え方に関するストラテジーをアンケート調査したい場合、欧文の文献と日本の文献における先行研究をできるだけ多く入手します。参照した文献の質問項目の完成度が高く、複数の研究事例で使われている場合、出典を明記しそのまま使用することもできます。また、特定の質問紙を利用する根拠を論文の中で述べることも大切です。ただし、日本人 EFL 学習者を対象として、欧文の質問紙を直訳して使用する場合には次のような注意が必要です。まず、欧文の質問紙の内容や表現が実験参加者の学習者要因を考慮した場合に適切かどうかをよく検討しておくことが望まれます。その上で必要に応じて表現を書き換えたり、質問項目そのものを取捨選択したりすることも必要です。

　質問内容について共同研究者や他の研究者に意見を求めることも大切です。上の単語の覚え方の例では、当該の英語教員や学習者と面談をして、「どのような指導法で単語を教えているのか」、「どのように単語を覚えているか」についてあらかじめ尋ねておけば、より現実的な質問項目が設定できるかもしれません。

　以上のような過程を踏みながら、関連する先行研究による質問項目と自分が作り出した項目をすべて書き出してみましょう。その上で、それらが何について聞いているのかを分類したり、目的に合わせて取捨選択をしたりして絞り込みます。

　なお、質問文を書いたり、吟味したりする際の観点には以下のような点が考えられます（Dörnyei 2003）。

---

　approached に加えて、approach の派生語の approachable や approachability なども、approach の 1 つのワード・ファミリー（word family）として数えるという考え方が一般的です（中村 2004: 124）。

第3章　実験タスクとアンケートの作成法

① 簡潔な文で書かれている
② 曖昧な語句を避ける
③ 否定文を避ける
④ 二重質問（2つのことをたずねているのに、1つの回答を求めること）を避ける
⑤ 誰もが同じように答えるような質問は避ける

※一部表現を執筆者が改作しています。　　　　　（八島・竹内訳 2006: 59–62）

3.2.4　回答方法の選択

限られた時間で、効率的に回答を得るには、回答方法は大きく分けて次の①〜④のようなものがあります。

① 数値
② 評定法：リッカート尺度（Likert scale）
③ 多肢選択法：単一回答式・複数回答式、順位法
④ 記述式：限定的記述項目、具体的質問項目

（八島・竹内訳 2006: 36–55）

① 数値は、年齢、学年、回数、何らかのテストスコアなど、学習者が属性や特定の経験を通して持っている情報を具体的な数字で答えるものです。

② 評定法は、最もよく使われる方法です。これは質問項目に対して回答者が程度や頻度、賛否の度合いなどを「はい」「いいえ」で答える2件から7件ぐらいまでの段階で応答する形式です。リッカート尺度（→ 2.3.2 節参照）とも呼ばれ、一般的には、よく5件法が用いられています。質問に対して、言葉を反映する数値で答える方法です。選択肢は5件法の場合、「とても」(5)、「やや」(4)、「どちらともいえない」(3)、「あまり」(2)、「まったく」(1) などの表現で示したりします。なお、奇数の段階で応答を求めると、中間に「どちらともいえない」という選択肢が入り、回答者の判断や意見が詳細に抽出しづらくなります。そのような場合には、4件法や、6件法で応答を求める場合もあります（図1参照）

③ 多肢選択法は、選択肢の中から1つだけ選ぶ単一回答式と、複数の選択肢を選んでもらう複数回答式があります。また、複数回答式の場合、「最も

3.2 アンケート作成法

リスニング時の自己認識に関する質問紙

No. 1〜21の文はあなたがどのような点に気をつけてリスニングをしているか、また、英語のリスニングについてどのように考えているかを問う質問です。

これは、テストではありませんので、正解・不正解はありません。これらの文を読みながら回答することで、自分がどのようにリスニングを行っているかを再認識できます。また、そのことがリスニング力の向上に役立つと言われています。

例にならって、各文を読んで以下の6段階のスケールで答えてください。

	絶対 そうしな	ほとんど しない	あまり しない	ときどき そうする	ほぼ そうする	必ず そうする
4　私は英語を聞くとき目を 　　つむって聞く。	1	2	3	4	5	6

図1　6件法の例

〜なもの上位3つを選んでください。」というような順位法と混合させることもできます。この場合には、データの集計方法などを考慮する必要があります。また、順位法は、3つだけの選択肢に順位をつけてもらうなど、必ずしも多肢選択式にする必要はありません。調査者がどのような形式の回答を入手したいのかという目的によって決定されます。

④ 記述式の回答は2種類あります。記述の内容をある程度限定する方法（限定的記述項目）と、回答者が自由に経験や具体例などを書く方法（具体的質問項目）です。限定的記述項目は、回答者に関する事実や好み（例えば「あなたの好きな食べ物は何ですか」）などの特定の情報についてたずねる項目です（八島・竹内訳2006: 54）。具体的質問項目は、選択式の回答を求める際に、提示した選択肢だけでは網羅しきれない場合を考慮して、自由記述してもらう部分を設けます。

また、リッカート式や選択式の質問群の最後に自由記述式を設けることもあります。これは、数値や選択肢で回答するだけでは不十分な場合や、回答者の英語学習経験などをより多く抽出したい場合などに使います。この場合の質問は、あまり記述の自由度が高くなり過ぎないよう、ある程度、条件を限定する手法がよいでしょう。例えば「リスニングが難しいと感じるのはどのような時ですか」などです。

【参考文献】

鎌原雅彦，宮下一博，大野木裕明，中澤潤．1998．『心理学マニュアル　質問紙法』北大路書房

中村太一．2004．「語彙の習得」『第二言語習得の現在―これからの外国語教育へ

の視点』（小池生夫，寺内正典，木下耕児，成田真澄編），大修館書店．pp. 123–142.

Dörnyei, Z. 2003. *Questionnaires in second language research: Construction, administration, and processing*. Mahwah, NJ: LEA.（八島智子，竹内理（監訳）．2006.『外国語教育学のための質問紙調査入門』松柏社．）

3.3 アンケート調査と集計

　実証的研究法の中でもアンケートを用いた調査は、実用性が高く、比較的容易に取り組めるものと言えます。それは、準備が簡単でリッカート尺度に基づくアンケート調査などを行えば、一度に大量のデータを収集でき、さまざまな統計処理が可能だからです。また、この調査では、言語テストだけでは容易には確認することができない、実験参加者の内面的な思考のプロセスなどを調査することもできます。また、言語活動における情緒的な要因（affective factors）である、動機づけ、自信、不安、学習態度などの調査も可能です。しかし、3.2節でも説明したように調査用紙の作成には、いくつかの重要な留意点が必要です。それらは、本当に調査したい内容を適切に質問しているのかという「妥当性」と、質問項目がテストとして信頼できる結果を抽出できるかという「信頼性」という点です。

　この節では、実際に『Excel』を使いながら妥当性と信頼性のあるアンケート用紙の作成と実施方法について具体例を用いて解説していきます。なお、ここでは回答方法がリッカート式のような数字による評価法であることを前提としています。

```
アンケートの作成（3.2節参照）
　調査の目的を確認する→調査対象を明確にする
　→質問項目の候補を収集する→回答方法を決定する
　　　　　　　　　↓
アンケートの実施
　3.3.1節　予備データを収集する
　3.3.2節　質問項目を決定する
　　　　　　　G-P分析、I-T相関、クロンバックのα係数
アンケート結果の集計と分析
　3.3.3節　結果の集計と分析を行う
　　　　　　　基本統計量の表し方、及びクロス集計
```

図1　アンケート調査の流れ

　図1を参照してください。まず、調査の目的を明確にし、適切な質問項目を選定する予備調査の実施方法から説明します。調査で収集した実験参加者

第3章　実験タスクとアンケートの作成法

のローデータ（raw data）や平均値から、回答の少ない項目や、得点の高い、あるいは低い値に偏った項目の見直しが示唆されます。次に、予備検査のデータを G-P 分析、I-T 相関、クロンバックの α 係数を使い、信頼性を高める方法を確認します。その後、本調査の基本統計量の表し方、及びクロス統計の手法を学び、アンケート結果の集計と分析について理解を深めます。

3.3.1　予備データを収集する

　アンケートの実施には、次の2段階があります。それは、予備調査と本調査という2段階です。妥当性のある研究にするためには、予備調査（pilot study）をすることが不可欠です。これは、質問項目が適切かどうかを確認し、改善するために行います。中にはこのステップを通らないで本調査を行う研究事例もあります。それは、予備調査を行うのが難しい場合です。例えば、中学生の単語の覚え方を調査しようとして、自分の担当する生徒40名だけを対象者とする場合などです。授業時間数には限りがあり、ある1時限の1部分だけが調査に使える状況だとすると、予備調査を行う余裕はないかもしれません。また、一般に本調査が予備調査の2倍以上の人数の集団を対象とするならば意味があります。しかし、対象者40名という固定した集団のみの傾向を探る場合は、予備調査と本調査を同じ集団に対して行うことは、あまり現実的ではありません。

3.3.2　質問項目を決定する
3.3.2.1　応答の分布精査

　予備調査のデータが取れたら、各項目に対する反応の分布を確認して改善します。
（1）　まず無回答が多かった項目を探します。

　もしも、無回答、すなわち欠損値（missing value）が多い場合は、その質問文が理解されにくい可能性も考えられます。ちなみに、欠損値が少ない場合は、質問項目の中央値（median）に代替することもできます。中央値とは回答の値を小さい順に並べた場合に、中央の位置にくる値のことで、5件法アンケート調査の場合は3が中央値となります。
（2）　回答の範囲の傾向を確認します。

　もしも、5件法による回答の平均値が、4.5以上の天井効果（ceiling effect）

3.3 アンケート調査と集計

を示していたり、1.5以下のフロア効果 (floor effect) を示していたりする場合は注意が必要です。質問項目の内容を再度、検討した上で取り除いた方がよい場合もあります。これは、誰もが同様に答えるような質問と考えられ、統計処理や解釈の上でも分散が小さいため、データ分析に問題が出る場合があるからです。

　項目を精選して、アンケートの信頼性を高めるには次の節で述べる統計的な手法が有効です。G-P分析、I-T相関、α係数、因子分析 (→4.6節参照) などの方法があります。

3.3.2.2　G-P (Good-Poor) 分析 (上位・下位分析)

　G-P分析 (上位・下位分析) は回答者個々の回答の総点を計算し、中央値を境に上位群と下位群を設定します。各項目について、上位群と下位群の間でt検定 (→4.1節参照) を行い、有意差の検定を行います。有意差が検出されなかった質問項目は、上位・下位群の間の差が見いだせないものとして排除する可能性を考えます。

3.3.2.3　I-T (Item-Total) 相関 (項目・全体得点相関)

　ある質問項目の回答の列の点と、全質問項目からその質問項目を除いた合計点の列との相関係数 (→4.3節参照) を検討する方法です。基本的にG-P分析と同様の考え方ですが、ある項目に高い数値をつけた回答者は、それ以外の質問項目全体についても高い回答をすることが予測されます。相関が低い質問項目は除外する可能性を考えます。

3.3.2.4　α係数

　α係数はクロンバックα、または信頼性係数と呼ばれます。例えばアンケート調査において、信頼性を確認するための1つの方法として折半法 (split-half method) (→2.1.6節参照) が使われます。これは、偶数番目の項目の合計と奇数番目の項目の合計の間の相関関係を見て信頼性があるかどうかを調べる方法です。この折半法の偶数・奇数といった質問順にとらわれず、あらゆる組み合わせの折半法を考慮した推定値がクロンバックαです。質問項目が目的としたことを測定できる質問群で形成されているかを判定するために用いられます。この判定を内的整合性 (internal consistency) と呼びます。手計算

第3章　実験タスクとアンケートの作成法

でも可能ですが、『エクセル統計 2010』を使うと瞬時に求めることができます。また、それぞれの質問項目を除去した時に、α 係数がどの程度上昇するかも示してくれるので、項目の除去を考える際に便利です（図7参照）。なお、α 係数は α = .80 以上ある方が望ましいとされていますが、0.70 以上あれば一般的に許容できると考えられます。それでは、具体的な方法を見ていきましょう。

〈算出の手順の例〉

英語学習ストラテジーに関する質問紙（10問）を使って、12名の高校生を対象に項目を確認したのが以下の例です。予備調査のため、少ない人数で確認しました。回答方法は1～6の6件による評価方式とします。

（1）ワークシートに図1のようにデータ入力をします。ワークシートは一番左側の列に回答者を1人に1行割り当てます。列は1つの質問項目が1列となるように入力します。先頭行には質問の番号を入れます（図2）。

	A	B	C	D	E	F	G	H	I	J
1	回答者	問1	問2	問3	問4	問5	問6	問8	問9	問10
2	芽生	6	5	4	4	6	5	4	5	1
3	葵	5	4	3	4	5	3	5	4	2
4	杏	4	3	2	3	4	2	4	3	1
5	美優	3	2	1	3	1	2	3	1	6
6	凛	2	1	3	2	3	1	2	3	5
7	芽依	1	2	3	2	1	3	1	2	6
8	琴音	4	5	6	4	6	5	6	5	1
9	結衣	5	4	5	4	5	4	5	4	2
10	美空	4	2	3	4	2	4	3	6
11	楓	3	2	4	4	3	2	4	2	6
12	由奈	2	1	3	1	2	3	2	1	6
13	花音	1	6	1	5	1	6	1	6	1

図2

（2）入力が終わったら、まず集計する範囲を指定します（図3）。

3.3 アンケート調査と集計

	A	B	C	D	E	F	G	H	I	J
1	回答者	問1	問2	問3	問4	問5	問6	問8	問9	問10
2	芽生	6	5	4	4	6	5	4	5	1
3	葵	5	4	3	4	5	3	5	4	2
4	杏	4	3	2	3	4	2	4	3	1
5	美優	3	2	1	3	1	2	3	1	6
6	凛	2	1	3	2	3	1	2	3	5
7	芽依	1	2	3	4	1	3	1	2	6
8	琴音	4	5	6	4	6	5	6	5	1
9	結衣	5	4	5	4	5	4	5	4	2
10	美空	4	3	2	3	4	2	4	3	6
11	楓	3	2	4	4	2	4	2	4	2	6
12	由奈	2	1	3	1	2	3	2	1	6
13	花音	1	6	1	5	1	6	1	6	1

図3

（3）　メニューバーから「エクセル統計」→「W多変量解析」→「クロンバックα(A)」と順に選択していきます（図4）。

（4）　「クロンバックα(A)」のボックスが現れます。「分析に用いる変数(X)のタイトル」に選択した質問項目が自動的に入っているか確認します（図5）。

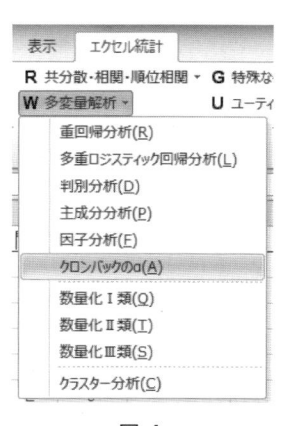

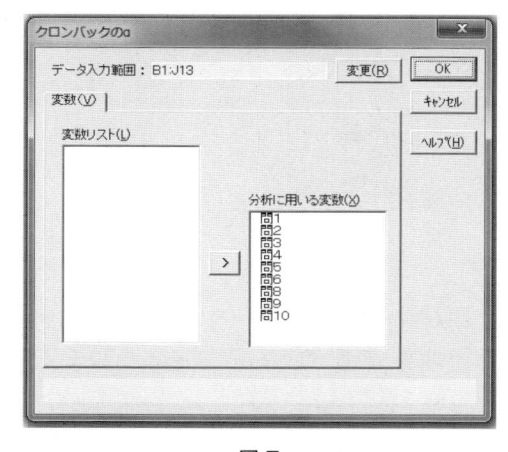

図4　　　　　　　　　　　　　図5

（5）　「OK」をクリックします。結果が別のシートとして表示されます（図6）。各質問項目に対する応答の記述統計と質問項目間の相関係数、そしてクロンバックαが得られます。

第３章　実験タスクとアンケートの作成法

	A	B	C	D	E	F	G	H	I	J
1	クロンバックのα									
2										
3	出力内容									
4	ケースの要約									
5	基本統計量									
6	相関行列									
7	線形結合している変数									
8	クロンバックのα									
9	各変数を削除した場合の評価									
10										
11	ケースの要約									
12		n	%							
13	有効ケース	12	100.00%							
14	不明ケース	0	0.00%							
15	全体	12	100.00%							
16										
17	基本統計量									
18	変数	n	平均	不偏分散	標準偏差	最小値	最大値			
19	問1	12	3.333	2.606	1.614	1.000	6.000			
20	問2	12	3.167	2.697	1.642	1.000	6.000			
21	問3	12	3.083	2.265	1.505	1.000	6.000			
22	問4	12	3.250	1.295	1.138	1.000	5.000			
23	問5	12	3.417	3.538	1.881	1.000	6.000			
24	問6	12	3.167	2.333	1.528	1.000	6.000			
25	問8	12	3.417	2.629	1.621	1.000	6.000			
26	問9	12	3.250	2.568	1.603	1.000	6.000			
27	問10	12	3.583	5.720	2.392	1.000	6.000			
28	合計値	12	29.667	58.424	7.644	21.000	42.000			
29										
30	相関行列									
31		問1	問2	問3	問4	問5	問6	問8	問9	問10
32	問1	1.000	0.389	0.437	0.396	0.878	0.123	0.845	0.316	-0.479
33	問2	0.389	1.000	0.178	0.851	0.446	0.858	0.347	0.915	-0.837
34	問3	0.437	0.178	1.000	0.146	0.693	0.270	0.618	0.254	-0.267
35	問4	0.396	0.851	0.146	1.000	0.372	0.601	0.431	0.760	-0.660
36	問5	0.878	0.446	0.693	0.372	1.000	0.227	0.862	0.505	-0.584
37	問6	0.123	0.858	0.270	0.601	0.227	1.000	0.080	0.761	-0.676
38	問8	0.845	0.347	0.618	0.431	0.862	0.080	1.000	0.271	-0.420
39	問9	0.316	0.915	0.254	0.760	0.505	0.761	0.271	1.000	-0.848
40	問10	-0.479	-0.837	-0.267	-0.660	-0.584	-0.676	-0.420	-0.848	1.000
41										
42	線形結合している変数									
43	なし									
44										
45	クロンバックのα	0.6311								

図６

　図６の一番下のセルを見るとクロンバックの $\alpha = 0.6311$ となっています。質問間の一貫性が許容範囲である 0.70 を下回っています。そこで、各質問の平均値と標準偏差を見ます。不偏分散もデータのばらつきを示す指標ですが、この値の平方根（ルート）が標準偏差となるので、標準偏差を見ればよいでしょう。平均値が 1 点代や 4 点代など、特に偏っている項目や、標準偏差が他に比べて大きい項目を探します。

　平均値は最も小さい問 3 = 3.083 から最も大きい問 10 = 3.583 の間に収まっています。大きな問題は見あたりません。次に、標準偏差を見ます。標準偏

3.3 アンケート調査と集計

差は平均点から回答がどの程度ちらばっているかを示す指標です。例えば問4の標準偏差は1.138で質問項目の中で最も散らばりが小さく、問10は2.392なので最も大きいということになります。

（6） クロンバックα（信頼性係数）を高めるために削除した方がよい質問項目を探します。『エクセル統計2010』では、それぞれの質問項目を削除した場合のクロンバックαも同じシートの下に表示してくれます（図7）。

		合計値の平均	合計値の不偏分散	クロンバックのα	合計値との相関係数	重相関係数の2乗
45	クロンバックのα	0.6311				
46						
47	各変数を削除した場合の評価					
48	変 数	合計値の平均	合計値の不偏分散	クロンバックのα	合計値との相関係数	重相関係数の2乗
49	問1	26.333	41.879	0.5140	0.6672	0.9592
50	問2	26.500	42.455	0.5249	0.6202	0.9886
51	問3	26.583	45.174	0.5512	0.5430	0.9232
52	問4	26.417	47.538	0.5573	0.6111	0.9328
53	問5	26.250	36.932	0.4585	0.7854	0.9882
54	問6	26.500	47.364	0.5802	0.4151	0.9643
55	問8	26.250	41.114	0.5029	0.7061	0.9571
56	問9	26.417	43.720	0.5394	0.5727	0.9818
57	問10	26.083	88.447	0.8853	-0.7946	0.8001

図7（図6のつづき）

　各変数（各質問）を削除した場合の評価として、さまざまな数値が表示されています。注目すべき列は各問の番号の右3列目にある「クロンバックのα」という列です。図7の先頭にある「クロンバックのα」の値0.6311を上回る数値があれば、その質問が削除対象です。

　図7では、問10を削除した場合のみ、α=0.8853となり、現在の数値よりも向上することが分かります。問10を削除することで、この質問群の信頼性は確保できることになります。

　ただし、統計的な数値だけでなく、削除すべき質問の何が問題なのかを探るため、ローデータを見ておきましょう。そこで、図2にもどって、応答の傾向をもう一度見てみましょう。問10は、他の質問には高めの数値で回答している人が低い数値を回答したり、他の質問に低めの数値で応答する傾向の人が高い数値で応答したりしていることがわかります。このような傾向から、信頼性を損なう質問と断定できると考えられます。

　このように、質問項目の精査は、予備調査段階で行うこともできますし、本調査の場合でも行うこともできます。いずれにせよ、回答の傾向と各質問項目のデータに配慮し、信頼性を高めていくことが大切なのです。

81

3.3.2.5　妥当性の検証

質問項目を精選する上で、もう１つ検討すべき観点は妥当性（validity）（→ 2.2.4 節参照）です。妥当性というのは、質問項目が測ろうとしていることが適切に測られているか、ということです。また、質問している内容に関しては、アンケート調査の趣旨に沿うものかどうかを検討します。このような観点は内容的妥当性（content validity）（→ 2.2.4 節参照）と呼ばれます。例えば、単語の覚え方に関するアンケートにおいて、「あなたは、筆記体を使って英語を書きますか」という質問は妥当性に欠けると言えるでしょう。別の妥当性の観点として、既存の類似したアンケート結果などとの相関によって検証することもあります。これを基準関連妥当性（criterion-related validity）（→ 2.2.4 節参照）と言います。この他に、論理的に考えて妥当な結果が期待できるかどうかという構成概念妥当性（construct validity）（→ 2.2.4 節参照）もあります。

3.3.3　アンケート結果の集計と分析

本調査が終わったら、結果を入力します。質問に対する回答の度数と、その基本統計量である平均値、標準偏差、分散などを算出してみます。これらは、アンケート調査の基本データとなり研究の成果として報告します。

3.3.3.1　度数分布と基本統計量

まずは、それぞれの質問についての度数分布を導き出してみます。例えば、以下のような調査項目を例として考えてみましょう。高校生 30 人から回答を集めて、「先生の授業中の英語使用に対する希望」と、「英語に対する態度（好き・嫌い）」について、どのような関係があるのかを検討するのが目的です。

英語の授業で先生が主に使う言葉はどちらが良いですか。 1. 英語　　　2. 日英半々　　　3. 日本語

(1)　回答をワークシートに入力します。回答者名の隣の列に 1、2、3 のいずれか数字を入力します（図 8）。

(2)　入力したデータをもとに度数を導き出します。エクセル統計のプルダウンメニュー（図 9）から「B 基本統計」→「度数分布とヒストグラム（H）」

3.3 アンケート調査と集計

を選択します。

	A	B
1	生徒名	教師の使用言語
2	太郎	1
3	花子	1
4	大翔	1
5	陽菜	1
6	翔	1
7	美羽	1
8	美咲	1
9	瑛太	2
10	美桜	2
11	結愛	2
12	大和	2
13	さくら	2
14	結菜	2
15	蓮	3
16	彩乃	3
17	七海	3
18	悠真	3
19	ひなた	1
20	颯真	1
21	愛莉	1
22	陽斗	2
23	杏奈	2
24	颯太	2
25	悠斗	2
26	優奈	2
27	絢音	2
28	芽生	2
29	葵	2
30	杏	3
31	美優	3

図8

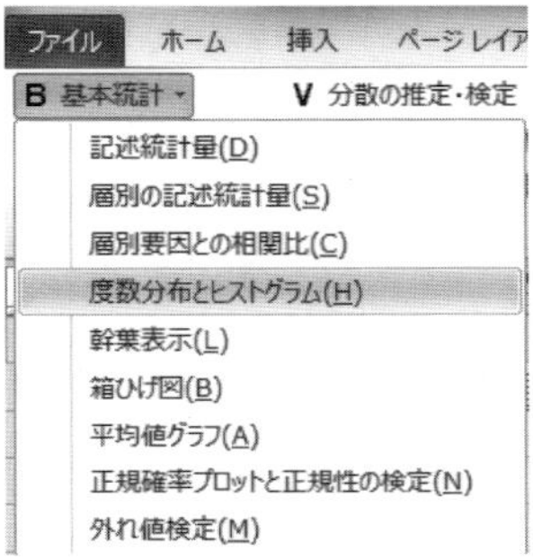

図9

(3) 「度数分布とヒストグラム」のボックス (図10) が出てきますので、「データ入力範囲 (R)」の中を一度クリックしたあと、シート上の分析範囲をドラッグします。

(4) 「度数分布とヒストグラム」のボックスのまま、「データ (D)」の隣にある「階級設定 (S)」(図11) に移ります。ここで、「等間隔 (E)」のボタンを選択し、「最小」の欄に、回答の最小の数字である1を半角で入力します。評価尺度が1〜3の間で1つずつ上下するので「間隔 (W)」の欄にも1を半角で入力します。

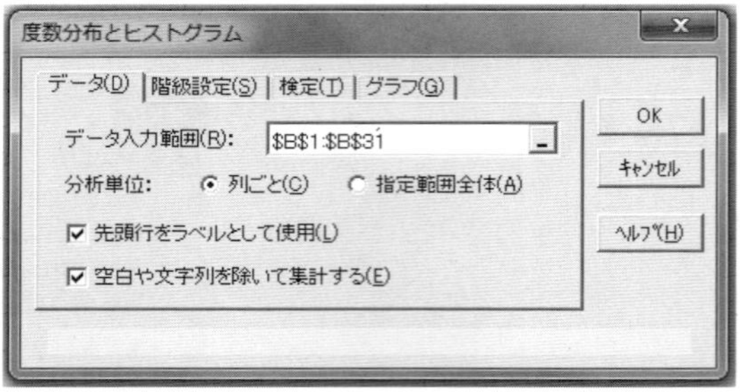

第3章 実験タスクとアンケートの作成法

図10

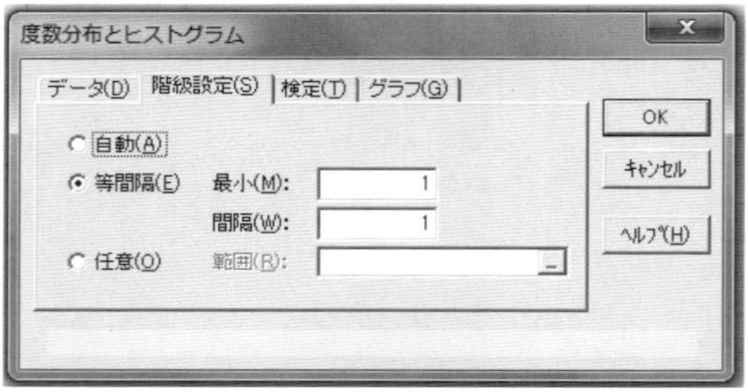

図11

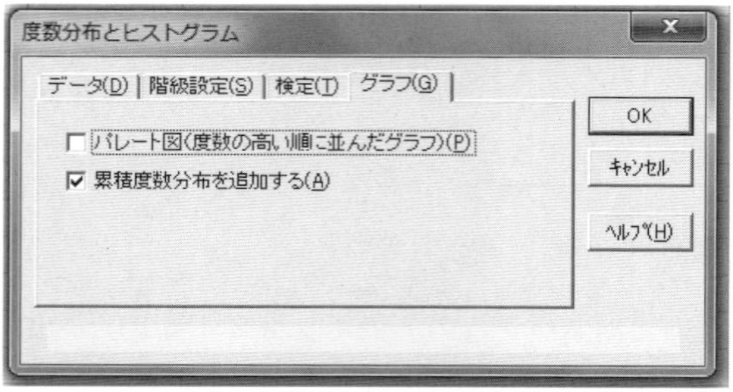

図12

（5）　次に「度数分布とヒストグラム」のボックスのまま、「グラフ（G）」のボックス（図12）に移動します。ここでは、「累積度数分布を追加する（A）」を選択します。最後に「OK」をクリックします。

（6）　「OK」をクリックすると結果が新しいワークシートに示されます。基

3.3 アンケート調査と集計

本統計量として、データの個数（n = 30）、平均、標準偏差などが表示されます。また、度数分布表として各回答の度数と相対度数の割合、つまり全体の中での％が示されます。グラフも自動的に作成されます（図13）。

	A	B	C	D
1	度数分布とヒストグラム			
2				
3	基本統計量			
4	変　数	教師の使用言語		
5	n	30		
6	平　均	1.867		
7	不偏分散	0.533		
8	標準偏差	0.730		
9	最小値	1.000		
10	最大値	3.000		
11	変動係数	0.391		
12				
13	度数分布表			
14	階級下限値	実測度数	相対度数	累積相対度数
15	1	10	0.3333	0.3333
16	2	14	0.4667	0.8000
17	3	6	0.2000	1.0000

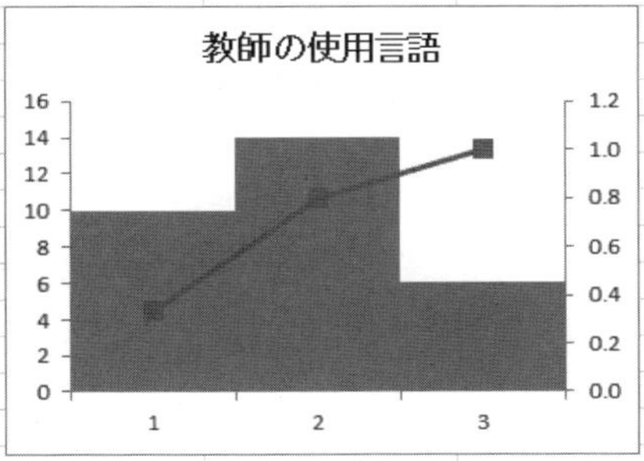

図13

　グラフは図のようなヒストグラムが基本ですが、グラフ内にカーソルをおいて右クリックすると、グラフの種類や表示する情報の変更ができます。論文では、結果を以下のように記述します。

> 　結果から、「日英半々」を希望する生徒が47％（14人）と最も多かった。続いて日本語33％（10人）、英語20％（6人）であった。多くの生徒は先生に対して英語と日本語の両方をバランスよく使ってほしいという希望を持っていることが示唆された。

第 3 章　実験タスクとアンケートの作成法

さて、このように、「日本語 (1)、日英半々 (2)、英語 (3)」という言葉を（　）の数字に置き換えて回答する方法は名義尺度（nominal scale）と言います（→4.4 節参照）。これは、回答である数値は選択肢の番号でしかありません。したがって、平均値の 1.867 という数値はあまり意味がありません。

このような質問項目の場合は、図 14 のように最初から、「F 集計表の作成と分析」→「度数分布と円グラフ (F)」を実行することで、度数分布表と円グラフだけを簡便に得ることができます。

なお、複数の質問に対する応答（度数）の組み合わせをもとにして、統計的な推定をすることもできます（→4.4 節参照）。次にその集計法の 1 つであるクロス集計を学びましょう。

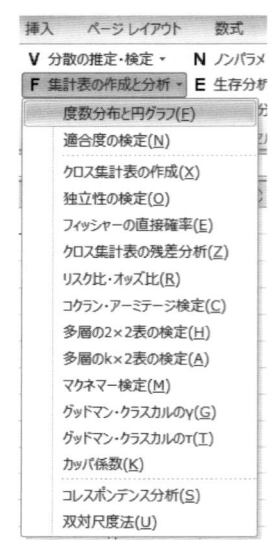

図 14

3.3.3.2　クロス集計

次のような質問を考えてみましょう。

質問 1	英語の授業で先生が主に使う言葉はどちらが良いですか。		
	1. 英語	2. 日英半々	3. 日本語
質問 2	あなたは英語が好きですか		
	1. 好き	2. 嫌い	

先生が授業で使う言葉の好みは、英語の好き嫌いによって左右されるのでしょうか。どちらの質問も数値的な評価という応答方法ではなく、個々の考えにもとづいて選ぶという性質のものです。

（1）　ワークシートに回答を入力します（図 15）。

（2）　エクセル統計のプルダウンメニュー（図 16）から「F 集計表の作成と分析」→「クロス集計表の作成 (X)」を選びます。

（3）　「クロス集計表の作成」ボックスの中で、「表頭データ入力範囲 (X)」（クロス集計表において表の上側となる方）、「表側データ入力範囲 (Y)」（クロス集計表において横側となる方）の指定をします。枠の中をクリックして

3.3 アンケート調査と集計

図15

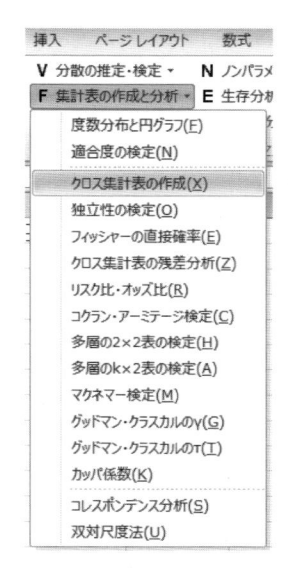

図16

から、ワークシート上でマウスの右ボタンを押したまま範囲を選択し、ボタンを離します（図17）。

　（4）　さらに図18の「クロス集計表の作成」ボックスの中で「％表示(P)」に移り、「全サンプルサイズを元に％を表示(G)」を選択します。これで表に度数だけではなく％も表示されるようになります。

　（5）　「OK」をクリックすると、別のシートとして表が示されます（図19）。この結果（枠の部分）をもとに、論文で使えるような形式な表にします（表1）。

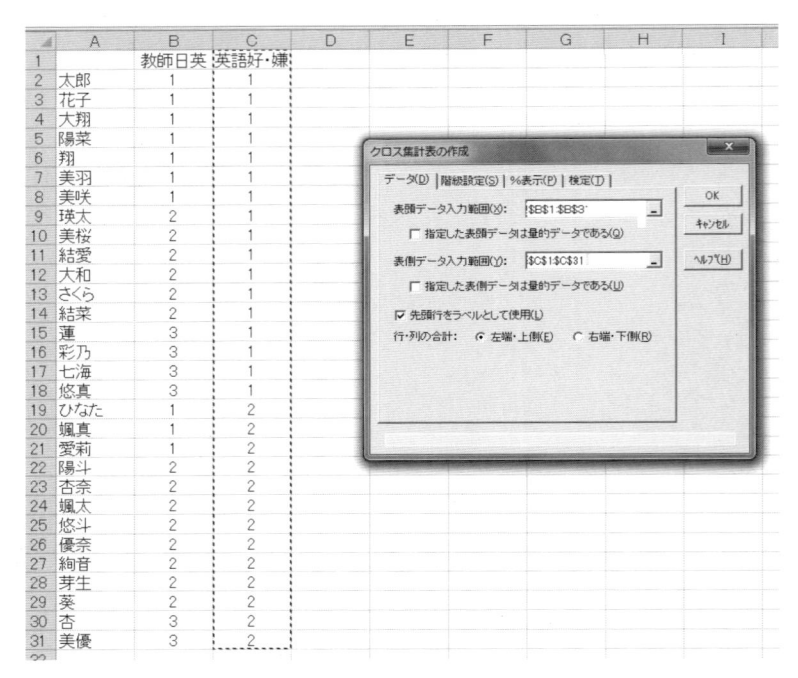

第３章　実験タスクとアンケートの作成法

図17

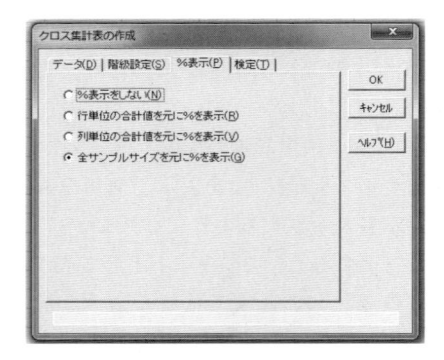

図18

3.3 アンケート調査と集計

	A	B	C	D	E	F
1			教師日英			
2	英語好・嫌	全体	全体	1	2	3
3			30	10	14	6
4			100.0%	33.3%	46.7%	20.0%
5		1	17	7	6	4
6			56.7%	23.3%	20.0%	13.3%
7		2	13	3	8	2
8			43.3%	10.0%	26.7%	6.7%
9						
10	独立性の検定		**1%有意	*5%有意		
11	カイ二乗値	自由度	P値	判定		
12	2.0556	2	0.3578			

図19

表1 クロス集計表（授業中教師に使ってほしい言語と英語の好き嫌い）

	日本語	日英半々	英語	合計
英語が好き	7 （23.3%）	6 （20.0%）	4 （13.3%）	17 （56.7%）
英語が嫌い	3 （10.0%）	8 （26.7%）	2 （6.7%）	13 （43.3%）
合計	10 （33.3%）	14 （46.7%）	6 （20.0%）	30 （100%）

このように、アンケートに対する回答の度数を見るだけでも、ある程度の分析が可能です。表1のようなクロス集計はカイ二乗検定という統計的な推定に活用することができます（→4.4節参照）。また、回答方法が名義尺度ではなく、5段階評価などによる間隔尺度となった場合、数量的なデータとしての集計が求められます。このような手法については、次の節で学びます。

3.3.3.3 記述統計（基本統計量）

記述統計（descriptive statistics）とは、統計の基本的なデータを集計して示すものです。具体例として、学習者による英語のリスニングに関する認識の調査を考えてみましょう。表2のように、10の質問を用いて高校生30名を対象に質問紙法による調査を行ったとします。

この質問紙にもとづいて結果の記述統計を導き出してみましょう。

第3章　実験タスクとアンケートの作成法

表2

No.1～10の文は、あなたがどのような点に気をつけてリスニングをしているか、また、英語のリスニングについてどのように考えているかを問う質問です。

これは、テストではありませんので、正解・不正解はありません。これらの文を読みながら回答することで、自分がどのようにリスニングを行っているかを再認識できます。

例にならって、6段階のスケールで答えてください。6段階の目安は以下のとおりです。

絶対 しない	ほとんど しない	あまり しない	ときどき そうする	ほぼ そうする	絶対 そうする
1	2	3	4	5	6

例　私は英語を聞くとき相手の目を見ながら聞く。　1　2　3　④　5　6

1　聞き始める前に、タイトルや設問などに目を通し、内容を予測する。
2　聞き始める前に、どのような点に注意して聞くか頭の中で計画を立てる。
3　英語のリスニングは、英語の他の技能よりも難しい。
4　意味のわからない単語があるとき、わかる部分からその意味を推測する。
5　注意が散漫になりがちなとき、すぐに集中力を取り戻せる。
6　聞きながら、話題について知っていることと聞いている内容を比較する。
7　聞き終えた後、どんな点に注意して聞いたかを振り返り、次回の聞き方について考える。
8　英語を聞くとき、緊張する。
9　意味が分からない単語を推測しながら聞くとき、話題に関する常識を使って考える。
10　聞きながら、自分の理解度は十分なのかどうかを自問する。

（1）　ワークシートの作り方

ワークシートは一番左側の列に回答者を1人1行割り当てます。列は1つの質問項目が1列となるように入力します。先頭行には問の番号を入れます（図20）。

（2）　入力した数値をもとに「エクセル統計」をクリックして、「B基本統

3.3 アンケート調査と集計

計」→「記述統計量 (D)」をクリックして選択します (図21)。

(3) 「記述統計量 (D)」のボックスの「データ入力範囲 (R)」の中を一度クリックします。そのあと、ワークシート上で範囲を選択します。図22の点線の囲み部分のように、各問のタイトルも含めて選択します。まだ「OK」は押しません。

なお、手順の (2) よりも前の段階でワークシートの範囲を選択しておく方法もあります。

(4) 引き続き「記述統計量」のボックス内で、求めたい統計量の選択を

	A	B	C	D	E	F	G	H	I	J	K
1	回答者	問1	問2	問3	問4	問5	問6	問7	問8	問9	問10
2	こころ	5	5	6	5	6	5	4	5	5	5
3	ひより	3	2	3	2	3	2	3	3	3	2
4	愛莉	5	4	3	5	4	4	5	4	3	4
5	葵	5	2	3	3	4	4	4	3	4	3
6	絢音	4	5	4	4	5	4	4	5	4	5
7	杏	2	3	4	2	5	3	5	2	3	4
8	杏奈	5	6	5	6	5	6	5	5	5	6
9	花音	4	4	4	2	5	5	2	3	3	4
10	芽依	3	2	3	3	4	5	5	2	3	4
11	芽生	6	3	4	2	5	3	4	5	5	5
12	琴音	6	6	4	2	5	6	4	5	5	5
13	結衣	5	2	3	3	4	4	4	3	4	3
14	心愛	4	4	4	4	4	4	4	4	4	4
15	心音	6	3	4	2	5	3	3	4	3	4
16	心菜	1	3	2	3	2	3	2	3	2	3
17	真央	5	5	3	5	4	3	3	4	2	5
18	乃愛	3	4	5	4	5	4	4	4	5	4
19	美海	5	5	3	3	4	6	3	4	3	5
20	美空	3	3	4	6	3	5	5	5	3	4
21	美優	5	2	3	3	4	3	3	4	5	1
22	楓	5	5	3	3	4	6	5	4	5	5
23	優花	6	4	5	6	4	5	6	6	6	6
24	優菜	3	4	5	3	1	5	3	4	5	3
25	優奈	3	1	3	2	3	3	3	2	3	2
26	悠斗	3	4	3	4	3	4	3	4	3	4
27	柚奈	4	3	2	4	3	3	3	3	4	4
28	由奈	5	2	3	3	4	3	3	3	2	5
29	陽斗	2	3	4	2	3	4	4	3	4	2
30	凛	3	3	4	6	5	4	4	3	4	3
31	颯太	2	3	1	3	3	3	2	3	3	3

図20

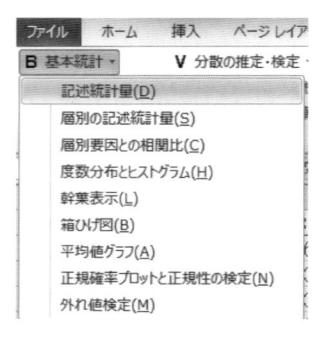

第3章 実験タスクとアンケートの作成法

図21

図22

します。具体的には図23のチェックがある項目です。ここでは、「平均(M)」、「標準偏差(U)」に加えて、「最小(Y)」、「最大(X)」、「中央値(D)」、「尖度(K)」、「歪度(J)」、「標準誤差(G)」を選択しています。

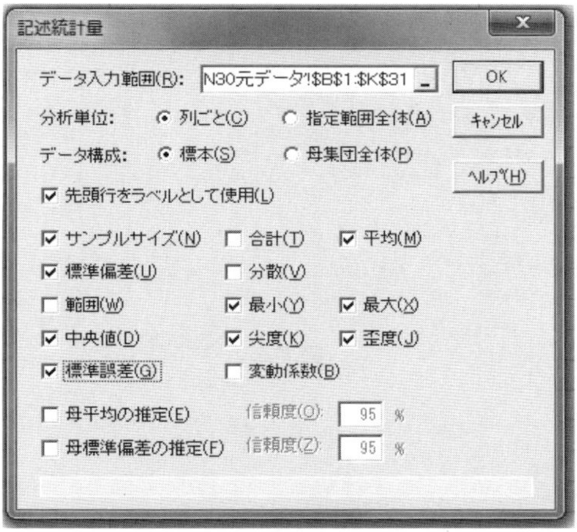

3.3 アンケート調査と集計

図23

参考までに、各統計量の意味を以下にまとめておきます（→2.5節参照）。

平均値・中央値＝データを代表する値。
標準偏差・分散＝データのばらつきを示す値
尖度＝分布の対称性の指標（度数分布の山のとがり具合）
歪度＝分布の左右への歪みの指標（度数分布の山のとがった場所が右左に
　　　偏って位置しているかどうか）。
標準誤差＝平均値が誤差でずれる量の指標。

（4）　ここで、「OK」を押します。すると、図24のように結果が別のシートに表示されます。

（5）　結果の数値を見て、許容範囲を超えている項目はないかを精査します。具体的には以下の項目をチェックします。

① 6段階回答なので平均値が5を超えるような天井効果、または1以下のフロア効果がないか。
② 中央値（最頻値）が偏りすぎていないか。
③ 標準偏差は一定の目安として±2（プラス・マイナス2）に納まっているか。
④ 尖度、歪度も±2以内か。
⑤ 標準誤差は平均値に照らし合わせて大きすぎないか。

第3章 実験タスクとアンケートの作成法

	A	B	C	D	E	F	G	H	I	J	K
1	記述統計量										
2											
3	データ構成	標本									
4											
5	変数	問1	問2	問3	問4	問5	問6	問7	問8	問9	問10
6	n	30	30	30	30	30	30	30	30	30	30
7	平均	4.0333	3.5000	3.5667	3.5000	3.9667	4.3333	3.8000	3.6333	3.7667	3.8000
8	標準偏差	1.3767	1.2798	1.0400	1.3834	1.0981	1.1842	1.0954	0.9643	1.0726	1.2429
9	最小値	1	1	1	2	1	2	2	2	2	1
10	最大値	6	6	6	6	6	6	6	6	6	6
11	中央値	4	3	3.5	3	4	4	4	4	4	4
12	尖度	-0.8148	-0.5881	0.6143	-0.8139	0.7213	-1.1178	-0.5419	0.0303	-0.8881	-0.3637
13	歪度	-0.3185	0.2115	0.0072	0.6698	-0.7674	-0.0396	0.2563	0.3355	0.1418	-0.2863
14	標準誤差	0.2514	0.2337	0.1899	0.2526	0.2005	0.2162	0.2000	0.1761	0.1958	0.2269

図24

	A	B	C	D	E	F
47	クロンバックの α		0.8533			
48						
49	各変数を削除した場合の評価					
50	変数	合計値の平均	合計値の不偏分散	クロンバックの α	合計値との相関係数	重相関係数の2乗
51	問1	33.867	48.464	0.8449	0.5114	0.6008
52	問2	34.400	47.697	0.8343	0.6125	0.5035
53	問3	34.333	49.954	0.8349	0.6208	0.6341
54	問4	34.400	49.214	0.8496	0.4655	0.6296
55	問5	33.933	50.547	0.8411	0.5386	0.5808
56	問6	33.567	50.461	0.8450	0.4933	0.3797
57	問7	34.100	50.231	0.8392	0.5623	0.5000
58	問8	34.267	49.237	0.8272	0.7386	0.7823
59	問9	34.133	51.223	0.8436	0.5073	0.6457
60	問10	34.100	48.231	0.8354	0.6016	0.6099

図25

(6) 本調査の結果分析においても、内的一貫性を示すクロンバック α を算出しておくとよいでしょう (→ 求め方は 3.3.2.4 節参照)。

結果シートの一部 (図25) を見ますと、クロンバック α = 0.853 となっています。この値は「各変数を削除した場合の評価」の中の「クロンバック α」の列のどの値よりも高くなっています。すなわち、どの質問項目を削除してもこれ以上 α は改善されないということになります。したがって、削除すべき質問項目はないと言えます。

結果の記述方法は、平均と標準偏差をまとめた表を以下のように示します。また、平均などの数量データと共に度数分布の情報を示してもよいでしょう。

各質問の回答の平均 (M) と標準偏差 (SD) は表の通りである。質問項目間の α 係数は .85 であった。個々の項目においては、まず、問1 (M = 4.03) と問6 (M = 4.33) が高めの平均値を示したが、他の項目は 3.5〜4.0 未満の間に収まる結果だった。

3.3 アンケート調査と集計

表　各質問結果の記述統計　（N = 30）

	問1	問2	問3	問4	問5	問6	問7	問8	問9	問10
M	4.03	3.50	3.57	3.50	3.97	4.33	3.80	3.63	3.77	3.80
SD	1.38	1.28	1.04	1.38	1.10	1.18	1.10	0.96	1.07	1.24

3.3.4　記述統計から推測統計へ

　本節では、触れませんでしたが、研究論文のアンケート結果の集計は記述統計と推測統計の両方を示すことが一般的です。因子分析などによって、さらに、項目間の結びつきを探るような詳細な分析を行うこともあります。クロス集計は、本節で示した手順のあとに推測統計としてカイ二乗検定（→ 4.4 節参照）を行うことで、度数分布の有意性を検定します。

　また、数量データとして扱う場合の記述統計量は、t 検定や分散分析などによる平均値の比較、相関などによって質問項目間の関係を検証する研究へと発展させることができます（→ 第 4 章参照）。

〈演習問題〉

　次の表のデータは、5件法によるリッカート尺度で回答を得たアンケートの結果です。これらの数値を『Excel』に入力し、クロンバック α を算出してみましょう。平均値や標準偏差なども含めて考慮し、取り除くべき質問項目はどれかを検討してみましょう。

	質問1	質問2	質問3	質問4	質問5
生徒1	3	4	3	5	5
生徒2	4	3	3	2	3
生徒3	3	2	3	3	3
生徒4	2	2	2	5	2
生徒5	4	3	3	5	4
生徒6	3	2	3	4	3
生徒7	2	3	2	5	2
生徒8	1	2	1	4	1
生徒9	3	3	3	5	4
生徒10	3	4	2	5	3

第3章 実験タスクとアンケートの作成法

〈解答〉 質問4

平均値が高く（M = 4.20, SD = 1.23）、相関係数から質問1および質問3とは反比例する。また、全体のクロンバック $\alpha = 0.6983$ は内的一貫性が確保できていないが、問4を削除した場合の α の向上が大きい（削除した場合のクロンバック $\alpha = 0.8556$）。

	A	B	C	D	E	F	G
17	基本統計量						
18	変 数	n	平 均	不偏分散	標準偏差	最小値	最大値
19	質問1	10	2.800	0.844	0.919	1.000	4.000
20	質問2	10	2.800	0.622	0.789	2.000	4.000
21	質問3	10	2.500	0.500	0.707	1.000	3.000
22	質問4	10	4.200	1.511	1.229	2.000	5.000
23	質問5	10	3.000	1.333	1.155	1.000	5.000
24	合計値	10	15.300	10.900	3.302	9.000	20.000
25							
26	相関行列						
27		質問1	質問2	質問3	質問4	質問5	
28	質問1	1.000	0.399	0.855	−0.256	0.733	
29	質問2	0.399	1.000	0.199	0.390	0.610	
30	質問3	0.855	0.199	1.000	−0.256	0.816	
31	質問4	−0.256	0.390	−0.256	1.000	0.157	
32	質問5	0.733	0.610	0.816	0.157	1.000	
33							
34	線形結合している変数						
35	なし						
36							
37	クロンバックの α	0.6983					
38							
39	各変数を削除した場合の評価						
40	変 数	合計値の平均	合計値の不偏分散	クロンバックα	合計値との相関	重相関係数の2乗	
41	質問1	12.500	7.389	0.6175	0.5338	0.8308	
42	質問2	12.500	7.611	0.5995	0.6127	0.7639	
43	質問3	12.800	8.178	0.6304	0.5495	0.9353	
44	質問4	11.100	9.211	0.8556	0.0238	0.4871	
45	質問5	12.300	5.122	0.4281	0.8503	0.9187	

【参考文献】

鎌原雅彦，宮下一博，大野木裕明，中澤潤．1998．『心理学マニュアル　質問紙法』北大路書房．

Dörnyei, Z. 2003. *Questionnaires in second language research: Construction, administration, and processing.* Mahwah, NJ: LEA.（八島智子，竹内理（監訳）．2006.『外国語教育学のための質問紙調査入門』松柏社．）

第4章
統計処理の方法

　これまでに、代表的な研究方法やデータ収集の方法について学んできました。また、関連する『Excel 2010』の基本的な操作方法にも習熟してきたことと思います。
　第4章では、いよいよ実験例を通して統計処理の方法を具体的に解説していきます。
　以下が、構成と具体例に基づく実際の演習の一覧です。みなさんが実施したいと思う実験を念頭に置きながら読み進めてください。本章で扱う統計処理方法は英語教育学や第二言語習得の研究では不可欠な統計処理方法ですので、すべて習熟するように心がけてください。次のページにフローチャートも示されています。

4.1　t 検定…2つのグループ間の平均の差を調べる
　4.1.2　対応のある t 検定：同一クラスの英語平均点の比較
　4.1.3　対応のない t 検定：経済学部のゼミと文学部のゼミの英語平均点の比較
　4.1.3.3　F 検定：対応のない t 検定において経済学部と文学部のゼミの分散が等しいかどうかを検証
4.2　分散分析（ANAOVA）…3つのグループ間の平均の差を調べる
　4.2.1　一元配置分散分析（対応なし／グループ間／被験者間）：普通、習熟度別理系、習熟度別文系の3クラスの語彙テスト平均点の比較
　4.2.2　一元配置分散分析（対応あり／個人内／被験者内）：同一クラスにおける1学期、2学期、3学期のディクテーションテスト平均点の比較
4.3　ピアソンの相関係数…2つのグループ間の数量的な関連性を調べる
　TOEICテストのリスニングとリーディング・パートの得点の相関関係
4.4　χ^2（カイ二乗）検定…グループ間の名義尺度の差を調べる
・英語教師の使用言語に関する好みの比較：英語、英語日本語半々、日本語

第4章　統計処理の方法

- 2つの異なる文法指導法とそれを受けた生徒のわかりやすさに関する回答の比較
- 訳読中心の授業とコミュニケーション活動重視の授業を受けた生徒の楽しさに関する比較

4.5　スピアマン順位相関係数…2つのグループ間の順位の関連性を調べる
- クラスの中の英語リーディングテスト順位と文法テスト順位の相関関係
- 既存の代表的な研究における9個の形態素の習得順序の相関関係

4.6　因子分析…複数の変数の相関関係を調べる
- 積極的にコミュニケーションを図ろうとする態度の因子の予備調査
- 英語による対話で使用されるストラテジーの因子分析

統計処理の方法のフローチャート

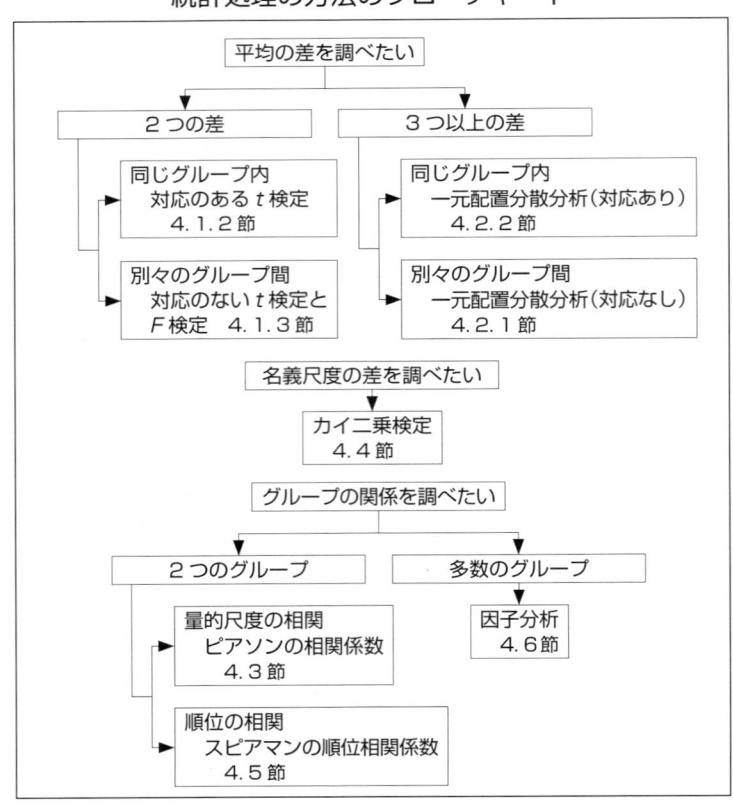

```
平均の差を調べたい
├─ 2つの差
│   ├─ 同じグループ内
│   │   対応のあるt検定
│   │   4.1.2節
│   └─ 別々のグループ間
│       対応のないt検定と
│       F検定　4.1.3節
└─ 3つ以上の差
    ├─ 同じグループ内
    │   一元配置分散分析(対応あり)
    │   4.2.2節
    └─ 別々のグループ間
        一元配置分散分析(対応なし)
        4.2.1節

名義尺度の差を調べたい
└─ カイ二乗検定
    4.4節

グループの関係を調べたい
├─ 2つのグループ
│   ├─ 量的尺度の相関
│   │   ピアソンの相関係数
│   │   4.3節
│   └─ 順位の相関
│       スピアマンの順位相関係数
│       4.5節
└─ 多数のグループ
    └─ 因子分析
        4.6節
```

4.1 t検定とF検定

　この節で扱うt検定とF検定は、2つ以上のものを比較する場合に用いられます。例えば、学生の英語力の変化を調べるために、同じクラスの学生を対象として4月と7月に標準化された試験（standardized test）を行った場合を考えてみましょう。4月の試験の平均点は58点で、7月の試験の平均点は62点でした。一見したところ、2回目の試験の平均点が1回目の試験の平均点よりも4点高くなっています。それでは、この「4点の差」を「学生の英語力が伸びたからである」と解釈することは、統計的に見て意味があることなのでしょうか。このことを判断するためには、この4点の差は、「実際に学生の英語力が伸びたことによる、統計的に意味のある差」なのか、あるいは「偶然に起こりうる可能性のある誤差（error）」なのかを、統計的に正しく判定することが必要になります。

　このような統計的に見て意味のある判断を行うためには、この実験参加者の標本（sample）の2回のテストの平均値の差には、統計的有意差（statistically significant difference）があるのかどうかを検定することが必要になります。統計的有意差とは、「この2つの平均値の差には、偶然に起こりうる誤差ではなく統計的に意味のある差が存在する」という意味です。

　このように2回のテストを受験した学生の平均値の差を検定する場合には、普通、t検定（t-test）が使われます。

☞ **研究上の留意点:**
Q1: なぜ英語力測定のためには標準化された試験を行う必要があるのですか？
A:　「標準化された試験」とは、テストの妥当性や信頼性を高めるために、実験的な使用が繰り返し行われ、受験者の能力などの測定方法や採点基準などが確立しているテストのことを言います。したがって、標準化された試験を使用することで、学生個々人の英語力の信頼性の高い測定ができるだけでなく、特定の学生の得点と、他のクラスや他の大学の学生の得点とを比較することもできます。例えば、標準化された試験としては、TOEFL (Test of English as a Foreign Language) や TOEIC (Test of English for International Communication) などがあげられます。

第4章　統計処理の方法

4.1.1　対応のある t 検定と対応のない t 検定

t 検定は、対応のある t 検定（matched t-test *or* paired *t*-test）と対応のない t 検定（unmatched t-test *or* independent *t*-test）の2つに分けられます。

4.1.1.1　対応のある t 検定

「対応のある t 検定」とは、例えば、上記の例のように同一のグループに属する実験参加者（participants）を対象として、標準化されたテストなどを2回行った場合に、各々の平均値の差を検証する場合などに用いられます。「対応がある」とは「グループ同士が関連している（related）同一の実験参加者である」という意味です。

4.1.1.2　対応のない t 検定

「対応のない t 検定」は、まったく異なる2つのグループに属する実験参加者同士の平均値の差などを比較する場合に、すなわち、それぞれ独立している（independent）実験参加者同士の平均値の差などを比較する場合に用います。例えば、次のように、ある1つのグループと、もう1つの別のグループを対象として、それぞれの群の平均値の差を検定する場合などがこれに当てはまります。例えば、ある制約（constraints）が実験参加者の言語能力にどのような影響を与えたのかを検証する場合を考えてみましょう。この場合には、参加者を等質な2つのグループに分け、一定の処遇（treatment）を与えて実験を行い、データを収集し、実験参加者から入手した実験におけるテストの平均値などを比較することが必要になります。そのような場合、「実験的な処遇を受けたグループ」を実験群（experimental group）と言い、「比較・対照のために、そのような処遇を受けていないグループ」を統制群（control group）と言います。例えば、英文の読解における文法指導の影響を測定するために、「文法事項の説明を受けて英文の読解テストを受けた群」と「文法事項の説明を受けずに英文の読解テストのみを受けた群」を設定します。このような場合には、前者が実験群で後者が統制群になります。

　さらに、この「対応のない場合」には、2つの別の条件が考えられます。2つのグループの実験参加者同士の分散（variance）が等しい場合と、等しくない場合です。また、この分散が等しいか、等しくないかを検定するためには、4.1.3.3節で述べる F 検定（*F*-test）が用いられます。

4.1.2 対応のある t 検定の方法

それでは上記の実例に則して考えてみましょう。例えば、同じクラスの学生を対象として、ある一定の期間を経て同一の標準化された英語力測定のための英語の試験を計 2 回行いました。この結果、1 回目の平均点が 58 点、2 回目が 62 点と仮定しましょう。この平均点の間の 4 点の上昇を英語力が伸びたと判断することは、統計的に見て正しいのかどうかを検証してみましょう。統計的検証は下記の手順で行います。

① 最初に帰無仮説（null hypothesis, 棄却されることを前提とする仮説）を立てます。この場合には「2 度の試験の結果には統計的な有意差がない」、すなわち、「2 回目の試験の平均点の 4 点の上昇は、1 回目の試験と比べて英語力が伸びたためとは言えない」という意味を表す帰無仮説を立てます。

② t 値を求める公式には以下のような公式があります。
　(1)　【$t=$ 差の平均 $\div \sqrt{\text{不偏分散} \div \text{サンプルサイズ}}$】
　(2)　【$t=$ 差の平均 $\div \sqrt{\text{標本分散} \div (\text{サンプルサイズ}-1)}$】
　この場合には、どちらの公式を用いてもかまいません。

③ t 分布表（t 値が生じる確率を示した表）を用いてこの指標が起こる確率を求めます。

④ 有意確率（ここでは帰無仮説を棄却できるかどうかの基準となる確率。「有意水準」ともいう）に基づいて結論を出します。

帰無仮説とは、棄却（reject）することを前提として設けられた仮説のことです。「A クラスは B クラスよりもリスニングテストの平均が高い」という仮説を立てる場合には、例えば「小さな差がある」、「大きな差がある」というように複数の仮説を立てることが可能になります。また、その場合には、それらを 1 つずつすべて証明しなければならなくなり、とても複雑で証明するのが非常に困難です。しかしながら、「A クラスと B クラスのリスニングテストの平均には差がない」という仮説は 1 つしか立てることができません。つまり、「A クラスと B クラスのリスニングテストの平均には差がない」という仮説を棄却することによって、対立する仮説である「A クラスは B クラスよりもリスニングテストの平均が高い」という仮説を証明することが可能になるのです。このように、「A クラスと B クラスのリスニングテストの平

第4章 統計処理の方法

均には差がない」という棄却することを目的として設定された仮説を帰無仮説と言います。一方「AクラスはBクラスよりもリスニングテストの平均が高い」というような、帰無仮説を棄却することで証明したいと想定する仮説を対立仮説（alternative hypothesis）と言います。

4.1.2.1　分析ツール： t 検定

　本節では、『Excel 2010』を使用して説明していきます。『Excel 2010』には統計処理を行うための「分析ツール」が用意されています。ただし「分析ツール」は、アドインを行わなければ『Excel 2010』のツールに表示されませんので注意してください（→アドインの方法に関する説明は2.5.1.4節を参照）。この分析ツールを用いると、複雑な計算式が必要な t 検定も、比較的、簡単な操作で求めることが可能になります。それでは、実際に『Excel 2010』の「分析ツール」を使用して t 検定を行ってみましょう。

　(1)　図1のように、まずA1のセルには「1回目」、B1のセルには「2回目」という表題をつけます。次に1回目の英語の試験の成績の素点を任意のセル（ここではA2のセルからA11のセル）に入力します。さらに2回目の英語の成績の素点を任意のセル（ここではB2のセルからB11のセル）に入力します。

図1

図2

4.1 t検定とF検定

(2) 図2の「データ」タブの右側にある「データ分析」をクリックし、表示された「データ分析」ウィンドウの「分析ツール (A)」の中にある項目から「対応のある t 検定」に該当する「t 検定：一対の標本による平均の検定」を選択し「OK」をクリックます（図3）。

＊ウィンドウに「t 検定：一対の標本による平均の検定」が見つからない場合は、上下のスクロールバーを操作して見えるようにしてください。

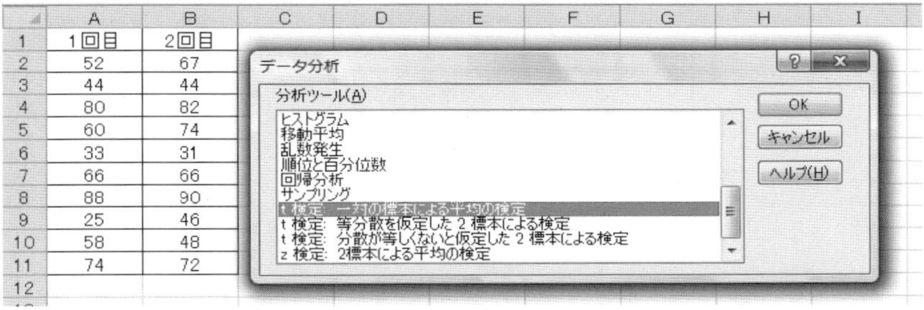

図3

(3) 「t 検定：一対の標本による平均の検定」のウィンドウが表示されたら、

① 「変数1の入力範囲 (1)」：1回目の素点（A1〜A11）を範囲選択します。
   ☞範囲選択とは、マウスをドラッグ（左ボタンを押したままマウスを動かすこと）し該当の範囲を選択する操作です。

② 「変数2の入力範囲 (2)」：2回目の素点（B1〜B11）を範囲選択します。

③ 「仮説平均との差異 (Y)」：仮説平均との差異は、平均が同じであることを検定する場合は0を入力します。また2つの標本における一定の差があるかどうかを検定するためには、その値を入力します。

④ 「ラベル (L)」をチェックします。（なおこの操作は1番上の行の「1回目」、「2回目」という表題を各々、「変数1の入力範囲 (1)」、「変数2の入力範囲 (2)」に含めた場合に行います。仮に範囲に表題を含まない場合、すなわち「変数1の入力範囲 (1)」を A2〜A11、「変数2の入力範囲 (2)」を B2〜B11 にした場合は、レの印は付けません。）

⑤ 「α (A)」に有意水準・有意確率（ここでは例えば (Q2) 0.05（5% 水

103

第4章　統計処理の方法

準)を入力します。

⑥ 「出力先 (O)」：○をクリックして、入力欄に「t 検定の結果」を出力する場所 (ここでは、例えば A15) をクリックします。

⑦ 「OK」をクリックすると t 検定の結果が表示されます。

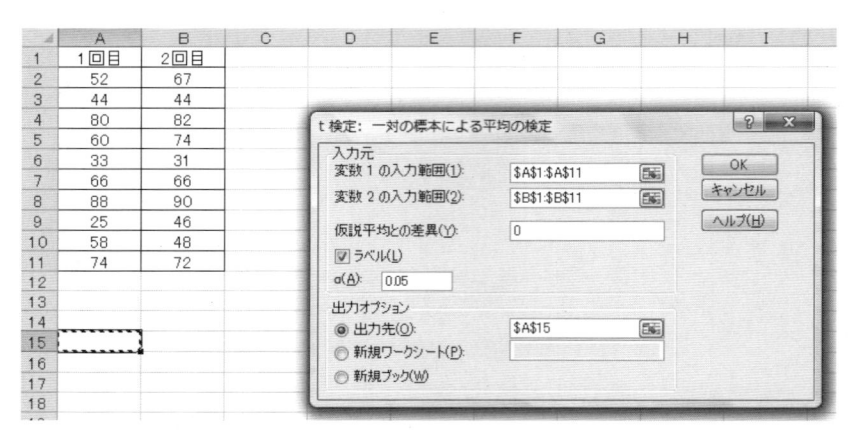

	A	B
1	1回目	2回目
2	52	67
3	44	44
4	80	82
5	60	74
6	33	31
7	66	66
8	88	90
9	25	46
10	58	48
11	74	72

t 検定：一対の標本による平均の検定

入力元
　変数 1 の入力範囲(1)：　$A$1:$A$11
　変数 2 の入力範囲(2)：　$B$1:$B$11
　仮説平均との差異(Y)：　0
　☑ ラベル(L)
　α(A)：0.05

出力オプション
　◉ 出力先(O)：　$A$15
　○ 新規ワークシート(P)：
　○ 新規ブック(W)

[OK] [キャンセル] [ヘルプ(H)]

図 4

☞ 研究上の留意点：

Q2: 有意水準 (有意確率) の 5% と 1% との違いには、どのような違いがありますか？

A: (通常は、5% 水準で検定します。) 5% 水準と 1% 水準という「有意水準」の違いは、以下のように考えられています。5% 水準とは、同じ実験を 100 回繰り返したときに 95 回までその実験結果が当てはまる可能性が高いという意味です。一方、1% 水準とは同じ実験を 100 回繰り返したときに 99 回までその実験結果が当てはまる可能性が高いという意味です。ただし、有意水準が低いほど、統計的に見て意味がある差が大きいという意味ではありません。あくまでも、偶然によって、誤差が生じる可能性が少ないという意味です。

(4) 表示された分析ツールの結果を、列幅調整を行って見やすくします。

4.1 t検定とF検定

	A	B	C
1	1回目	2回目	
2	52	67	
3	44	44	
4	80	82	
5	60	74	
6	33	31	
7	66	66	
8	88	90	
9	25	46	
10	58	48	
11	74	72	
12			
13			
14			
15	t-検定: 一対の標本による平均の検定ツール		
16			
17		1回目	2回目
18	平均	58	62
19	分散	406	356.2222222
20	観測数	10	10
21	ピアソン相関	0.882642214	
22	仮説平均との差異	0	
23	自由度	9	
24	t	-1.326797346	
25	P(T<=t) 片側	0.108626089	
26	t 境界値 片側	1.833112933	
27	P(T<=t) 両側	0.217252178	
28	t 境界値 両側	2.262157163	

図5

4.1.2.2 t検定の結果の見方(解釈の仕方)

図5のt検定の結果では、B27のセルにP(T<=t)両側が0.217252178(21.7%)と算出されました。これは設定した有意水準(level of significance)(α) 0.05 (5%)を上回るため、帰無仮説を棄却できません。したがって、「平均点の4点の上昇は英語力が伸びたためとは言えない」という結論が導かれることになります。

4.1.2.3 t検定の結果の書き方

「統計的に有意差が認められた場合」と「統計的に有意差が認められなかった場合」により、それぞれ、2つの書き方があります。

「統計的に有意差が認められた場合」は、次のように書きます。
(1) 1つ目の書き方は、t検定の検定結果を具体的に文章で記し、その文の最

第4章 統計処理の方法

後のカッコ内に、t値、自由度、有意水準を書き加えるという方法です（自由度はdfで、有意水準はpで表します）。

「AとBとの間で平均値の差に関するt検定を行った結果、統計的な有意差が認められた（$t=3.54, df=9, p<.05$）。」

(2) もう1つの書き方は、文章中にt値、自由度、有意水準などを組み入れて書く方法です。

「AとBとの間で平均値の差に関するt検定を行った結果、$t=3.54$（$df=9$）となり、5%水準で有意差が認められた。」

また「統計的に有意差が認められなかった場合」は、次のように書きます。
(1) 1つ目の書き方は、t検定の検定結果を具体的に文章で記し、その文の最後のカッコ内に、t値、自由度を書き加えるという方法です。

「AとBとの間で平均値の差に関するt検定を行った結果、統計的な有意差は認められなかった（$t=-0.78, df=9$）。」

(2) もう1つは、文章中にt値、自由度を組み入れて書く方法です。

「AとBとの間で平均値の差に関するt検定を行った結果、$t=-0.78$,（$df=9$）となり、統計的な有意差は認められなかった。」

〈演習問題〉

	A	B	C
1	1回目	2回目	
2	52	50	
3	44	54	
4	80	88	
5	60	74	
6	33	55	
7	66	78	
8	88	91	
9	25	42	
10	58	68	
11	74	80	
12			

それでは、1回目の平均点と2回目の平均点が左図のような場合は、統計的な有意差はあるのでしょうか？

1回目の平均点は58点、2回目の平均点は68点でした。この「2回目の平均点が1回目の平均点より10点、上昇していますが、この結果から英語力が伸びた」と判断することは統計的に見て意味があるのでしょうか。

4.1 t 検定と F 検定

それでは分析ツールを活用して検証してみましょう。

	A	B	C
1	1回目	2回目	
2	52	50	
3	44	54	
4	80	88	
5	60	74	
6	33	55	
7	66	78	
8	88	91	
9	25	42	
10	58	68	
11	74	80	
12			
13			
14			
15	t-検定: 一対の標本による平均の検定ツール		
16			
17		1回目	2回目
18	平均	58	68
19	分散	406	286
20	観測数	10	10
21	ピアソン相関	0.945930407	
22	仮説平均との差異	0	
23	自由度	9	
24	t	-4.596385598	
25	P(T<=t) 片側	0.00064859	
26	t 境界値 片側	1.833112933	
27	P(T<=t) 両側	0.00129718	
28	t 境界値 両側	2.262157163	

〈解答〉

検定結果の出力先に A15 のセルを選択して、検定を行った結果、B27 のセルに P（T<=t）両側が 0.00129718 と算出されました。この値は有意水準（α）の 0.05（5％水準）より小さいため、帰無仮説「2 つの試験の平均値の差には統計的な有意差が認められない」は棄却されました。したがって、「1回目の試験の結果と 2 回目の試験の結果とでは統計的な有意差が認められた」、つまり「英語力が伸びたと見なせる」という結論を導くことができます。

4.1.3 対応のない t 検定

「対応のない t 検定」とは、異なる 2 つのグループに属する実験参加者を対象とした試験の平均値の差などを比較する場合に用います。例えば A クラス

とBクラスの学生が各々受けた英語テストの平均点の差に統計的な有意差があるかどうかを検証する場合に「対応のないt検定」を用います。

「対応のないt検定」を行う場合には、次の2つの前提条件を考慮しなくてはなりません。それは ① 2つのグループの実験参加者同士の分散が等しい場合と ② 分散が等しくない場合です。

4.1.3.1　分散が等しい場合と分散が等しくない場合

2つのグループの実験参加者同士の分散が等しい場合とは、2つのグループにおける実験参加者の平均値からの得点のバラツキが似ているということを意味します。つまり得点を点数ごとに人数で分け、グラフにした際に、2つのグループの得点の分布の形が似ているという意味です。一方、2つのグループの実験参加者同士の分散が等しくない場合とは、2つのグループの得点の分布の形が似ていないということを意味します。等分散性があるのかどうか、つまり、この分散が等しいか、等しくないかを検定するためには、通常F検定を用います。

4.1.3.2　対応のないt検定の方法

以上のことをふまえ、実例をもとに考えてみましょう。ある大学の文学部と経済学部の各々のゼミの学生を対象として、標準化された英語の試験を行いました。文学部のゼミ生（12名）の平均点は59点、経済学部のゼミ生（12名）の平均点は67点でした。この平均点の間の8点の差には統計的に有意差があるのかどうかを「対応のないt検定」を行って検証していきます。

最初にF検定を行って2つのグループの等分散性を検定します。

4.1.3.3　F検定

F検定は、2つのグループにおける分散が等しいのかどうかということについて、分散比を検証することで検定する場合に用いられます。

ここで扱うF検定に関する帰無仮説は「2つのグループにおける分散が等しい」という仮説であり、これを検定します。

4.1 t検定とF検定

	A	B
1	文学部ゼミ	経済学部ゼミ
2	44	75
3	53	57
4	68	66
5	51	70
6	74	72
7	64	68
8	61	71
9	57	60
10	66	62
11	56	73
12	63	68
13	51	62

図6

（1） 図6のように、まずA1のセルには「文学部ゼミ」、B1のセルには「経済学部ゼミ」という表題をつけます。次に「文学部ゼミ」12名の英語の試験の素点を任意のセル（ここではA2からA13）に入力します。さらに「経済学部ゼミ」12名の英語の試験の素点を任意のセル（ここではB2からB13）に入力します。

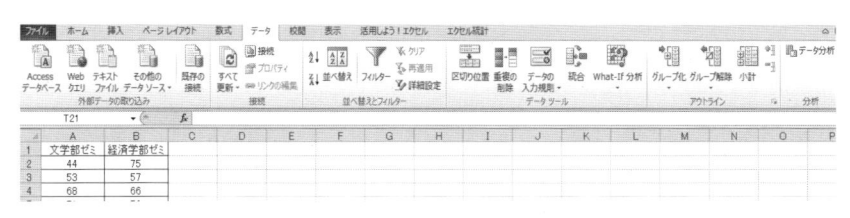

図7

（2） 図7のように「データ」タブから「データ分析」をクリックし、「データ分析」ウィンドウ（図8）を表示させます。

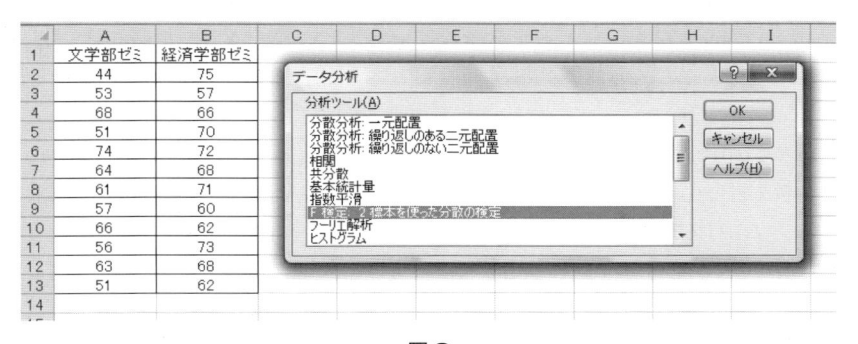

図8

（3） 表示された「データ分析」ウィンドウの分析ツール（A）の中にある

第4章 統計処理の方法

項目から「F検定: 2標本を使った分散の検定」を選択し「OK」をクリックします。

	A	B
1	文学部ゼミ	経済学部ゼミ
2	44	75
3	53	57
4	68	66
5	51	70
6	74	72
7	64	68
8	61	71
9	57	60
10	66	62
11	56	73
12	63	68
13	51	62

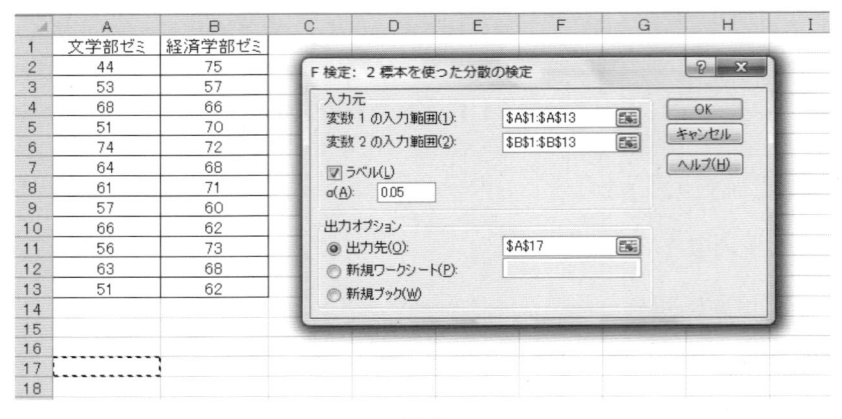

図9

(4) 図9のように「F検定: 2標本を使った分散の検定」のウィンドウが表示されたら
① 「変数1の入力範囲 (1)」に文学部ゼミ生の素点 (A1〜A13) を範囲選択します。
② 「変数2の入力範囲 (2)」に経済学部ゼミ生の素点 (B1〜B13) を範囲選択します。
③ 「ラベル (L)」をチェックします。(ここでは、「変数1の入力範囲」、「変数2の入力範囲」に、表題である「文学部ゼミ」、「経済学部ゼミ」が含まれていますので、チェックをつけます。)
④ 「α (A)」に有意水準 (ここでは例えば 0.05 (5%水準) を入力します。
⑤ 「出力先 (O)」をクリックし、入力欄に検定を出力する場所 (ここではA17) をクリックします。
⑥ 「OK」をクリックすると図10のように検定の結果が表示されます。

4.1 t検定とF検定

	A	B	C
1	文学部ゼミ	経済学部ゼミ	
2	44	75	
3	53	57	
4	68	66	
5	51	70	
6	74	72	
7	64	68	
8	61	71	
9	57	60	
10	66	62	
11	56	73	
12	63	68	
13	51	62	
14			
15			
16			
17	F-検定: 2 標本を使った分散の検定		
18			
19		文学部ゼミ	経済学部ゼミ
20	平均	59	67
21	分散	72.90909091	32
22	観測数	12	12
23	自由度	11	11
24	観測された分散比	2.278409091	
25	P(F<=f) 片側	0.093886702	
26	F 境界値 片側	2.81793047	
27			

図 10

　図10の「F-検定: 2標本を使った分散の検定」を見てください。「観測された分散比」がF値です。Pは有意確率です。セルB25の有意確率は0.093886702と表示されています。これは有意水準である0.05よりも大きいため、「2つのグループにおける分散は等しい」という帰無仮説は棄却できません。したがって、文学部ゼミ生と経済学部ゼミ生の英語の得点の分散には差は認められないため、等分散であると考えます。

　以上のことから、文学部ゼミ生、経済学部ゼミ生の得点の平均値の差の検定は「t検定: 等分散を仮定した2標本による検定」を採用することが可能になります。

4.1.3.4 t検定: 等分散を仮定した2標本による検定

　F検定の結果を受けて、「t検定: 等分散を仮定した2標本による検定」を行います。4.1.3.3と同じデータを使い、「分析ツール」で計算をします。入力方法は「t検定: 一対の標本による平均の検定」と同様の手順で行います。図3の「データ分析」ウィンドウの「分析ツール (A)」の中にある項目から

第4章 統計処理の方法

「対応のない t 検定」に該当する「t 検定：等分散を仮定した2標本による検定」を選択します。検定結果は図11の通りです。

	A	B	C
1	文学部ゼミ	経済学部ゼミ	
2	44	75	
3	53	57	
4	68	66	
5	51	70	
6	74	72	
7	64	68	
8	61	71	
9	57	60	
10	66	62	
11	56	73	
12	63	68	
13	51	62	
14			
15			
16			
17	t-検定: 等分散を仮定した2標本による検定		
18			
19		文学部ゼミ	経済学部ゼミ
20	平均	59	67
21	分散	72.90909091	32
22	観測数	12	12
23	プールされた分散	52.45454545	
24	仮説平均との差異	0	
25	自由度	22	
26	t	-2.705665152	
27	P(T<=t) 片側	0.006456665	
28	t 境界値 片側	1.717144374	
29	P(T<=t) 両側	0.01291333	
30	t 境界値 両側	2.073873068	

図 11

　セル B29 に P（T<=t）両側が 0.01291333（1.3%）と算出されました。この結果は、設定した有意水準 0.05（5%）を下回るため、「文学部ゼミ生と経済学部ゼミ生の平均点の差に違いはない」という帰無仮説は棄却されます。したがって文学部ゼミ生と経済学部ゼミ生の平均点の8点の差には、統計的な有意差が認められ、「経済学部ゼミ生の英語の平均点は文学部ゼミ生の英語の平均点よりも高い」と考えることができます。

4.1 t検定とF検定

〈演習問題〉

	A	B
1	法学部ゼミ	経営学部ゼミ
2	55	39
3	65	55
4	81	50
5	89	45
6	61	57
7	67	44
8	69	90
9	57	91
10	82	93
11	85	95
12	58	57
13	59	61
14	68	58
15	79	37
16	90	58

ある大学の法学部と経営学部のゼミ生を対象として、標準化された英語の試験を行いました。法学部のゼミ生（15名）の平均点は71点、経営学部のゼミ生（15名）の平均点は62点でした。この平均点の9点の差には統計的に有意差があるのかどうかに関して「対応のないt検定」を用いて検証しなさい。

〈解答〉

最初にF検定を行って「法学部ゼミ」と「経営学部ゼミ」の得点の等分散性を検定します。F検定の結果は以下の通りです。

F-検定: 2 標本を使った分散の検定		
	法学部ゼミ	経営学部ゼミ
平均	71	62
分散	149.7142857	408.4285714
観測数	15	15
自由度	14	14
観測された分散比	0.366561735	
P(F<=f) 片側	0.035275085	
F 境界値 片側	0.402620943	

有意確率を示す（P）は0.035275085となり、有意水準である0.05よりも下回るので「2つのグループにおける分散は等しい」という帰無仮説は棄却されます。したがって、法学部ゼミ生、経営学部ゼミ生の英語の得点の分散は異なるので、等分散ではないということになります。

このように、2つの分散は等分散でないので、法学部ゼミ生と経営学部ゼミ生のデータの平均値の差の検定は「t検定：分散が等しくないと仮定した2標本による検定」を採用することが可能になります。検定の際には、図3の

第4章 統計処理の方法

「データ分析」ウィンドウの「分析ツール (A)」の中にある項目から「対応のない t 検定」に該当する「t 検定：分散が等しくないと仮定した2標本による検定」を選択します。「t 検定：分散が等しくないと仮定した2標本による検定」の結果は以下の通りです。

t-検定: 分散が等しくないと仮定した2標本による検定		
	法学部ゼミ	経営学部ゼミ
平均	71	62
分散	149.7142857	408.4285714
観測数	15	15
仮説平均との差異	0	
自由度	23	
t	1.475419277	
P(T<=t) 片側	0.076829609	
t 境界値 片側	1.713871528	
P(T<=t) 両側	0.153659217	
t 境界値 両側	2.06865761	

P (T<=t) 両側が 0.153659217 (15%) と算出されました。これは設定した有意水準 0.05 (5%) を上回るため、「法学部ゼミ生の英語の平均点と経営学部ゼミ生の英語の平均点の差に違いはない」という帰無仮説を棄却することができません。したがって法学部ゼミ生と経営学部ゼミ生の英語の素点の差9点には統計的な有意差が認められないことになり、「法学部ゼミ生の英語の平均点は経営学部ゼミ生の英語の平均点よりも高い」ということは言えないことになります。

以上のように、t 検定は、AとBのような2つの対象の平均値の差を比較し、両者の平均値の差には、統計的な有意差があるのかどうかを調べるために使われます。

なお、t 検定は、通常は、実験参加者数が30名以上あった方が望ましいとされています。通常、30名以下の場合は z 検定を使います。ただし本節では紙面の都合上、検定の練習として小人数の例を示しています。

【参考文献】

清川英男. 2003.「t 検定 (t-test)」『応用言語学事典』(小池生夫編集主幹) 研究社.

向後千春, 冨永敦子. 2007.『統計学がわかる―ハンバーガーショップでむりなく学ぶ、やさしく楽しい統計学』技術評論社.

櫻井広幸，神宮英夫．2003．『使える統計—Excel で学ぶ実践心理統計』ナカニシヤ出版．

靜哲人，竹内理，吉澤清美（共編著）．2002．『外国語教育リサーチとテスティングの基礎概念』関西大学出版部．

中野美知子．2004．「第 16 章　第二言語習得研究の計画と方法」『第二言語習得研究の現在—これからの外国語教育への視点』（小池生夫，寺内正典，木下耕児，成田真澄編）大修館書店．

山田剛史，村井潤一郎．2004．『よくわかる心理統計』ミネルヴァ書房．

第 4 章　統計処理の方法

4.2　分散分析

　分散分析（analysis of variance: ANOVA）とは、どのような統計手法なのでしょうか。4.1 節で学習した t 検定は 2 つの平均値の差を比べる時に用いました。一方、分散分析は 3 つ以上の平均値の差を比べる時に用います。t 検定と同様に、一元配置分散分析にも「対応のない」場合と「対応のある」場合があります。ただし、本書で扱う『エクセル統計 2010』では、諸事情から「対応のある」場合に関しては、一元配置分散分析を行う場合に、その後の関連する多重比較（multiple comparison）を行うことができない設定になっています（→ p. 128 注参照）。一方、「対応のない」場合は、多重比較が可能です。上記の理由から、本節では、「対応のない」場合の一元配置分散分析と多重比較を中心に説明していきます。

4.2.1　一元配置分散分析（対応なし／グループ間／被験者間）
(1)　3 つ以上の平均値の差を比べるには？

　例えば、習熟度の違う 3 つのクラスの英語の模擬試験の平均点の差に統計的に有意差があるかどうかを調べたい場合を考えてみましょう。そのような場合に 1 組、2 組、3 組の平均点を比べるとして、「1 組と 2 組」、「1 組と 3 組」、「2 組と 3 組」の平均点の差を、それぞれ t 検定で比べることに何か問題はあるのでしょうか。

　「統計的に見て意味のある差」のことを有意差と言いましたが、これは「偶然には起こり得ない差」と言い換えることもできます。例えば、有意水準 (α) を 5% として検定した場合、偶然による 5% の差が生じる可能性があります。例えば、3 つのクラス間で 3 組の t 検定をそれぞれ独立して行った場合には、誤差が起こる可能性は組み合わせが増えた分だけ上昇します。

　3 クラスの平均値の差の例で具体的に計算をしてみると、「少なくとも 1 つの組み合わせに差が出る」確率は、「3 つのすべての組み合わせに差が出ない」確率を 100% から引いた確率となりますから、「1 組と 2 組に差が出ない確率 (95%)」×「2 組と 3 組に差が出ない確率 (95%)」×「1 組と 3 組に差が出ない確率 (95%)」≒ 85.7% を 100% から引いた、およそ 14% もの誤差が生じる可能性が出てきます。すなわち、t 検定を繰り返した場合、想定より

4.2 分散分析

も大きく誤って差があると判断してしまう危険があるわけです。

このような場合には t 検定を繰り返し行うのではなく、一元配置分散分析 (One-way Analysis of Variance) を行います。一元配置分散分析では、「3つ以上の平均値の間に差がない」という帰無仮説 (→4.1.2節参照) を想定して、統計処理を行います。分散分析の結果、検定の結果が有意であり、帰無仮説が棄却された場合、「3つ以上の平均値のいずれかの間に差がある」ということを示します。

例えば、指導法の効果を調べるため、複数のクラス間で同一のテストを行った結果を比較する場合を考えてみましょう。テスト結果の「データ全体のバラツキ (分散)」は、クラス間での指導法の違いなどの効果を及ぼす「要因によるバラツキ (分散)」と、各クラス内での個人差などの「誤差によるバラツキ (分散)」からなると考えます。分散分析は t 検定の場合と同様に、「誤差」と比べてどの程度「要因」の影響が大きいかを示す分散比 (F 値) を検定します (→4.1.3.3節参照)。ただし、単純に平均値の差が大きければ有意となるわけではなく、各クラス (要因) 内の個人差が小さいかどうかも影響します。

それでは実際に『Excel 2010』を使った分析の方法を見てみましょう。この「分析ツール」では簡便な分析しかカバーしていないため、本節での分析には『エクセル統計2010』を使用します。

例えば、習熟度別クラス間での語彙テストの成績の差を比べる場合を考えてみましょう。1組を普通クラス、2組を習熟理系クラス、3組を習熟文系クラスとします。データの入力にあたっては、1行目にクラス名を列ごとに記入し、クラスごとに得点を入力していきます。図1にデータ入力例を示します。IDは出席番号です。

分析にあたっては、メニューから、「エクセル統計」→「A 分散分析・多重比較」→「一元配置分散分析 (A)」と選択していきます (図2)。

すると、図3に示したようなウィンドウが現れます。まずは、「データ入力範囲 (R)」の右の入力ボックスで、列ごとに入力したクラスのデータを範囲選択 (→4.1.2.1参照) します (データ選択範囲は図1では薄くグレーで網掛をしています)。

次に各列のデータの先頭にクラス名などの変数の名前を入力してある場合は、「先頭行をラベルとして使用 (L)」の左のチェックボックスをチェックします。出力先の指定は不要です。後で述べる多重比較を行いたい場合は、そ

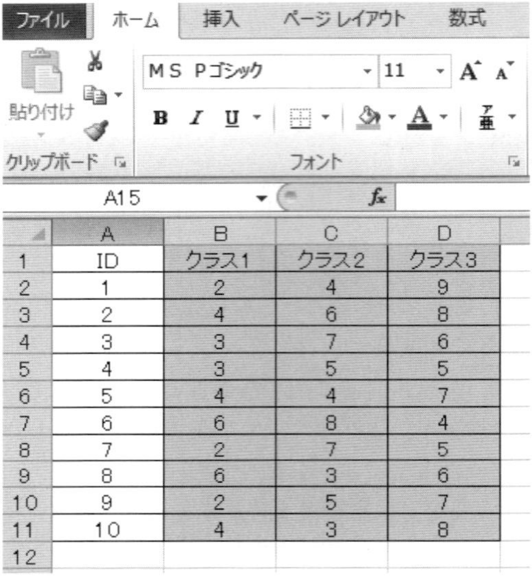
ファイル
ホーム
挿入
ページ レイアウト
数式
貼り付け
ＭＳ Ｐゴシック
11
B I U
クリップボード
フォント
A15
fx
A B C D
1 ID クラス1 クラス2 クラス3
2 1 2 4 9
3 2 4 6 8
4 3 3 7 6
5 4 3 5 5
6 5 4 4 7
7 6 6 8 4
8 7 2 7 5
9 8 6 3 6
10 9 2 5 7
11 10 4 3 8
12

図１

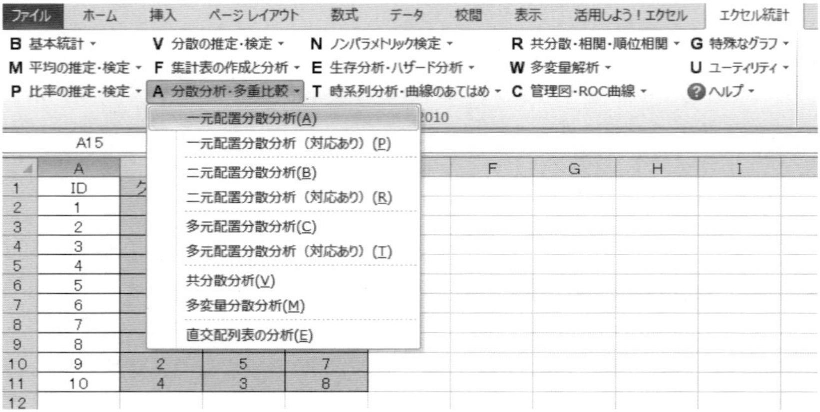
ファイル
ホーム
挿入
ページ レイアウト
数式
データ
校閲
表示
活用しよう！エクセル
エクセル統計
B 基本統計
V 分散の推定・検定
N ノンパラメトリック検定
R 共分散・相関・順位相関
G 特殊なグラフ
M 平均の推定・検定
F 集計表の作成と分析
E 生存分析・ハザード分析
W 多変量解析
U ユーティリティ
P 比率の推定・検定
A 分散分析・多重比較
T 時系列分析・曲線のあてはめ
C 管理図・ROC曲線
ヘルプ
一元配置分散分析(A)
一元配置分散分析（対応あり）(P)
二元配置分散分析(B)
二元配置分散分析（対応あり）(R)
多元配置分散分析(C)
多元配置分散分析（対応あり）(T)
共分散分析(V)
多変量分散分析(M)
直交配列表の分析(E)
2010
A15
A F G H I
1 ID
2 1
3 2
4 3
5 4
6 5
7 6
8 7
9 8
10 9 2 5 7
11 10 4 3 8
12

図２

4.2 分散分析

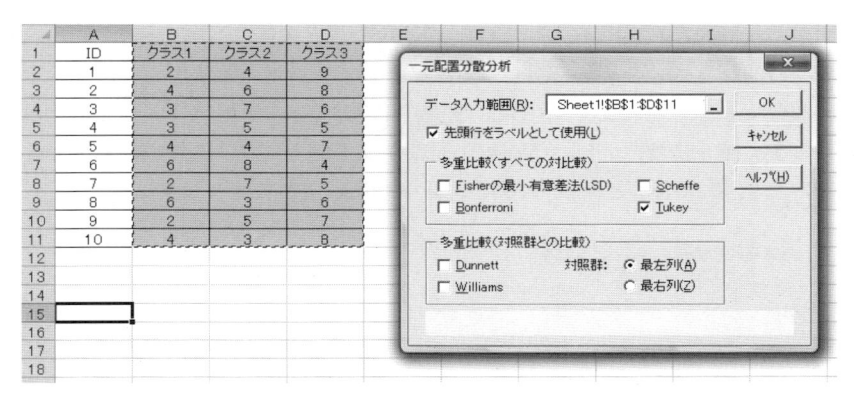

図3

の下の「多重比較（すべての対比較）」から比較の方法もチェックします。「OK」ボタンを押すと分析が開始されます。

　分散分析の結果は別シートに出力されます。算出された基本統計量を図4に示します。見やすくするために列幅調整を行っています。基本統計量に加えて、自動的にグラフも描写されます。図4のグラフから見る限りでは、例として用いたデータでは、3つのクラス間の平均値には差が見られるようで

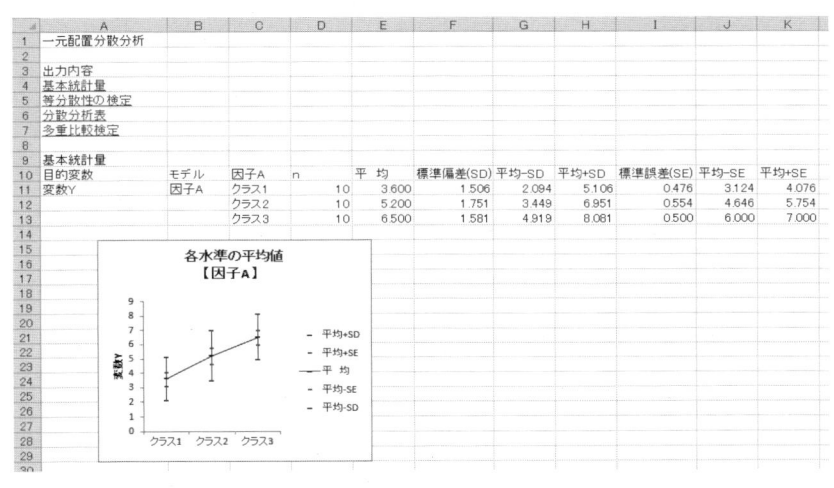

図4

すが、統計的な有意差があるのでしょうか。

統計的な有意差の有無を調査するには、基本統計量の下に出力されている分散分析表を参照します（図5）。「P値」は有意確率、「F値」は分散比を表します。図5には、いろいろな値が記載されていますが、ここでは分散分析表のP値（0.0018）とF値（8.0809）を中心に説明していきます。

31	等分散性の検定								
32		バートレット検定			ルビーン検定				
33	目的変数	カイ二乗値	自由度	P 値	F 値	自由度1		自由度2	P 値
34	変数Y	0.2070	2	0.9017	0.2125		2	27	0.8099
35									
36	分散分析表						**:1%有意 *:5%有意		
37	因 子	平方和	自由度	平均平方	F 値	P 値		判 定	
38	因子A	42.2000	2	21.1000	8.0809	0.0018		**	
39	誤差	70.5000	27	2.6111					
40	全体	112.7000	29						

図5

分散分析の結果を文章内で記述するには、これらの「P値」と「F値」の情報に加えて、自由度（degree of freedom: df）（→ 2.5.1.2 節参照）の記載も求められます。

今回の結果の場合、例えば、「語彙テスト得点のクラス差が有意であった（$F_{(2, 27)} = 8.08, p < .01$）。」のように記載します。「F値」は 8.0809 であり、有効数字 3 桁で四捨五入をすると 8.08 となります。「因子A」はここではクラス間の要因のことです。F の後の下付きのカッコに入るのが、「要因（因子A）」と「誤差」の自由度です。それぞれ分散分析表から求めて 2 と 27 になります。有意確率（p 値）は値そのものでなく、有意水準を用いて示します。「P値」は表から 0.0018 とあり、1% の水準で有意のため、$p < .01$ と記します。

ちなみに、表中の平均平方（Mean of Square: MS）は平方和（Sum of Square: SS）を自由度で割った値で、「因子A」（群間要因）と「誤差」（群内要因）の平均平方の比が F 値です。いずれも計算の過程で必要となる数値であり、通常、分散分析の表自体を示す必要はありません。

(2) どの平均値の間に差があったかを調べるには

分散分析で有意であったということは、そのまま「すべてのクラスの間で差がある」ことを意味するわけではありません。「平均値の間に差がない」と

4.2 分散分析

いう仮説が棄却されただけであり、どこの平均値の間に差があるかまでは分かりません。一元配置分散分析でわかるのは、クラス間によるデータのバラツキが大きいという全体の傾向、すなわち、要因による「主効果」(main effect) が有意であるということだけです。

ただし、だからと言って、分散分析を行った後で、「1組と2組」、「2組と3組」、「1組と3組」の間で t 検定を行うことは避けなければなりません。その理由は、この節の冒頭でも説明したように、誤差が累積されてしまうからです。いずれのクラスの平均の間に差があるかを明らかにするには、繰り返しの数に応じて有意水準を修正する多重比較と呼ばれる手法を使います。多重比較には図3に示されているように、他にもいくつかの方法がありますが、ここでは統計的有意差の検出力に優れているテューキー (Tukey) の方法を用います。

『エクセル統計 2010』を用いた多重比較の分析には、図3の画面で「多重比較(すべての対比較)」内の「Tukey」をチェックします。先ほどと同様の手順(図1から図3にかけて)で一元配置分散分析を行うと、分散分析表の下に、図6のように「多重比較検定」の表が出力されます。図6の多重比較検定のP値の欄を見ると、それぞれのクラス間の検定結果がわかります。今回のデータにおいては、1組と3組の間では P 値は 0.0012、1組と2組の間では P 値は 0.0868、2組と3組の間では P 値は 0.1890 となっており、1組と3組の間でのみ 1% の水準で有意差が見られました。このことから、普通クラスと習熟文系クラスとの間で有意な得点の差があったことがわかります。

42	多重比較検定									**1%有意 *5%有意	
43	因子	目的変数	手法	水準1	水準2	平均1	平均2	差	統計量	P値	判定
44	因子A	変数Y	Tukey	クラス1	クラス2	3.6000	5.2000	1.6000	2.2141	0.0868	
45				クラス1	クラス3	3.6000	6.5000	2.9000	4.0130	0.0012	**
46				クラス2	クラス3	5.2000	6.5000	1.3000	1.7989	0.1890	

図6

〈演習問題〉

表1は、3つのクラスの英語熟達度テスト(100点満点)の結果です。『エクセル統計 2010』を使用して、この3クラスのそれぞれのデータを一元配置分散分析で検定し、Tukey の方法を用いて多重比較を行ってみましょう。

第4章　統計処理の方法

表1　英語熟達度テストの3クラスの得点

学生番号	Aクラス	Bクラス	Cクラス
1	73	77	78
2	83	86	85
3	65	61	69
4	41	48	44
5	68	55	40
6	56	71	78
7	74	89	94
8	82	92	45
9	90	53	59
10	66	70	49

〈解答〉

まず、3クラスの得点を『Excel 2010』のシートに入力します。セルA1には「学生番号」と入力し、A2からA11までのセルには学生番号として1から10までを入力します。セルB1にはAクラス、セルC1にはBクラス、

図7

4.2 分散分析

　セル D1 には C クラスという表題をつけ、セル B2 から B11 までは A クラスの得点を入力します。セル C2 から C11 までは B クラスの得点を入力します。セル D2 から D11 までは C クラスの得点を入力します。このように入力していくと、図 7 になります。

　それでは実際に『エクセル統計 2010』を使用して、データを分析してみましょう。まず「エクセル統計」から「A 分散分析・多重比較」を選び、次に「一元配置分散分析 (A)」を選択します。「データ入力範囲 (R)」の欄をクリックし、Excel シートの B1 から D11 をデータの入力範囲として指定します。各列のデータの先頭にクラス名などの変数名が入力されていますので、「先頭行をラベルとして使用 (L)」をチェックします。

　次の段階で多重比較を行う場合は、「多重比較 (すべての対比較)」から適切な手法を選択することになります。ここでは、統計的有意差の検出力に優れている Tukey の方法を用いますので、「Tukey」を選択します。このように入力していくと、図 8 の画面になります。

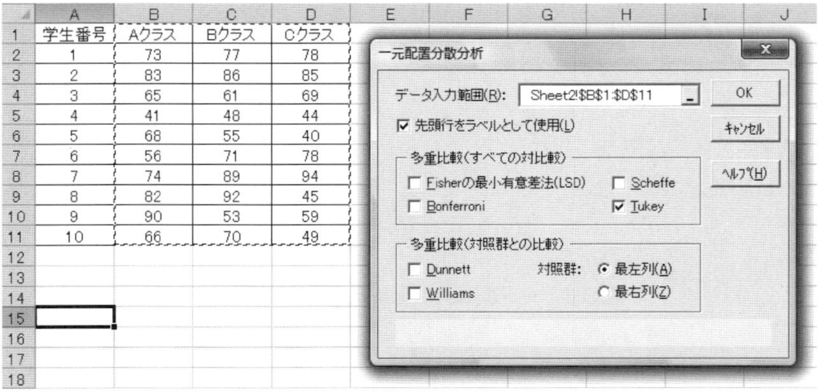

図 8

　ここで「OK」をクリックすると、別のシートに図 9 と図 10 の分析結果が示されます。図 9 には、基本統計量が示されています。図 10 には、一元配置分散分析と多重比較の結果が示されています。

　図 9 と図 10 にはさまざまなデータが記載されていますが、検定結果を検討する場合には、図 10 の分散分析表の P 値に注目してください。P 値が

第 4 章　統計処理の方法

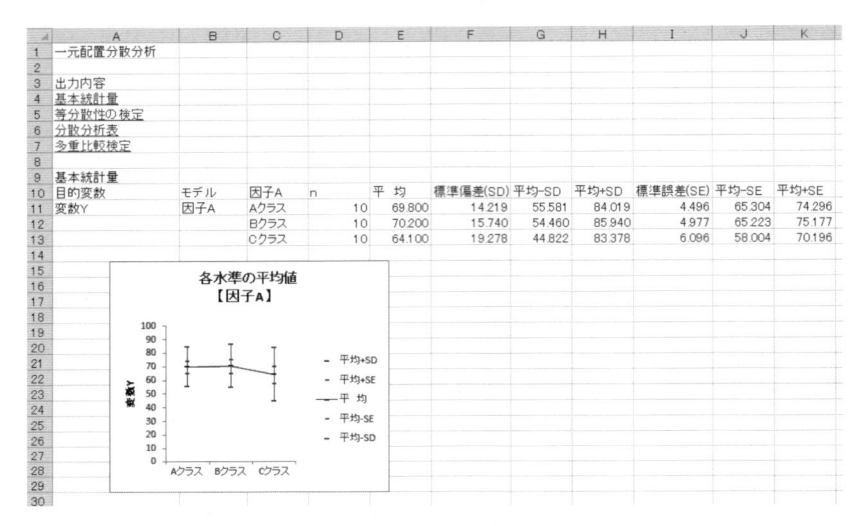

	A	B	C	D	E	F	G	H	I	J	K
1	一元配置分散分析										
2											
3	出力内容										
4	基本統計量										
5	等分散性の検定										
6	分散分析表										
7	多重比較検定										
8											
9	基本統計量										
10	目的変数	モデル	因子A	n	平均	標準偏差(SD)	平均-SD	平均+SD	標準誤差(SE)	平均-SE	平均+SE
11	変数Y	因子A	Aクラス	10	69.800	14.219	55.581	84.019	4.496	65.304	74.296
12			Bクラス	10	70.200	15.740	54.460	85.940	4.977	65.223	75.177
13			Cクラス	10	64.100	19.278	44.822	83.378	6.096	58.004	70.196

各水準の平均値【因子A】のグラフ

図 9　基本統計量

	A	B	C	D	E	F	G	H	I	J
31	等分散性の検定									
32		バートレット検定			ルビーン検定					
33	目的変数	カイ二乗値	自由度	P 値	F 値	自由度1	自由度2	P 値		
34	変数Y	0.8434	2	0.6559	1.3979	2	27	0.2644		
35										
36	分散分析表						**1%有意 *5%有意			
37	因　子	平方和	自由度	平均平方	F 値	P 値	判 定			
38	因子A	232.8667	2	116.4333	0.4252	0.6580				
39	誤差	7394.1000	27	273.8556						
40	全体	7626.9667	29							
41										
42	多重比較検定								**1%有意 *5%有意	
43	因　子	目的変数	手法	水準1	水準2	平均1	平均2	差	統計量	P 値　判 定
44	因子A	変数Y	Tukey	Aクラス	Bクラス	69.8000	70.2000	0.4000	0.0540	0.9984
45				Aクラス	Cクラス	69.8000	64.1000	5.7000	0.7702	0.7242
46				Bクラス	Cクラス	70.2000	64.1000	6.1000	0.8242	0.6915

図 10　一元配置分散分析と多重比較の結果

0.6580 と 0.05 を上回っていますので、①「A クラスと B クラス」、②「A クラスと C クラス」、③「B クラスと C クラス」の、どのグループ間にも統計的な有意差は認められませんでした（$F_{(2,27)} = 0.43, n.s.$）。したがって、統計的には 3 クラスの学生の間には英語力に関する統計的な有意差が認められないことになります。そのため、さらに多重比較の結果を見る必要はありません。

4.2 分散分析

4.2.2 一元配置分散分析（対応あり／個人内／被験者内）
(1) 繰り返し測定したデータの平均の差を比べるには

　平均値の比較をする場合、クラス間の比較など、異なる個人間のデータを比べることもありますが、あるテストの得点の伸びを時系列的に調べる場合や条件を変えてデータを何回か取る場合などのように、同一の個人の複数のデータを比較する場合もあります。このように同一の個人のデータを比較する場合には「対応のある分析」を用います。例えば、1学期、2学期、3学期のデータの場合のように、比較したい時点が3時点以上ある場合に、対応のある t 検定を複数回行うことは誤差の累積を招くことになります。この留意点は対応のないデータで一元配置分散分析を行う場合と同じです。

　分散分析では、グループ間の対応のないデータによる分析を被験者間計画（between subjects design）、個人内の対応のあるデータによる分析を被験者内計画（within subjects design）での分析と呼びます。対応のあるデータは複数回繰り返し測定をすることから、反復測定（repeated measurements）データとも呼ばれます。

　それでは実際に『エクセル統計2010』を使った分析の方法を見てみましょう。データは図1に示したデータを再度用います。例えば、習熟度別クラス間の語彙テスト結果の比較の代わりに、ある1つのクラスで、リスニング訓練の効果の検証のため、1学期、2学期、3学期とディクテーション・テストを繰り返し実施した結果を比較する場合を想定してみてください。図11のように『Excel』のシートに入力します。

	A	B	C	D
1	ID	1学期	2学期	3学期
2	1	2	4	9
3	2	4	6	8
4	3	3	7	6
5	4	3	5	5
6	5	4	4	7
7	6	6	8	4
8	7	2	7	5
9	8	6	3	6
10	9	2	5	7
11	10	4	3	8

図11

第4章 統計処理の方法

分析にあたっては、図12のように「エクセル統計」のメニューから、「A 分散分析・多重比較」→「一元配置分散分析（対応あり）(P)」と進みます。

図12

図13のようにウィンドウが表示されますので、対応のない一元配置分散分析の際と同様に、「データ入力範囲 (R)」から入力したデータ（グレーの網掛部分）を範囲選択します。「先頭行をラベルとして使用 (L)」もチェックします。出力先の指定は不要です。「先頭列を標本因子名として使用 (S)」のチェックボックスは外して分析しても結果は変わりません。「OK」を押すと分析が開始されます。

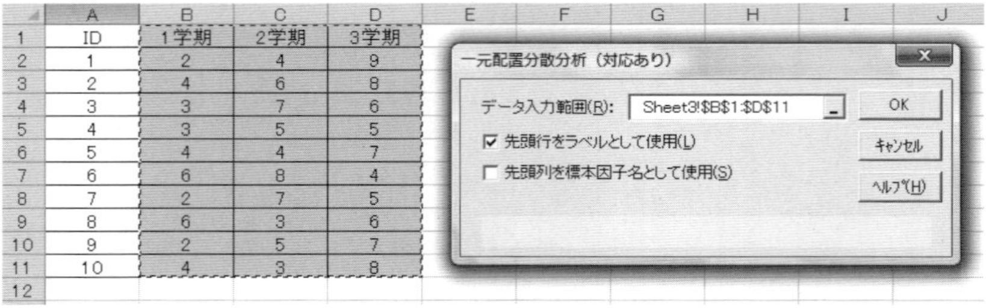

図13

4.2 分散分析

　分散分析の結果は別シートに出力されます。基本統計量やグラフは図4と同じ結果となります。図14に示したのが、対応のある分析の際の分散分析表です。F値とP値は「標本内因子」の「因子A」から求められます。表を見るとF値は6.0800とあり、四捨五入すると6.08となります。P値は0.0096であり、1％水準で有意でした。自由度の情報は同じく「標本内因子」の「因子A」と「誤差（因子A）」を参照します。

　文章内で結果を記載する際には、これらの値を用いて、「$F_{(2, 18)}=6.08, p<.01$」のように記述します。対応のない分散分析と同様に、1学期から3学期のいずれかの学期の間で統計的な有意差があったことがわかります。

29	分散分析表							**:1%有意 *:5%有意	
30	因子		平方和	自由度	平均平方	F 値	P 値	判定	
31	標本内因子	因子A	42.2000	2	21.1000	6.0800	0.0096	**	
32		誤差(因子A)	62.4667	18	3.4704				
33	標本間因子	標本因子(誤差)	8.0333	9	0.8926				
34	全体		112.7000	29					

図14

4.2.3　分散分析を行う場合の留意点
（1）　実験などで課題条件の比較を行う際には

　例えば、ある訓練を行った後で、（A）「訓練前」、（B）「訓練直後」、（C）「1週間後」の各々の効果を測定する場合のような反復測定データを比較する際の留意点としては次の2点があげられます。

① 　実験に用いるテストや課題の同質性をどのように保つのか。
② 　実施の繰り返し効果や順序効果をどう抑制するのか。

　①の同質性に関する問題の対処法としては、テストや課題におけるレベルの同質性を別の実験参加者で試験的に検証し、平行テストを作成することが考えられます。例えばテストAとテストBを別の実験参加者に受験させ、テストの同質性を確かめた上で、当該の実験参加者に受験させるなどの方法が考えられます。

　②の繰り返し問題に関する対処法としては、実験参加者をグループ別に分け、グループごとに課題の提示順序を変えるといった方法もあります。2つのグループ（グループAとグループB）を設定して、テストCとテストDと

第 4 章　統計処理の方法

いう 2 種類のテストを作成し、グループ A にはテスト C を行った後でテスト D を実施し、グループ B にはテスト D を行った後でテスト C を実施するという方法が考えられます。

(2)　複数の説明要因からなる比較データを扱う際には

　一元配置分散分析では説明する要因がグループ間や条件間などと 1 つに限られていましたが、実験によっては、結果に影響を及ぼすいくつかの原因が考えられることもあります。そのような場合には二元配置分散分析（Two-way Analysis of Variance）を用います。

　二元配置分散分析は、例えば「訓練を行う実験群」と「訓練を行わない統制群」というグループ間の要因と（A）「訓練前」（B）「訓練直後」（C）「1 週間後」という条件間の要因との、2 つの要因の効果を合わせて分析する場合などに用いられます。二元配置分散分析では、それぞれの要因で効果があったかどうかに加えて、要因間の相互関係（交互作用）の影響により、グループや条件ごとに異なる効果が見られたかどうかの検証を行います。

　一元配置分散分析の方法に習熟したら、二元配置分散分析を習得することで、より複雑な仮説を扱うことができるようになり、統計分析の幅がより広くなります。本書は初学者を主な対象としていますので、具体的な分析方法や詳しい説明については、次の参考文献を参照ください（山内 2008；田中 1996；田中，山際 1992；森，吉田 1990）。

（注）『エクセル統計 2010』作成者からの情報（私信）によると、作成段階で統計の専門家の意見を収集し、「対応のある一元配置分散分析」の次の段階の「多重比較」に、どの方法を用いるべきかについて慎重に検討しましたが、意見の一致を得られなかったため、この場合の「多重比較」は行えない設定にすることに決定したとのことでした。本書の編集委員会では、このような事情を考慮し、本書が『Excel 2010』と『エクセル統計 2010』の使用に基づく統計処理に基づく実証的研究法の入門書であるという大前提に基づいて、「対応のある一元配置分散分析の方法」の後の「多重比較」は本書では扱わないことにいたしました。ただし、例えば SPSS などでは、この場合の「多重比較」はボンフェローニ法を用いて行うことができます。

【参考文献】

繁枡算男，柳井晴夫，森敏昭（編著）．2008．『Q&A で知る統計データ解析（第 2 版）』サイエンス社．

田中敏. 1996.『実践心理データ解析』新曜社.
田中敏, 山際勇一郎. 1992.『ユーザーのための教育・心理統計と実験計画法』教育出版社.
森敏昭, 吉田寿夫（編著）. 1990.『心理学のためのデータ解析テクニカルブック』北大路書房.
山内光哉. 2008.『心理・教育のための分散分析と多重比較』サイエンス社.

第4章　統計処理の方法

4.3　ピアソンの相関係数

　英語の4技能の間には、各々どのような関係があるのでしょうか。例えばリスニング力の高い人は、リーディング力も高いと言えるのでしょうか。このような2つの言語事象の間の関連性の度合いを調べるのが「相関係数」です。統計的に説明すると、「相関」は2つの変数の互いの結びつきの強さを調べる二変量解析となります。この際、一般的に利用されるのがピアソンの積率相関係数（Pearson's product-moment correlation coefficient）です。この相関係数は測定値の正規分布を仮定する（パラメトリック）方法で、尺度が量的尺度（間隔尺度・比率尺度）の場合に使用されます。一方、測定値が順位尺度の場合や正規分布しているかどうかわからない場合は、4.5節で取り扱うスピアマンの相関係数を使います。

4.3.1　基本的な考え方を理解する

　基本的な概念を理解しやすいように、具体的な例題を見てみましょう。

	A	B	C	D
1		リスニング	リーディング	
2	1	265	165	430
3	2	235	265	500
4	3	225	200	425
5	4	265	165	430
6	5	215	250	465
7	6	275	270	545
8	7	270	330	600
9	8	210	220	430
10	9	270	205	475
11	10	130	90	220
12	11	195	240	435
13	12	215	115	330
14	13	240	145	385
15	14	125	130	255
16	15	215	160	375
17	16	230	170	400
18	17	205	105	310
19	18	220	155	375
20	19	150	130	280
21	20	215	155	370

図1

〈例題1〉

　図1は、あるクラスの20人が受けたTOEICテストの成績結果です。この表から英語のリスニング力とリーディング力の関係を調べましょう。

　ワークシートのB列にリスニングの得点、C列にリーディングの得点を入力しています。これだけでは、どのような関係があるのかわかりにくいですね。そこで、データ散布図で確認します。

　『Excel』の挿入画面から

4.3 ピアソンの相関係数

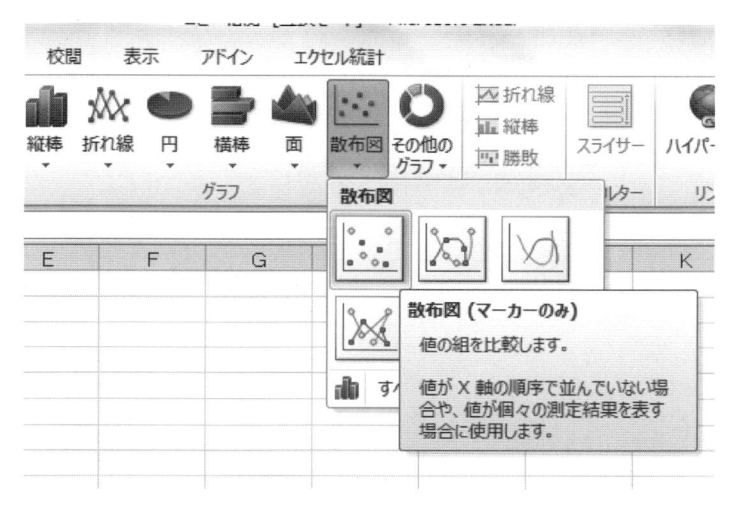

図2

図2のように、グラフの散布図を選びクリックします。
　図3のような画面が現れたら、グラフの上をクリックすると、図4-1のようにグラフツールが現れます。

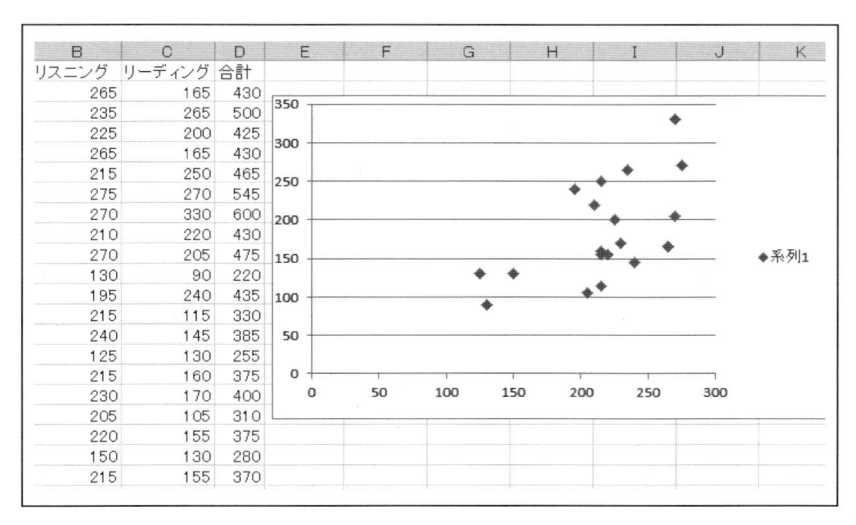

図3

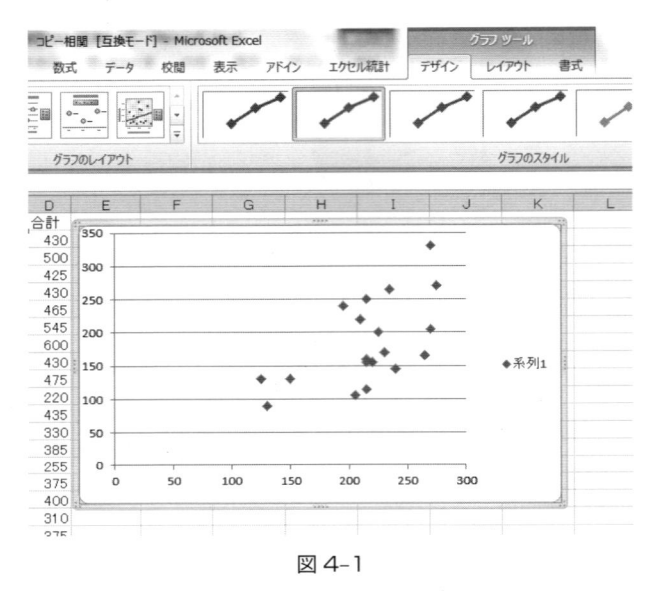

第4章　統計処理の方法

図4-1

次に図4-2のように「グラフのレイアウト」のレイアウト3を選ぶと右肩上がりの直線上に並んで見えます。

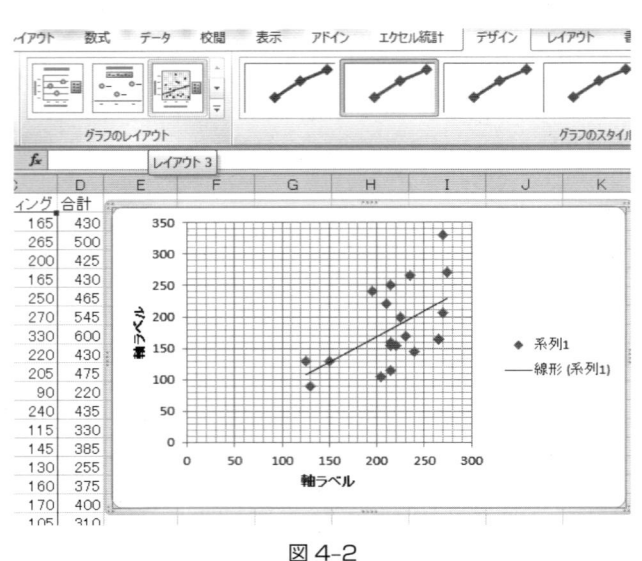

図4-2

4.3 ピアソンの相関係数

　つまり、横軸Xのリスニングの成績が上がるにつれて、縦軸Yのリーディング力も上がる傾向があると思われます。この傾向を一般に「正の相関がある」と考えます。すなわち、このテスト結果の散布図では、リスニングの成績の良い学生は、リーディングの成績も良い傾向があると見なせるのです。

　もし、散布図が図5–1のように右肩下がりになっている場合は、Xが増えるたびにYが減る傾向なので、「負の相関がある」という意味になります。また図5–2の場合は、「無相関」つまり相関関係はないと考えられます。

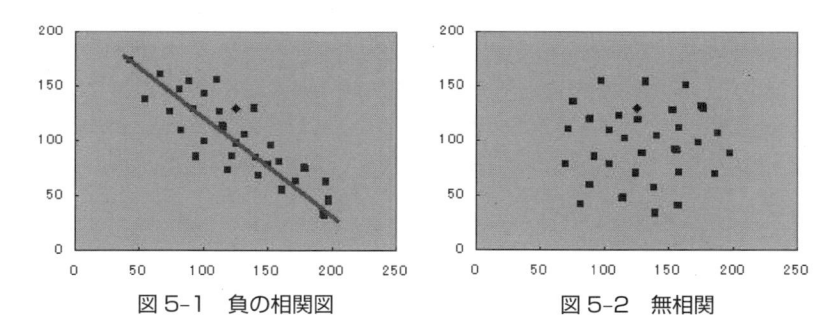

図5-1　負の相関図　　　　　図5-2　無相関

ポイント1　散布図で右上がりの直線は「正の相関」右下がりは「負の相関」

　同じ正の相関でも、図6–2は、図6–1に比べて、より直線上に近い所にデータが集まっています。これは「得点間の結びつきがより強い」ということになります。つまり、図6–2は、「強い相関」があると言えます。また幅の広い図6–1は、「弱い相関」となります。

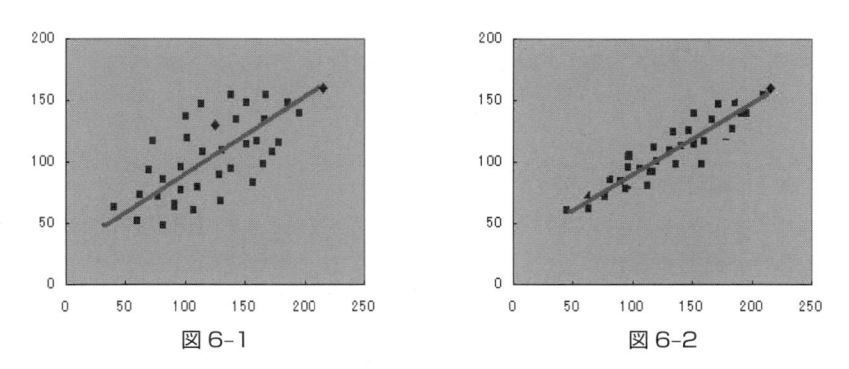

図6-1　　　　　　　　　　図6-2

ポイント2　直線上に集まる場合は相関が強い。幅広い時は相関が弱い。

4.3.2 相関係数の求め方と解釈

さて、散布図で確認できたところで、2つの変数間の実際の結びつきの度合いを求めましょう。『Excel』を使えば、途中の計算式を理解しなくても値は出せますが、考え方を一応見ておきます。

ピアソンの相関係数は r で表わされ、式は次のようになります。

$$r = \frac{X と Y の共分散}{X の標準偏差 \times Y の標準偏差}$$

r は -1 から $+1$ の値をとります。符号がマイナス（−）の場合は、前述の図5–1のように負の相関になります。値が0の場合は、図5–2のような無相関と見なせます。さらに符号がプラス（＋）の時は、前述の図6–1のように正の相関となります。また r の絶対値が大きい時に「強い相関がある」と考えます。

例えば、図6–2の方が図6–1より各データ間の結びつきは強いので、相関関係は大きく、r の値は大きいことになります。

一般に、相関の強さは次の表1のように解釈されます。

表1

r の値	解釈
±0.7〜±1	強い相関がある
±0.4〜±0.7	中程度の相関がある
±0.2〜±0.4	弱い相関がある
±0〜±0.2	ほとんど相関がない

注意1　研究報告を書く時に気をつけよう

たとえ2つの変数に高い相関があったとしても、因果関係があるとは言えない。例題の場合、リーディングとリスニングの得点には、何らかの関係はある。しかし、リーディング力がリスニング力に影響を与えてテスト結果が良くなるとは、必ずしも言えない。つまり、相関の結果だけで、リーディングを鍛えればリスニングも良くなるといった解釈はできない。

4.3 ピアソンの相関係数

4.3.3 『Excel』で相関係数を計算

研究報告には表1のようなrの値を記載しただけで「相関関係がある」としているものもありますが、これは適切でしょうか。この点を確かめるため、少し極端な例ですが、例題の図1の5人の成績で検定してみます。

〈例題2〉

図1のワークシートの学生IDの1～5番の成績をコピーし、新しいワークシートに貼り付けます。「数式」の画面から「関数の挿入」で図7の画面が現れたら「関数名（N）」は「PEARSON」を選択し「OK」をクリックします。

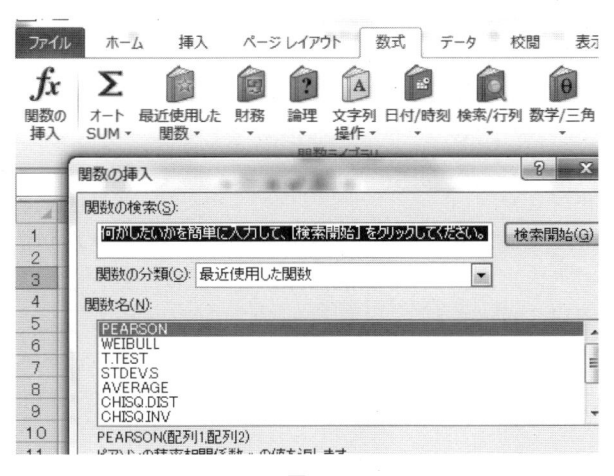

図7

図8のような画面で、配列1にはリスニングの列（B2:B6）を、配列2にはリーディングの列（C2:C6）をスクロールすると、左下の「数式の結果＝」に－0.781559729が表示されました。これが相関係数のrです。「OK」をクリックすれば、ワークシートにも同じ値が掲示されます。

r＝－0.781559729となりましたが、これは表1では強い相関となります。符号がマイナスなので、負の相関となります。これはどういうことでしょうか。図4–2で見たように、20人全員の成績では正の相関になるはずです。なぜ、このような結果になってしまったのでしょうか。統計処理は、実験参加

第４章　統計処理の方法

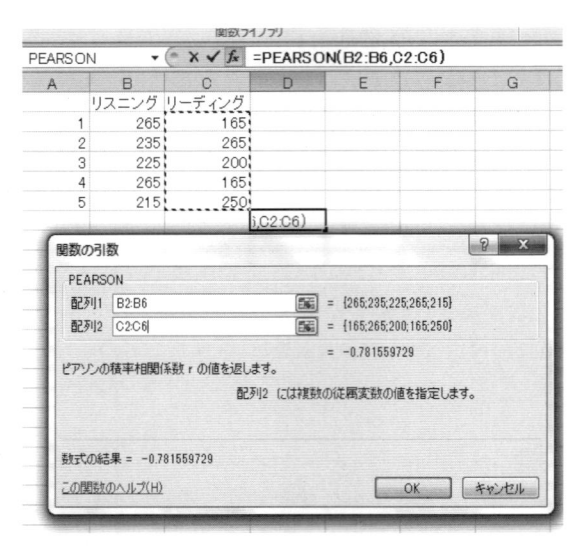

図８

者数が少ない場合は注意が必要です。つまり、この場合のように５人のテスト結果というサンプルだけでは、相関係数を計算しても、それ自体にあまり意味がないと考えられます。

　それでは、実験参加者数がどれくらいあれば、「相関係数に意味がある」と考えられるのでしょうか。このような問題を解決するのが「無相関の検定」になります。

4.3.4　無相関の検定

　無相関の検定は、相関係数の数字に意味があるのか、あるいは偶然その数字になったのかを調べる手法です。無作為に選んだデータの元である母集団に相関関係があるのかに注目し、ここから抽出されたサンプルの相関係数に意味があるのかを検定します。一般に次のように表記されます。

(1)　帰無仮説 H_0：「母集団の相関係数＝0」
　　（母集団の相関係数が０である。）
(2)　対立仮説 H_1：「母集団の相関係数≠0」

4.3 ピアソンの相関係数

(母集団の相関係数が 0 ではない。つまり相関がある。)
(3) 有意水準 α で検定を行う。
α は通常、0.01（99％の確率で有意）や 0.05（95％の確率で有意）を使います。

例題 2 の場合は、この TOEIC テストの受験者すべての結果が母集団です。この集団のリスニング力とリーディング力には「相関がない」という帰無仮説（1）を立て、これが棄却されるかどうか検定します。例えば、有意水準 0.05 で「帰無仮説」が棄却されれば、（2）の「対立仮説」が採択されます。結果として 95％ の有意確率で相関係数に意味がある、つまり「相関がある」となります。

便利なことに、サンプルの数と棄却される値は、代表的な統計の本などに掲載されています。表 2 は南風原（2002）から一部を抜粋したものです。

表2　相関係数の有意水準

サンプル数	有意水準	
	0.05	0.01
3	0.997	1
4	0.95	0.99
5	0.878	0.959
6	0.811	0.917
7	0.754	0.875
8	0.707	0.834
9	0.666	0.798
10	0.632	0.765
20	0.444	0.561
30	0.361	0.463

この表を見ると、サンプルが 5 人の場合、有意水準 0.05 で r の値は 0.878、有意水準 0.01 では 0.959 となっています。この結果、例題 2 で計算した 5 人の相関係数 −0.781559729 の値では帰無仮説を棄却できません。つまり相関

係数に意味がなく、「相関があるとは見なせない」ということになります。

ポイント３　単に相関係数を計算しても十分でない。無相関の検定が必要。

4.3.5 『エクセル統計』による相関係数の求め方

これまでの説明で研究論文などに記載されている統計に関して読んだり、書いたりする際の注意事項を認識できたと思います。例えば、表2を見てみるとサンプルが20人の場合、有意水準0.05（5％）でのrの値は、0.444必要となり、これが30人に増えた場合は0.361でよいことになります。

基本的な考えは以上ですが、いちいち無相関の検定を行うのは面倒です。このような場合には『エクセル統計』を使えば、この問題も一挙に解決してくれます。

それでは『エクセル統計』で例題1の実験参加者20人の検定をしてみましょう。

図1のワークシートを用意します。図9のように「エクセル統計」から「R 共分散・相関・順位相関」を選び、「相関行列・偏相関行列（C）」を選択します。

図９

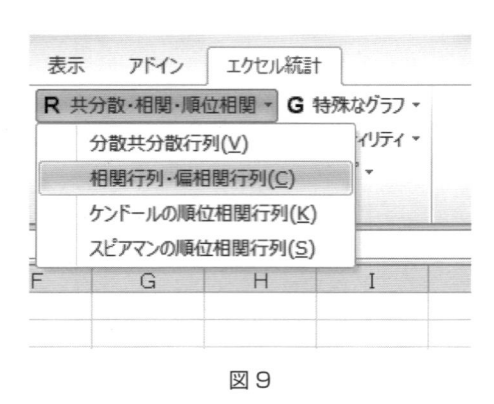

図10のような画面が現れたら、「データ入力範囲（R）」にカーソルをあわせ、リスニング、リーディングの項目名を含め、点数のデータをスクロールします。項目名を含めたので、「先頭行をラベルとして使用（L）」をチェックします。「欠損値を含むケースの扱い」は、欠損値がないので無視します。

4.3 ピアソンの相関係数

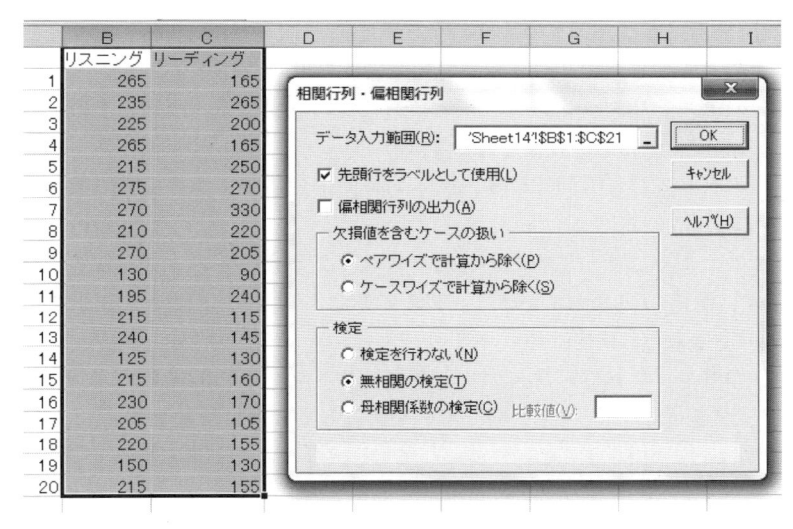

図10

「検定」は「無相関の検定 (T)」をチェックします。ここで「OK」をクリックします。

結果として、別のシートに図11が現れました。

図11

第 4 章　統計処理の方法

この結果の見方は、以下のようになります。
- A1 のセル：単相関とは二変量の相関係数を求めたということです。
- B2 のセル：リスニングと、リスニングという同じ値の関係を求めたので当然ですが相関係数は 1 になります。
- C3 のセル：これも同様にリーディング同士の値ですから相関係数は 1 です。
- C2 のセル：これが求めたかったリスニングとリーディングの相関係数です。0.5549 となっています。表 1 で確認すると、「中程度の相関がある」値と考えられます。
- B3 のセル：これは、リーディングとリスニングの相関係数ですから、順序が違うだけで、C2 と同じものを計算したことになります。
- 5 行目：「無相関の検定」を行ったというタイトルが記載されています。
  「上三角：P 値」の上三角とは、セル C7 のことです。
  「下三角：判定（*5% **1%）」の下三角とは、セル B8 のことです。このセルに 5% で有意な場合（$p<.05$）は、* のマークが記載され、1% で有意な場合（$p<.01$）は、** のマークが記載されるという意味です。
- C7 のセル：ここに p 値が示されています。この場合は 0.0111 で、p の値は 0.05 より小さくなっています。
- B8 のセル：ここに * のマークが記載されており、5% の水準で有意であることがわかります。
- 10 行目〜12 行目：サンプルの数（n）に関する表記です。

この検定の結果の書き方は、次のようになります。

> TOEIC テストを受験した実験参加者 20 人（n = 20）のリスニングとリーディングの得点の関係をピアソンの相関係数で調べた。
> 　結果は、$r=0.55$ であり、無相関の検定は $p<0.05$ で有意であった。以上のことから、このサンプルの 2 つの得点には中程度の相関があることがわかった。

つまり実験参加者 20 人の成績を見る限り、TOEIC のリスニングで高い得点の学生は、ある程度、リーディングでも高い点を取る傾向があると言えます。

4.3 ピアソンの相関係数

　念のため、例題2の5人の被験者について『エクセル統計』で相関係数を求めてみます。例題2のように、再び学生IDの1〜5番の成績をスクロールし、データとして利用します。図9から図10の手順に従い、無相関の検定を行います。結果は図12のようになります。

	A	B	C	D	E
1	単相関	リスニング	リーディング		
2	リスニング	1.0000	-0.7816		
3	リーディング	-0.7816	1.0000		
4					
5	無相関の検定　[上三角:P値/下三角:判定(*:5% **:1%)]				
6		リスニング	リーディング		
7	リスニング	−	0.1185		
8	リーディング		−		
9					
10	n	リスニング	リーディング		
11	リスニング	5			
12	リーディング	5	5		
13					
14					

図12

　この結果の見方も、図11と同様です。相関係数はC2とB3に掲載されており、例題2と同じく、−0.7816となっています。しかし、C7のセルにあるp値は0.1185となっています。これは棄却域の0.05より大きいので統計的な有意差はありません。このためにB8のセルには、何もマークがなく空欄になっており、これは「この相関係数に意味がない」ということになります。

4.3.6　まとめ

以下がピアソンの相関係数に関するまとめと注意事項です。

- ピアソンの相関係数は、2つの変数の互いの結びつきの強さを調べる。
- ピアソンは測定値が正規分布すると考えられる量的尺度に使われる。
- 係数は一般にrとして表され、rは−1から+1の値をとる。

第 4 章　統計処理の方法

- r の絶対値が大きいほど相関関係は強い。
- まず散布図を描いて確認してみる。
- 散布図が右下がりの時は「負の相関」があり、符号は負である。散布図が右上がりの時は「正の相関」があり、符号は正である。
- 相関係数に意味があるのか『エクセル統計』を使い「無相関」の検定も行う。
- 相関関係があったとしても因果関係があるわけではない。あくまで相対的に間接的な結びつきがあることを表しているに過ぎない。

【参考文献】
南風原朝和．2002．『心理統計学の基礎──統合的理解のために』有斐閣．

4.4 χ^2（カイ二乗）検定

　χ^2 検定は主として質的データの分析に用います。質的なデータ（→ 2.3 節参照）とは、数量で示されない名義尺度（→ 3.3.3.1 節参照）に基づくデータです。例えば、アンケート参加者に、性別に関する質問に対して「1. 男性、2. 女性」のどちらかで回答してもらったとします。この場合には、2 の方が 1 よりも評価や価値が高いということはありません。もちろん、「男子が何名」、「女子が何名」というようなデータの個数で数量化することは可能です。しかし、回答自体には数量的な意味は特にありません。このような質的なデータの統計処理には、ノンパラメトリック検定（nonparametric test）を用いるのが一般的です。ノンパラメトリック検定とは、データに数量的な価値を求めない、度数分布に基づく統計処理の方法です。

　χ^2 検定では、「実際の観測値」が「期待値」からどれほど「ズレているのか」を統計的に調べます。「ズレている」値が一定以上大きいと、実際の値に差があると見なします。

　少しわかりやすくするために、具体例として 1 つのアンケート項目に対する回答を見てみます。この場合は、調査する項目が 1 つなので、「1 つのサンプルの検定」となります。2 つの異なる指導法 A と B のどちらの指導法がよりわかりやすいのかに関して 10 人に調査する場合を考えてみましょう。回答方法は「指導法 A」と「指導法 B」の 2 つなので、「期待値」は学習者全体のそれぞれ 2 分の 1 ずつで 5 人ずつになります。これに対して、「実際の観測値」は A と B それぞれを 5 人ずつが選ぶとは限りません。もしかすると、A を選ぶのは 8 名で、B を選ぶのは 2 名かもしれません。このように実際に調査した値が期待値と統計的に有意な差があると証明されれば、2 つの調査項目には差がある、つまり「指導法 A と指導法 B では、学習者のわかりやすさに差がある」と見なすことができるのです。

　χ^2 検定の基本的な手順は以下のようになります。

1. 帰無仮説を立てる（→ 4.1.2 節参照）。
2. クロス集計表を作成する（→ 3.3.3.2 節参照）。
3. χ^2 検定を行い、p 値を求める（→ 4.4.1 節参照）。

第 4 章　統計処理の方法

　　　　$p<.05$ の場合：実測値と期待値との差がない確率は 5% 以下と判定する。

　　　　$p<.01$ の場合：実測値と期待値との差がない確率は 1% 以下と判定する。

4. 残差分析を行い、具体的にどの項目が期待値との差が大きいのかを検証する（→ 4.4.2 節参照）。

4.4.1　クロス集計から χ^2 検定へ

それでは実際に『エクセル統計 2010』で χ^2 検定を行います。一般的な 2 つの質問項目で考えてみます。まず、結果をクロス集計した後に、2 つの質問への応答の差が統計的に有意かどうかを検証します。

比較する質問項目は 3 つ以上でも構いませんが、χ^2 検定は、クロス表のセルに 1 つでも度数がゼロのものがあると計算ができないので、注意が必要です。

例えば、中学生 2 クラスを対象にして、異なる文法指導の方法によって、生徒の「わかりやすさ」の認識がどのように異なるかを調査する事例について考えてみましょう。具体的には、「例文などをたくさん示して説明に時間をかける文法指導」と、「説明は手短にして問題演習に時間をかける文法指導」ということにします。ここではデータ処理の練習のためですので、現実よりも少なめに「1 クラス 20 名」として表 1 のようにクロス表を作ります。

表 1

	A クラス（N=20） （説明中心の指導法）	B クラス（N=20） （演習中心の指導法）
わかりやすい		
わかりにくい		

（1）　ワークシートにデータ入力を行います（図 1）。
　　　指導方法：　　1. 説明中心　　　2. 演習中心
　　　わかりやすさ：　1. わかりやすい　　2. わかりにくい

(2)　入力したデータをもとにクロス集計表と χ^2 検定を一度に導き出します。『エクセル統計』のプルダウンメニューから「F 集計表の作成と分析」→「クロス集計表の作成 (X)」を選択します (図 2)。

	A	B	C
1		指導法	わかりやすさ
2	咲希	1	1
3	心春	1	2
4	千尋	1	1
5	琉生	1	2
6	蒼空	1	1
7	悠翔	1	1
8	翔太	1	2
9	大輝	1	2
10	響	1	2
11	優真	1	2
12	悠	1	2
13	海翔	1	1
14	空	1	2
15	陽斗	1	2
16	颯太	1	2
17	優奈	1	1
18	葵	1	2
19	杏	1	2
20	凛	1	2
21	琴音	1	2
22	優月	2	1
23	ひより	2	2
24	心菜	2	1
25	乃愛	2	1
26	柚奈	2	1
27	遥	2	2
28	愛美	2	1
29	花	2	1
30	桜	2	1
31	文恵	2	1
32	亮	2	1
33	雅人	2	2
34	良平	2	1
35	優也	2	2
36	那波	2	1
37	花梨	2	2
38	大輔	2	1
39	大雅	2	1
40	拓海	2	1
41	樹	2	2
42			

図 1

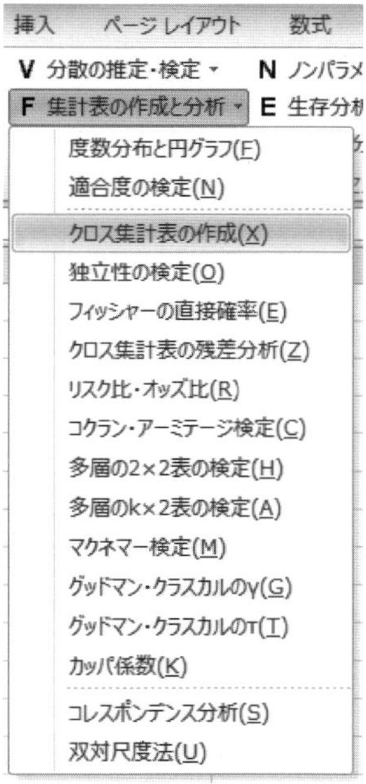

図 2

第4章　統計処理の方法

(3)　「クロス集計表の作成」ボックスが出てくると分析範囲を選択します。

ボックス内の「表頭データ入力範囲（X）」には「指導法」の列を、「表側データ入力範囲（Y）」には「わかりやすさ」の列を、それぞれ先頭行のラベルからデータの末尾までドラッグして選択します。一度に2列は入れられませんので、列ごとの作業となります。

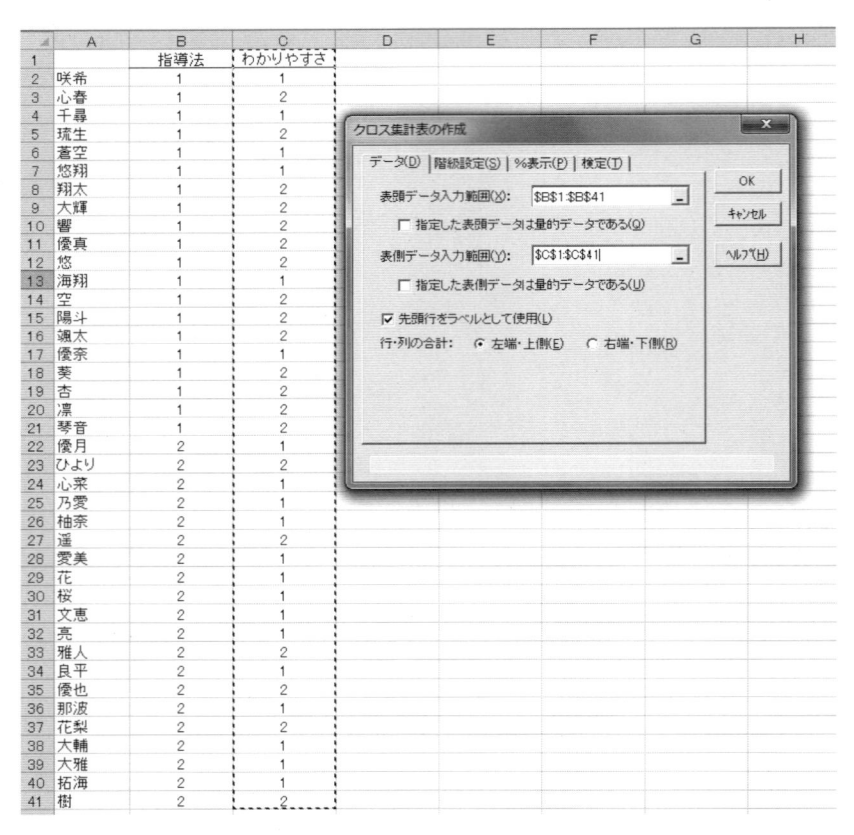

図3

4.4 χ²(カイ二乗)検定

(4) 隣の「階級設定 (S)」のボックスは、このデータ例のような回答の選択肢が 2 つ (1 か 2) の場合は、「自動」のままです (図 4)。

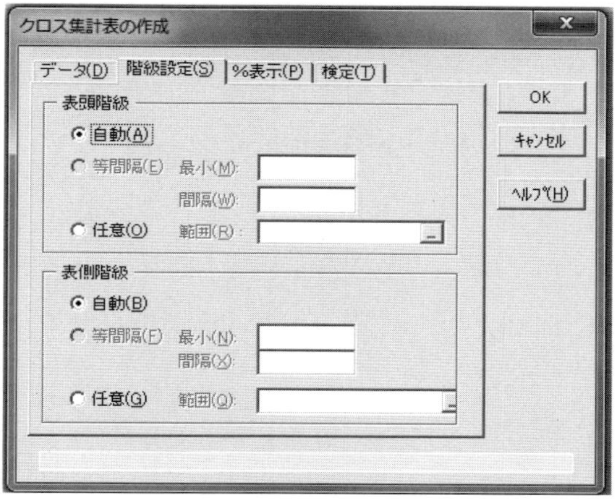

図 4

(5) 隣のボックスの「% 表示 (P)」をクリックし、「全サンプルサイズを元に % を表示 (G)」を選択しておきます (図 5)。

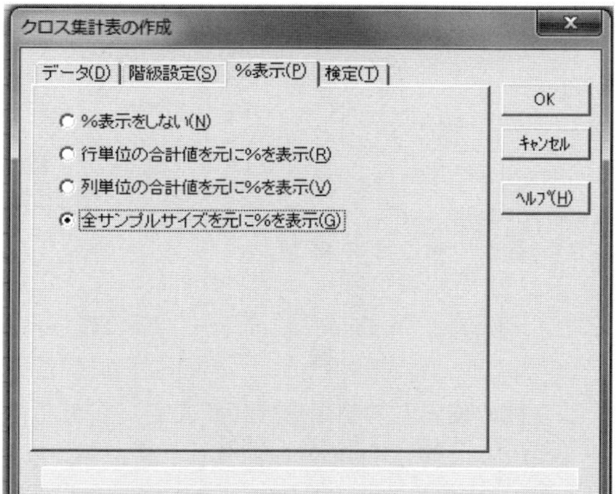

図 5

第4章　統計処理の方法

(6)　さらに隣の「検定 (T)」のボックスをクリックし、「独立性の検定 (カイ二乗検定) を行う (O)」を選択します (図6)。これで、カイ二乗検定の準備が整いました。ここで「OK」を押します。

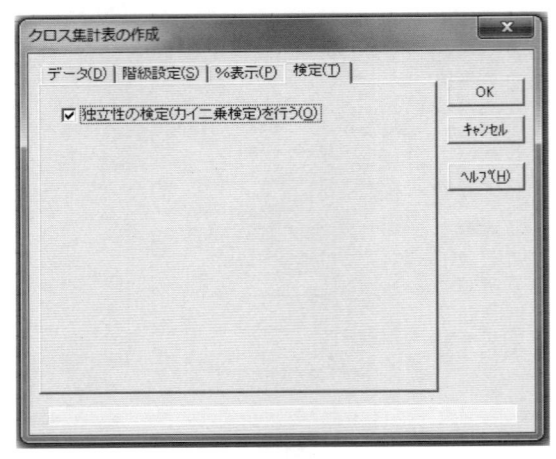

図6

(7)　結果が別のシートに表示されます (図7)。

	A	B	C	D	E
1			指導法		
2			全体	1	2
3	わかりやすさ	全体	40	20	20
4			100.0%	50.0%	50.0%
5		1	20	6	14
6			50.0%	15.0%	35.0%
7		2	20	14	6
8			50.0%	35.0%	15.0%
9					
10	独立性の検定		**:1%有意	*5%有意	
11	カイ二乗値	自由度	P 値	判 定	
12	6.4000	1	0.0114	*	
13					

図7

図7における「独立性の検定」の結果を見てください。分析の結果はカイ二乗値 = 6.4000 となっています。自由度 (df) = 1 で見ると、検定の結果は5%未満の確率 (p = .0114) で有意であると示されています。これらの分析結果は表2のようにまとめるとわかりやすくなります。

4.4　χ^2（カイ二乗）検定

表2

	説明中心	演習中心	全体
わかりやすい	6 (15%)	14 (35%)	20 (50%)
わかりにくい	14 (35%)	6 (15%)	20 (50%)
全体	20 (50%)	20 (50%)	40 (100%)

$\chi^2 = 6.4, \ p < .05$

　検定の結果、統計的な有意差が認められました。それでは、クロス表の4つのセルの、どの組み合わせが有意差に貢献したのでしょうか。「演習中心クラス」と「わかりやすい」の組み合わせが14名（35%）と多くなっています。また、「説明中心クラス」の「わかりにくい」と回答した人数は14名（35%）と、こちらも多くなっています。したがって期待値と比べることが必要になります。しかし、『エクセル統計』では期待値は示されませんので、まず、『Excel』で期待値を見た上で、残差分析という統計手法を『エクセル統計2010』で実践してみましょう。

4.4.2　残差分析

　残差分析（residual analysis）とはクロス集計表の度数のうち、具体的にどのセル（組み合わせ）が期待値との差が大きいのかを、セルごとに検証する手法です。

（1）　まず期待値を計算します。

1）　クロス表の合計の度数に注目します（網がけ部分）。2クラスの人数は20名ずつなのは当然ですが、「わかりやすい」（20名）と「わかりにくい」（20名）の応答全体の度数も同じ20名ずつとなっています。1つ1つのセルを見る必要があります（表3）。

表3

	説明中心	演習中心	全体
わかりやすい	6 (15%)	14 (35%)	20 (50%)
わかりにくい	14 (35%)	6 (15%)	20 (50%)
全体	20 (50%)	20 (50%)	40 (100%)

第4章 統計処理の方法

2)「わかりやすい」(20名)と「わかりにくい」(20名)の全体の応答度数に応じて、各クラスでの応答において期待される人数を計算します。まず『Excel』を使って、各セルに数式を入れましょう(表4)。期待値は各クラスの人数(20名)に回答別の人数(20名)を掛けあわせて合計人数(40名)で割ることで算出できます。もしも何の偏りもなければ、各セルの回答者数は期待値と近いものになります。

表4 期待値の計算方法

全体合計 (N=40)	説明中心クラス (N=20)	演習中心クラス (N=20)
わかりやすい (N=20)	(20×20)÷40=10	(20×20)÷40=10
わかりにくい (N=20)	(20×20)÷40=10	(20×20)÷40=10

↓

『Excel』で計算式を入れる(図8)。

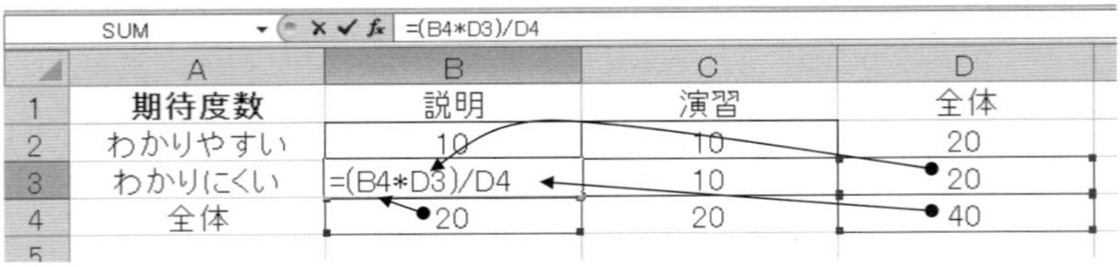

期待度数	説明	演習	全体
わかりやすい	10	10	20
わかりにくい	=(B4*D3)/D4	10	20
全体	20	20	40

図8

(2) クロス表に期待度数をまとめた表と実際の度数をまとめた表を並べてみましょう(図9)。

20名ずつの2クラスにおいて、各クラスのセルは10名ずつ均等に結果が出ることが、条件による差がまったくない状況を示す期待度数なので、これが帰無仮説となります。結果は、図9のようになります。網かけのセルは実際の度数の方が少なく、網かけのないセルは期待度数を上回る結果となりました。したがって、すべてのセルにおいて期待度数とは差がありそうです。そこで、それぞれのセルの差(残差)の検定をしてみましょう。

4.4 χ^2(カイ二乗)検定

	A	B	C	D
	期待度数	説明	演習	全体
	わかりやすい	10	10	20
	わかりにくい	10	10	20
	全体	20	20	40
	実際の度数	説明	演習	全体
	わかりやすい	6	14	20
	わかりにくい	14	6	20
	全体	20	20	40

図9

(3) 「エクセル統計」→「F 集計表の作成と分析」→「クロス集計表の残差分析 (Z)」をクリックします (図10)。

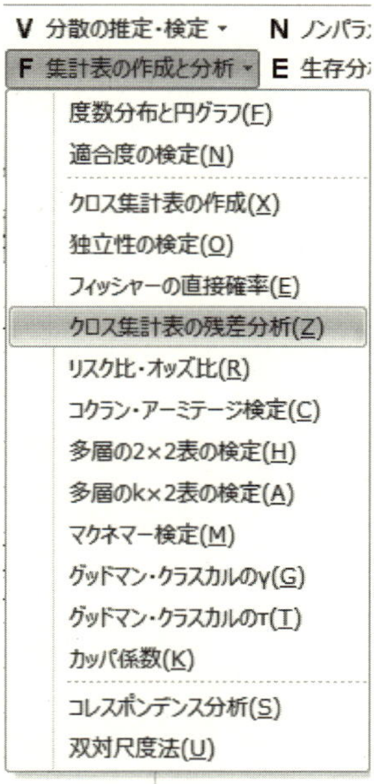

図10

151

(4)　データ範囲の指定をします。クロス表（点線枠部分）の範囲を指定します（図 11）。

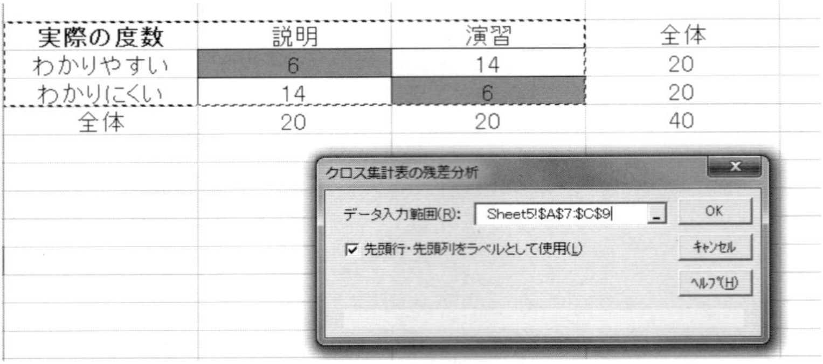

図 11

(5)「OK」を押すと残差分析の結果が同じシート上に表示されます（図 12）。

再び度数が示され、その下に残差分析結果の数値（%）と有意差の有無、及び % の度合いが太字と数字への色づけで示されます。なお、枠線と網がけは筆者が付したものです。

	A	B	C	D	E
1	クロス集計表の残差分析				
2					
3	実際の度数	説明	演習	計	
4	わかりやすい	6	14	20	
5	わかりにくい	14	6	20	
6	計	20	20	40	
7					
8	クロス集計表の残差分析	ボールド:1%有意	色付のみ:5%有意		
9		n	説明	演習	
10	全体	40	50.0%	50.0%	
11	わかりやすい	20	30.0%	70.0%	
12	わかりにくい	20	70.0%	30.0%	

図 12

4.4 χ^2（カイ二乗）検定

残差分析結果の見方

『エクセル統計』によると、5%有意で高い場合は青字（図12における70.0%と表示されている2つのセル）、5%有意で低い場合は赤字で表されます（図12における網かけのある30.0%と表わされている2つのセル）。1%有意の場合はこれらのセルの数字が太字で表示されます。残差分析の結果表には太字の数値はありませんので、いずれのセルも5%水準で有意と判定されました。したがって、このクロス表ではすべての組み合わせが期待値よりも有意に大きな度数、あるいは小さな度数を示したことになります。すなわち「説明中心クラス」では、「わかりやすい」が期待値よりも有意に少なく、「演習中心クラス」では、「わかりやすい」が期待値より有意に多かったと言えます。

(6) 論文に記載する際には、クロス表とともに統計結果を記述します。

結果

表1は中学生が文法指導の方法の違いによってわかりやすさをどのように認識しているかというアンケートの結果を集計したものである。χ^2検定の結果、文法指導のタイプと実施度の比率の差は5%水準で有意であった（$\chi^2(1) = 6.4, p < .05$）。残差分析の結果、演習中心クラスにおいて「わかりやすい」という回答が多かった（5%有意）。逆に、説明中心のクラスでは「わかりにくい」という回答が多かった（5%有意）。

表1　文法指導とわかりやすさの度数　（N=40）

	説明中心クラス	演習中心クラス	全体
わかりやすい	6 (10)	14 (10)	20 (20)
わかりにくい	14 (10)	6 (10)	20 (20)
合計	20 (20)	20 (20)	40 (40)

（　）は期待値

第4章 統計処理の方法

〈演習問題〉

「訳読中心の授業」と「コミュニケーション活動重視の授業」の2つの指導法の違いによって生徒が楽しいと感じる度合いの差を検証するため、授業後にアンケートを行ったところ、以下のような度数分布を得た。『Excel』のワークシートに入力してクロス集計表を作り、『エクセル統計2010』を活用して χ^2 検定および残差分析をしてみましょう。

Aクラス	指導法	感想	Bクラス	指導法	感想
生徒1	訳読	楽しかった	生徒43	活動	楽しかった
生徒2	訳読	楽しかった	生徒44	活動	楽しかった
生徒3	訳読	楽しかった	生徒45	活動	楽しかった
生徒4	訳読	楽しかった	生徒46	活動	楽しかった
生徒5	訳読	楽しかった	生徒47	活動	楽しかった
生徒6	訳読	楽しかった	生徒48	活動	楽しかった
生徒7	訳読	楽しかった	生徒49	活動	楽しかった
生徒8	訳読	楽しかった	生徒50	活動	楽しかった
生徒9	訳読	楽しかった	生徒51	活動	楽しかった
生徒10	訳読	楽しかった	生徒52	活動	楽しかった
生徒11	訳読	楽しかった	生徒53	活動	楽しかった
生徒12	訳読	楽しかった	生徒54	活動	楽しかった
生徒13	訳読	どちらともいえない	生徒55	活動	楽しかった
生徒14	訳読	どちらともいえない	生徒56	活動	楽しかった
生徒15	訳読	どちらともいえない	生徒57	活動	楽しかった
生徒16	訳読	どちらともいえない	生徒58	活動	楽しかった
生徒17	訳読	どちらともいえない	生徒59	活動	楽しかった
生徒18	訳読	どちらともいえない	生徒60	活動	楽しかった
生徒19	訳読	どちらともいえない	生徒61	活動	楽しかった
生徒20	訳読	どちらともいえない	生徒62	活動	楽しかった
生徒21	訳読	どちらともいえない	生徒63	活動	楽しかった
生徒22	訳読	楽しくなかった	生徒64	活動	どちらともいえない
生徒23	訳読	楽しくなかった	生徒65	活動	どちらともいえない
生徒24	訳読	楽しくなかった	生徒66	活動	どちらともいえない
生徒25	訳読	楽しくなかった	生徒67	活動	どちらともいえない
生徒26	訳読	楽しくなかった	生徒68	活動	どちらともいえない
生徒27	訳読	楽しくなかった	生徒69	活動	どちらともいえない
生徒28	訳読	楽しくなかった	生徒70	活動	どちらともいえない
生徒29	訳読	楽しくなかった	生徒71	活動	どちらともいえない
生徒30	訳読	楽しくなかった	生徒72	活動	どちらともいえない
生徒31	訳読	楽しくなかった	生徒73	活動	どちらともいえない
生徒32	訳読	楽しくなかった	生徒74	活動	どちらともいえない
生徒33	訳読	楽しくなかった	生徒75	活動	どちらともいえない
生徒34	訳読	楽しくなかった	生徒76	活動	楽しくなかった
生徒35	訳読	楽しくなかった	生徒77	活動	楽しくなかった
生徒36	訳読	楽しくなかった	生徒78	活動	楽しくなかった
生徒37	訳読	楽しくなかった	生徒79	活動	楽しくなかった
生徒38	訳読	楽しくなかった	生徒80	活動	楽しくなかった
生徒39	訳読	楽しくなかった	生徒81	活動	楽しくなかった
生徒40	訳読	楽しくなかった	生徒82	活動	楽しくなかった
生徒41	訳読	楽しくなかった	生徒83	活動	楽しくなかった
生徒42	訳読	楽しくなかった	生徒84	活動	楽しくなかった

※表の「訳読」は「訳読中心の授業」を、「活動」は「コミュニケーション活動重視の授業」を意味します。

〈解答〉

まず、データをワークシートに入力します。次に入力したデータをもとにクロス集計表と χ^2 検定を一度に導き出します。エクセル統計のプルダウンメニューから「F集計表の作成と分析」→「クロス集計表の作成（X）」を選択し

4.4 χ^2(カイ二乗)検定

ます。

4.4.1節の(1)〜(5)の手順に従い、ボックスの必要箇所を設定します。さらに「検定(T)」をクリックし、「独立性の検定(カイ二乗検定)を行う(O)」を選択し「OK」を押します。

分析の結果、図13のように、$\chi^2=7.683$でした。自由度(df)=2という条件で数値を統計的に検証したところ、5%未満という確率($p=.0215$)で有意な差であることが示されました。この結果から、「訳読中心の授業」と「コミュニケーション活動重視の授業」の2つの指導法の違いによって生徒が楽しいと感じる度合いに差があることがわかりました。後者のほうが楽しいと感じる生徒が多いと言えるようです。

	A	B	C	D	E
1			指導法		
2			全体	訳読	活動
3	感想	全体	84	42	42
4		楽しかった	33	12	21
5		どちらともいえない	21	9	12
6		楽しくなかった	30	21	9
7					
8	独立性の検定		**:1%有意	**:5%有意	
9	カイ二乗値	自由度	P値	判定	
10	7.6831	2	0.0215	*	
11					

図13

次にどの組み合わせが、期待値との差が大きいのかを残差分析で検証します。

4.4.2節で示したように、「エクセル統計」→「F集計表の作成と分析」→「クロス集計表の残差分析(Z)」をクリックし、「データ入力範囲(R)」にデータ範囲の指定を行って「OK」を押します。

結果は図14のようになりました。

第4章　統計処理の方法

	A	B	C	D	E	F
1	クロス集計の残差分析					
2						
3		訳読	活動			
4	楽しかった	12	21			
5	どちらともいえない	9	12			
6	楽しくなかった	12	9			
7						
8	クロス集計表の残差分析					
9		n	訳読	活動	太字枠:1%有意	
10	全体	84	50.0%	50.0%	枠のみ:5%有意	
11	楽しかった	33	36.4%	63.6%		
12	どちらともいえない	21	42.9%	57.1%		
13	楽しくなかった	30	70.0%	30.0%		
14						

図 14　残差分析

　図 14 のように、「コミュニケーション活動重視の授業」の指導法に対しては、「楽しかった」という回答が期待値より 5% の水準で有意に多いことがわかります。一方、「訳読中心の授業」の指導法に対しては「楽しくなかった」という回答が期待値よりも 1% 水準で多いことがわかります。

　このような統計処理の結果に基づいて、「コミュニケーション活動重視の授業の方が訳読中心の授業よりも生徒が楽しいと感じる傾向が強い」と示唆することができるようになります。

【参考文献】

櫻井広幸，神宮英夫．2003.『使える統計—Excel で学ぶ実践心理統計』ナカニシヤ出版．

田中敏．1996.『実践心理データ解析』新曜社．

田中敏，山際勇一郎．1992.『新訂 ユーザーのための教育・心理統計と実験計画法—方法の理論から論文の書き方まで』教育出版．

4.5 スピアマンの順位相関係数

4.5.1 はじめに

例えば、高校の教育現場では、「英文法の知識」と「リーディング力」には、密接な関係があると主張する方もいますが、果たして本当にそうなのでしょうか。例えば、この2つの関係に相関があるかどうかを調査する場合には、データ間の関連性の度合いを表す相関係数（correlation coefficient）を算出します。相関係数には、主にピアソンの積率相関係数（→ 4.3 節参照）とスピアマンの順位相関係数（Spearman's rank correlation coefficient）などがあります。

ピアソンの積率相関係数は、測定値の正規分布（→ 2.5.1.3 節参照）を仮定したパラメトリック検定（parametric test）に基づく相関係数でした。これは、2つのデータの測定値が量的尺度（間隔尺度・比率尺度）の場合に、それらの量的尺度に関するデータの相関を調査する場合に使われました。

一方、本節で扱うスピアマンの順位相関係数は、母集団の正規分布を仮定しないノンパラメトリック検定（non-parametric test）に基づく相関係数です。これは、2つのデータの測定値が順位尺度の場合や、測定値が正規分布しているのかどうかがわからない場合などに使われます。

スピアマンの順位相関係数もピアソンの積率相関係数と同様に、「-1」から「+1」までの範囲で示されます。この範囲は、「+1」に近いほど正の相関が高く、「0」に近いほど相関が低く、「-1」に近いほど負の相関が高いということを意味しています（→ p.134 表1参照）。

4.5.2 スピアマンの順位相関係数

スピアマンの順位相関係数とは、2つの変数の順位に関するデータ間にどの程度の相関があるかを表す相関係数です。例えば、「英語リーディング力が高い人は英文法力が高い」と言われることがありますが、それは統計的に見て正しいことなのでしょうか。次の例を検討してみましょう。表1では、TOEIC のテストで測定した 10 名の大学生の英語リーディング力の順位と英文法力の順位が表されています。

第 4 章　統計処理の方法

表 1　TOEIC テストにおける大学生 10 名の
英語リーディング力と英文法力の順位

学生	英語リーディング力の順位（R 順位）	英文法力の順位（G 順位）
1	7	8
2	3	2
3	6	4
4	5	6
5	9	10
6	10	9
7	2	1
8	1	3
9	4	5
10	8	7

　この 10 名の学生たちの英語リーディング力の順位と英文法力の順位にはどの程度の相関があるのでしょうか。スピアマンの順位相関係数を求めることで相関の強さの度合いを調べることができます。ここでは統計処理ソフト『エクセル統計 2010』を使用して分析を行います。

4.5.2.1　スピアマンの順位相関係数の求め方
　これらのデータを Excel のシートに入力します。セル A1 に「学生」と入力します。セル A2 から A11 までに学生の番号を 1 から 10 まで入力します。セル B1 に「R 順位」と入力し、セル B2 から B11 までに英語リーディング力に関する学生の順位を入力します。セル C1 に「G 順位」と入力し、セル C2 から C11 までに英文法力に関する学生の順位を入力します。このようにして入力したものが図 1 です。

4.5 スピアマンの順位相関係数

図1

次に、B1からC11の範囲を選択します。「エクセル統計」のメニューから「R共分散・相関・順位相関」をクリックし、さらに「スピアマンの順位相関行列 (S)」をクリックします (図2)。

図2

第4章　統計処理の方法

すると、「データ入力範囲 (R)」にデータの範囲（B1 から C11 まで）が入力された状態で「スピアマンの順位相関行列」のウィンドウが表示されます。各列の先頭に項目名などの変数の名前を入力しているので、「先頭行をラベルとして使用 (L)」をチェックします。「欠損値を含むケースの扱い」は欠損値がないので、「ペアワイズで計算から除く (P)」をチェックします。ここで言う欠損値とは、データの中で欠けている（入力されていない）値のことです。このようにして入力したものが図3です。

図3

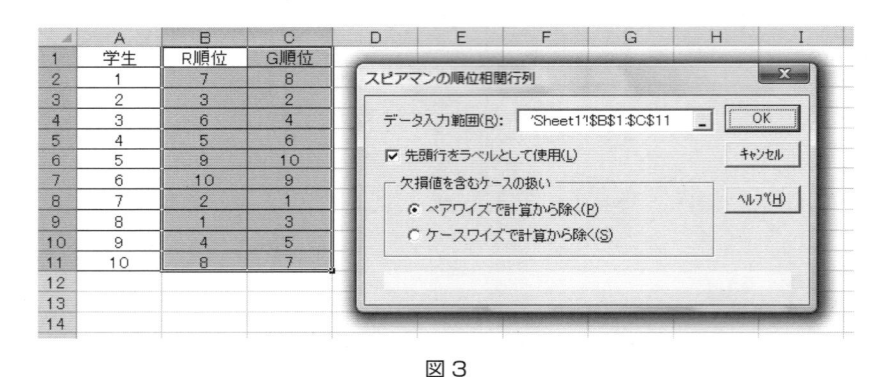

「OK」ボタンを押すと、図4のように別のシートにデータが解析され、分析結果が表示されます。

図4

4.5 スピアマンの順位相関係数

次に、図4の「スピアマンの順位相関行列」の表を見てください。「R順位」と「G順位」が交差するセルB4、C3の数値が0.9030となっています。これがスピアマンの順位相関係数です。4.3.2節の表1 (p.134) に照らしてみると、この2つの変数、すなわち「英語リーディング力の順位」と「英文法力の順位」には強い相関があることが認められました。

次に、図4の「順位相関係数の検定」の表を見てください。「R順位」と「G順位」が交差するセルC8に0.0003とあり、またセルB9に「**」と表示されています。これは1%水準で有意であることを意味しています。このことから、このデータの順位相関係数の有意性が認められました。

したがって、この分析結果からTOEICテストの英語リーディング力が高い順位に位置する学生は、英文法力も高い順位となる傾向が認められました。一方、英語リーディング力の順位が低い学生は、英文法力の順位も低い傾向があることが認められました。

この検定の結果の研究論文における記述の方法は次のようになります。

大学生10名 (n=10) の英語リーディング力の順位と英文法力の順位の相関の強さの程度をスピアマンの順位相関係数を求めることで調査した。

結果は、$r_s = 0.9030$ であり、相関の有意性検定は $p < .01$ で有意であった。以上のことから、この2つの順位には強い相関があることが認められた。

〈演習問題〉

「研究A」と「研究B」で9個の形態素の習得順序を調査しました。各々の習得順序の結果が表2に示されています。それでは、『エクセル統計2010』を活用して、この2つの研究の対象となる9個の形態素の習得順序にどの程度の相関があるかをスピアマンの順位相関係数を使って分析してみましょう。その上で、相関係数の有意性検定を行ってみましょう。

第 4 章　統計処理の方法

表 2　各形態素の習得順位

形態素		研究 A	研究 B
1	規則動詞の過去形 -ed	5	7
2	Copula(*1) の be 動詞	3	2
3	不規則動詞の過去形	8	6
4	所有格の -s	2	3
5	進行形で用いられる be 動詞	6	5
6	冠詞	7	9
7	進行形の -ing	1	4
8	複数形の -s	4	1
9	3 単現の -s	9	8

〈解答〉

　先ほどと同じように、これらのデータを『Excel 2010』のシートに入力します。入力したものが図 5 です。

	A	B	C
1	形態素	研究A	研究B
2	1	5	7
3	2	3	2
4	3	8	6
5	4	2	3
6	5	6	5
7	6	7	9
8	7	1	4
9	8	4	1
10	9	9	8
11			

図 5

　次に、B1 から C10 の範囲を選択します。「エクセル統計」のメニューから「R 共分散・相関・順位相関」をクリックし、その後に「スピアマンの順位相関行列 (S)」をクリックします (図 6)。

(*1)　Copula は、be 動詞などのように、文の主語と補語を結びつける語を意味し、一般的には連結詞あるいは繋辞と呼ばれます。

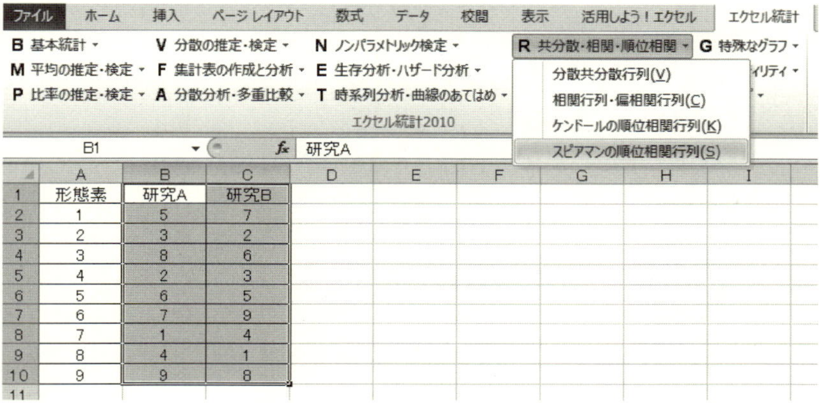

4.5 スピアマンの順位相関係数

図6

「データ入力範囲（R）」にデータの範囲（B1からC10まで）が入力された状態で「スピアマンの順位相関行列」のウィンドウが表示されますので、「先頭行をラベルとして使用（L）」をチェックします。次に、「欠損値を含むケースの扱い」は欠損値がないので、「ペアワイズで計算から除く（P）」をチェックします。このようにして入力したものが図7です。

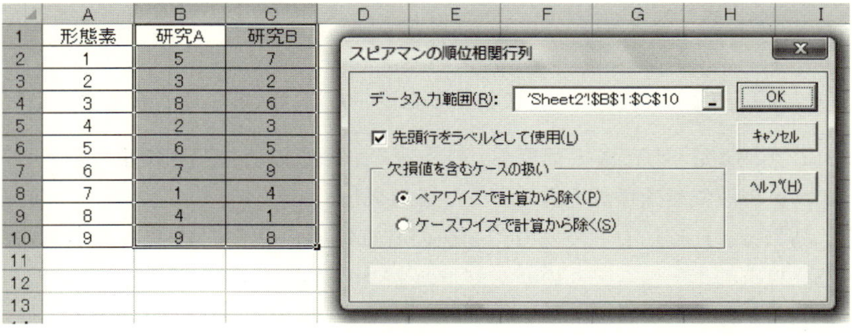

図7

「OK」ボタンを押すと、図8のように別のシートにデータが解析され、分析結果が表示されます。

163

第4章　統計処理の方法

	A	B	C	D	E	F
1	スピアマンの順位相関行列					
2		研究A	研究B			
3	研究A	1.0000	0.7167			
4	研究B	0.7167	1.0000			
5						
6	順位相関係数の検定　[上三角:P値/下三角:判定(*:5% **:1%)]					
7		研究A	研究B			
8	研究A	−	0.0298			
9	研究B	*	−			
10						
11	n	研究A	研究B			
12	研究A	9				
13	研究B	9	9			

図8

　スピアマンの順位相関係数は、図8の「スピアマンの順位相関行列」の表から、$r_s = 0.7167$ となります。$r_s = 0.7167$ という値は、4.3.2節の表1 (p.134) に照らしてみると、「研究A」と「研究B」の形態素の習得順序には強い相関があることが理解できます。

　また、図8の「順位相関係数の検定」の表から、この相関係数の有意性は、5%水準で有意であると検定されました。

　以上の分析結果から、「研究A」と「研究B」の形態素の習得順序には強い相関が認められました。

　この検定の結果の研究論文における記述の方法は次のようになります。

> 　2つの研究（研究Aと研究B）の9個の形態素の習得順序の相関をスピアマンの順位相関係数を求めることで調査した。
> 　結果は、$r_s = 0.7167$ であり、相関の有意性検定は $p<.05$ で有意であった。以上のことから、このサンプルの2つの順位には強い相関があることが判明した。

4.5.3　相関係数を活用した形態素の習得順序研究

　例えば、スピアマンの順位相関係数を活用した代表的な第二言語習得研究には、形態素（morpheme）の習得順序（acquisition order）の研究などがあり

4.5 スピアマンの順位相関係数

ます。形態素とは「意味を持つ最小の単位」のことであり、この場合に研究対象とされたのは、拘束形態素 (bound morpheme)[*2] です。この形態素の習得順序研究は Brown (1973) の研究に端を発して、その習得順序に共通性があるのかどうかを解明するために行われました。

　Makino (1981) は中学生 777 名を被験者とする横断的研究 (cross-sectional research)[*3] を行った結果、その研究で得られた習得順序は、Krashen の自然習得順序 (Natural Order) と高い相関を示しました。その後、この結果に触発された後続研究 (subsequent research) が、海外の研究者はもとより、日本人研究者によっても次々と試みられました。これらの一連の習得順序研究間の相関を調査するために、スピアマン順位相関係数が用いられました。しかしながら、後続研究は、Krashen の自然習得順序や Makino (1981) の順序とは相関があまり高くありませんでした。後続研究の主なものには、Nuibe (1986)、Matsumura (1986)、Shirahata (1988)、Yakushi (1988)、Tomita (1989)、Terauchi (1992) などがあります（寺内 1994：27）。

　これらの研究の形態素習得順序の結果は表 3 の通りです。

　Makino (1981) と、この 6 つの後続研究には、主に冠詞の習得順序に顕著な差異が認められました。例えば Makino (1981) では、冠詞の習得順序が 2 位だったのに対して、それ以外の後続研究の冠詞の習得順序は、Matsumura

---

(*2)　拘束形態素とは、①「複数形の s」(plural-s)、②「進行形の ing」(progressive-ing) などのようにそれ自体では単独には用いられず、例えば、books や learning のように、他の語と結合して用いられる形態素のことを表します。

(*3)　横断的研究とは、一定数の実験参加者を対象とした特定のある時点における言語習得のデータを収集し、分析する研究方法です。この研究方法は実験参加者数が比較的多いため、研究結果を一般化 (generalization) しやすいという利点があります。ただし、この研究で得られた順序は、厳密に言えば、実際の習得順序ではなく、各形態素の正確度に基づく順序 (accuracy order) になることに留意を要します。

　一方、縦断的研究 (longitudinal research) の多くは、少数の実験参加者を対象として長期間、言語発達データを収集し、言語発達の変化を分析していきます。この研究方法は、実際の言語習得のデータを収集できるという利点がありますが、主として少数の実験参加者に基づくデータであり、その研究で得られた結果を一般化しにくいという問題点もあります。

第 4 章　統計処理の方法

(1986) では 8 位、Nuibe (1986) では 9 位、Shirahata (1988)[*4] では 8 位、Yakushi (1988) では 9 位、Tomita (1) (2) (1989) では 9 位、Terauchi (A) (B) (1992) では 9 位と、いずれの結果も低い順位となりました。

表 3　各形態素の習得順序

	AR	AU	CO	IP	PL	PO	PR	RP	TP
Krashen's Natural Order	4.5	4.5	2	6	2	8	2	8	8
Makino (1981)	2	6	4	8	3	5	1	7	9
Matsumura (1986)	8	3	2	4	7	6	1	5	9
Nuibe (1986)	9	3	1.5	4	7	5	1.5	8	6
Shirahata (1988)	8	5	1	6	4	2	3	7	9
Yakushi (1988)	9	2	5	6	7	3	1	4	8
Tomita (1) (1989)	9	4	1	5	7	2	3	8	6
Tomita (2) (1989)	9	4	1	5	6	2	3	7	8
Terauchi (A) (1992)	9	5	1	6	3	4	2	7	8
Terauchi (B) (1992)	9	7	1	6	3	2	4	5	8

AR: Article (冠詞の a, the)
AU: Progressive Auxiliary (進行形で用いられる be 動詞)
CO: Copula (主語と補語をつなぐ be 動詞)　IP: Irregular Past (不規則過去)
PL: Short Plural (短複数形の -s)　PO: Possesive (所有格の 's)
PR: Progressive (進行形の -ing 形)　RP: Regular Past (規則過去の -ed)
TP: Third Person Singular Present (三人称単数の -s)　　(Terauchi 1992: 58–59)
※本節の内容の趣旨を踏まえ、当該研究論文の表の構成と体裁を整えて修正しています。

それでは、これらの形態素習得順序研究間の相関は統計的に見てどのよう

[*4]　Shirahata (1988) では、冠詞を定冠詞と不定冠詞に分けて分析した結果、定冠詞 (57.8%) が不定冠詞 (42.2%) より正確度が高いという結果が得られました。その理由としては、定冠詞の方が不定冠詞より、音声的にも構造的にも区別しやすい (目立ちやすい) ことがあげられています。Shirahata (1988) では、定冠詞が 7 位、不定冠詞が 9 位としていますが、ここでは、冠詞全体としての正確度を算出し、8 位としています。

4.5 スピアマンの順位相関係数

な結果だったのでしょうか。Makino(1981)とこれらの研究間のスピアマン順位相関係数の数値を見ていきましょう。表4、表5を見てください。

表4　日本人のEFL学習者を対象とするMakino(1981)と後続研究間のスピアマン順位相関係数

各研究	Makino	Matsumura	Nuibe	Shirahata	Yakushi	Tomita	Terauchi (A)	Terauchi (B)
Makino (1981)		0.28	0.11	0.47	0.17	0.08	0.45	0.29
Matsumura (1986)			0.83**	0.65	0.78*	0.65	0.70*	0.53
Nuibe (1986)				0.67	0.65	0.89**	0.75*	0.52
Shirahata (1988)					0.58	0.82*	0.93**	0.93**
Yakushi (1988)						0.62	0.57*	0.51
Tomita (1989)							0.77*	0.71*
Terauchi (A) (1992)								
Terauchi (B) (1992)								

**p＜.01　*p＜.05　　　　　　　　　　　　　　(Terauchi 1992: 60, 99)

※本節の内容の趣旨を踏まえ、当該研究論文の表の構成と体裁を整えて修正しています。

第 4 章　統計処理の方法

表 5　日本人の EFL 学習者を対象とする後続研究間のスピアマン順位相関係数

Task	Shirahata (1988) Interview	Matsumura (1986) Composition	Nuibe (1986) Translation	Yakushi (1988) Fill-in blanks	Tomita (1989) EPD[1]	Terauchi (1992) EPD
Shirahata		0.65	0.67	0.58	0.82*	0.93***
Matsumura	0.65		0.83**	0.78*	0.65	0.70*
Nuibe	0.67	0.83**		0.65	0.89**	0.74*
Yakushi	0.58	0.65*	0.65		0.62	0.57
Tomita	0.82*	0.65	0.89**	0.62		0.77*
Terauchi	0.93***	0.70*	0.74*	0.57	0.77*	

1) EPD[*5] (elicited picture description task)
***$p<.001$　　**$p<.01$　　*$p<.05$[*6]　　　　　　　　　　（寺内 1994: 28）

表 4 では、Makino（1981）とその他の後続研究間では相関が認められないのに対し、表 5 では、例えば Matumura（1986）と Nuibe（1986）や、Shirahata（1988）と Terauchi（1992）や Nuibe（1986）と Tomita（1989）などでは高い相関が認められました。なお、表 5 は重相関を行う前のものです。

このように Makino（1981）と、その他の研究間との習得順序の不整合（discrepancy）の主な理由として、Terauchi（1992）、寺内（1994）では、① L1 の影響、② 言語学習環境の影響、③ タスクの影響、④ 年齢の影響などをあげています。

また、習得順序研究に関する、比較的、最近の後続研究としては、Goldschneider and DeKeyser（2001）と Luk and Shirai（2009）などがあります。

（*5）　EPD (elicited picture description test) は、絵や写真などが表している情報を、実際に研究対象として抽出したいと想定する形態素を実験参加者に使用させ、説明させることによって、形態素の使用の正確度に関するデータを収集するための誘導式タスクです。
（*6）　表 5 のように、相関係数でも 5% 水準で有意な相関があるものには *、1% 水準で有意な相関があるものには **、0.1% 水準で有意な相関があるものについては *** という印をつけます（→ 4.1.2.1 節を参照）。

4.5 スピアマンの順位相関係数

これら2つの研究では、メタ分析(*7)という研究手法を用いて、これまでの形態素習得順序研究を再検討しました。Goldschneider and DeKeyser (2001) は、知覚的な目立ちやすさ (perceptual salience)、意味的な複雑性 (semantic complexity)、形態音韻論的な規則性 (morphophonological regularity)、統語範疇 (syntactic category)、頻度 (frequency) の5つの要素が相互に関係し、形態素の習得順序を決定すると主張しています。また Luk and Shirai (2009) は、日本語、韓国語、中国語母国語話者は、「複数形の s (plural-s)」と「冠詞」に関しては、自然習得順序よりも習得が遅く、「所有格の s (possessive-s)」に関しては、自然習得順序よりも習得が早いと主張しています。この結果は、表3の Makino (1981) を除く日本人研究者の後続研究の結果とほぼ当てはまります。

以上、スピアマン順位相関係数を用いて、形態素の習得順序に関する先行研究の習得順序間の相関を検証しました。このように、スピアマンの順位相関係数は2つの順位相関の強さの度合いを調査するために用いられます。

【参考文献】

櫻井広幸, 神宮英夫. 2003.『使える統計―Excel で学ぶ実践心理統計』ナカニシヤ出版.

佐々木行雄. 1986.「モニター理論の課題」『英米文学と鑑賞』34, 95–112.

田中敏, 山際勇一郎. 1992.『新訂 ユーザーのための教育・心理統計と実験計画法―方法の理解から論文の書き方まで』教育出版.

寺内正典. 1994.「第2章 形態素の習得」『第二言語習得研究に基づく最新の英語教育』(小池生夫監修, SLA 研究会編) 大修館書店.

山田純. 1981.「英語形態素習得順序決定要因に関する基礎的考察」『四国英語教育学会紀要』3, 9–13.

山田剛史, 村井潤一郎. 2004.『よくわかる心理統計』ミネルヴァ書房.

Borestein, M., Hedges, L. V., Higgins, J. P. T., and Rothstein, H. R. 2009. *Introduction to meta-analysis*. John Wiely and Sons.

Dulay, H. and Burt, M. 1974. A new perspectives on the creative construction

---

(*7)「メタ分析」とは、これまでに行われてきた関連する複数の研究間の結果を統合的に分析することで、より高い信頼性のある研究を試みる分析手法や統計的解析法を意味します。なお、メタ分析の詳細に関しては、Borestein 他 (2009) (→ 参考図書紹介 (p. 228) を参照) を参照ください。

process in child second language acquisition. *Language Learning*, 24(2), 253–278.

Goldschneider, J. M. and DeKeyser, R. M. 2001. Explaining the "natural order of the L2 morpheme acquisition" in English: a meta-analysis of multiple determinants. *Language Learning*, 51(1), 1–50.

Luk, Z. P. and Shirai, Y. 2009. Is the acquisition order of grammatical morphemes impervious to L1 knowledge? evidence from the acquisition of plural-s, articles, and possessive's. *Language Learning*, 59(4), 721–754.

Makino, T. 1981. *Acquisition order of English morphemes by Japanese Adolescents*. 篠崎書林.

Matsumura, M. 1986. *On second language acquisition with the special reference to the acquisition order of English grammatical morphemes*. Unpublished BA thesis. Osaka University of Foreign Studies.

Nuibe, Y. 1986. A report on the development of the grammatical morphemes in Japanese junior high school students learning English as a foreign language. 『鳥取大学教育学部研究報告　教育科学』28(2), 371–381.

Shirahata, T. 1988. The learning order of English grammatical morphemes by Japanese high school students. *JACET BULLETIN*, 19, 83–102.

Terauchi, M. 1992. *Experimental research into the nine English grammatical morphemes by Japanese EFL learners*. Unpublished MA thesis, Hosei University.

Tomita, Y. 1989. *Acquisition order of English grammatical morphemes by Japanese senior high school students in an instruction-only environment*. Unpublished MA Thesis, Joetsu University of Teacher Education.

Yakushi, K. 1988. Learning transfer from Japanese to English and morpheme acquisition order by Japanese adolescents. *Report of Tokai University*.

4.6 因子分析

因子分析（factor analysis）は、信頼性のある調査用紙の作成などにとても有効な統計的手法です。これは、「複数の変数の相関関係を見つけて利用する」という多変量解析の1つの方法です。手計算はかなり困難なので統計ソフトを使う必要があります。『エクセル統計』では、ここで示すような基本的な操作を学べば利用できます。因子分析はとても便利で、一度理解すればさまざまな研究分野に応用可能です。しかし、統計全般に言えることですが、抽象的な言葉の概念として把握するのは、初めは容易でありません。このため、ここでは英語教育の研究における因子分析の活用法に限定し、具体的な事例を用いて、その手順と概念を解説します。

4.6.1 基本的な考え方を理解する

因子分析の基本概念を理解してもらうため具体例で説明します。たとえば学習者は英語の対話中に、どのようなストラテジーを使いながら相手とインタラクションをしているのでしょうか。相手の言っていることがわからない時は繰り返してもらったり、助けを求めたり、あるいは難しい話題は避けているのかもしれません。このようなさまざまな行動は、感覚的には理解できますが、具体的にはどのように分類し把握すればよいのでしょうか。また、これらの概念を客観的に抽出し、量的なデータとして収集し、統計的に分析することは可能でしょうか。もし英語発話力の高い人がよく使う特定のストラテジーを抽出できれば、それを教育に活用できるかもしれません。

このような学習者の内面的なさまざまな行動プロセスを、統計的な手法でグループ化し、わかりやすくするのが、多変量解析の1つである因子分析です。つまり、多くの変数（variables）の背後にある、それ自体は直接測定できない因子（factors）を、それぞれの変数の相関関係に基づいて抽出するのが因子分析の基本です。

ポイント1　多くの変数をいくつかのグループにまとめ、わかりやすくする

英語で対話中に、困難に出会った時の内面的行動、つまり頭の中で何を考え、問題を解決しようとしているのかは、外からは観察できません。このよ

うな行動は、さまざまな潜在的な変数で構成されていると考えられます。この変数の中には傾向が似たものがあり、特定の行動を行う時に、同じようによく使われものがあると想定されます。これらは、互いに何か関連性があるはずなので「相関関係」があると考えます。

通常、相関関係は2つの事象の互いの結びつきを調べる時に使うものでしたね。これは変数が2つなので、一般に二変量解析と呼びます。ところが、人間の行動などは、いくつかの複数の要因が複雑にからみあっているので、1つの概念としてとらえられます。これを、多くの要因、つまり複数の変数が互いに相関関係を持っていると考えます。このような多くの変数の結びつきを見つける統計手法なので、「多変量解析」とよばれます。

それぞれの変数は、それだけではどのような性質があるのかわかりにくいものです。ところが性質の似た、強い相関のあるものをいくつかまとめれば、特徴が見えてくるものもあります。この相関関係の強い変数を集め、グループとしてまとめたものを「因子」と呼びます。この因子を構成する変数の性質をよく見て、代表的な特徴を一番よく表している「言葉」でグループに名前をつけます。これを因子の「ラベリング」と言います。

ポイント2　相関関係から特に結びつきの強い変数をまとめたのが因子

ここまでの内容を、ある先生が教室で行った調査の例で見てみます。因子分析の考え方を理解するのに役立つ、2.3節で紹介した仮説を立てる質的な調査の一例です。

〈例題1〉

新任の英語教師ダイスケ先生は、校長先生から「生徒の積極的にコミュニケーションを図ろうとする態度を育ててください」と言われました。ところが、この態度はどのようなものかよくわかりません。そこで先生は、生徒に聞いてみることにしました。「英語の対話中、困った時どうするか」とクラスの10人にインタビューすると、次のような回答がありました。

① 内容を聞き返します　　　　　　A君、Cさん、Dさん
② あせらないようにします　　　　Dさん、Gさん、H君
③ もう一度言ってもらいます　　　A君、B君、Cさん、Dさん

4.6 因子分析

④　あわてずにゆっくりと話します　　　B君、Dさん、H君
⑤　わからない顔をします　　　　　　　E君、F君、Gさん、I君
⑥　黙ってしまいます　　　　　　　　　E君、F君、
⑦　とりあえずわかったふりをします　　B君、F君
⑧　例を挙げて説明します　　　　　　　A君、Cさん、Dさん
⑨　会話が途切れないように相手と間をつなぎます　　Cさん、Dさん
⑩　映画で見た、似たような場面を思い出します　　I君

この結果から何が言えるでしょう。生徒の回答には、似たような行動を表すものがありそうですね。これをまとめられないものでしょうか。

> **ダイスケ先生の分析1**
> 『①と③は、表現も似ているし、回答している生徒も同じようだ。彼らは⑧⑨も同じように答えている。1つのグループにしていいかもしれない。同様に②と④は互いに表現も似ているし、回答メンバーも同じようなので1つのグループにできる。⑤⑥⑦も1つにまとめられそうだ。』そこで、①③⑧⑨をまとめて「相手と対話中に交渉する」行動と名づけることにしました。これら4つの共通点は、対話の相手と具体的に助け合って問題を解決する方略だと思えたからです。②④を「気持ちをコントロールする」行動と名づけました。同様に内容を見て⑤⑥⑦は「対話に積極的でない」行動としました。⑩は他と関係がなさそうなので、どのグループにも入れませんでした。結論として、英語対話中の対処法として3つの代表的な「行動」があると考えました。

実は、これが因子分析の手順をかなり単純化したものなのです。①から⑩は、生徒の回答から抽出した「潜在的変数」と考えられます。でも、これだけでは、どのような「行動」をとっているのかわかりにくいですね。そこで回答した生徒を見ながら、似ている「変数」をグループにまとめました。これらが「共通因子」で、先生は3グループ、つまり3つの因子を見つけました。これを校長先生に報告できるように、共通する特徴を眺めながら、わかりやすいグループ名をつけました。これが「因子のラベリング」です。各変数が分類された因子に共通する度合いを「共通性」と言います。

例として回答①②③④を抜き出したのが図1です。各変数（回答項目）は

第4章　統計処理の方法

いくつかの因子によって矢印のように影響を受けていると考えます。太い矢印は結びつきの関係が強く、細いのは関係が弱いことを示します。この関係の度合いを「因子負荷量」と呼びます。図では変数①は因子1と太線で結ばれており負荷量が大きいと言えます。因子2とも結びついていますが負荷量が低いため細い線です。この図では因子1は変数①と③に強い影響を与えていることになります。このため因子1は①と③が特徴として現われている事象として名前をつける、つまりラベリングするのです。同じように因子2は②と④の負荷量が大きいため、その特徴を見てラベリングします。

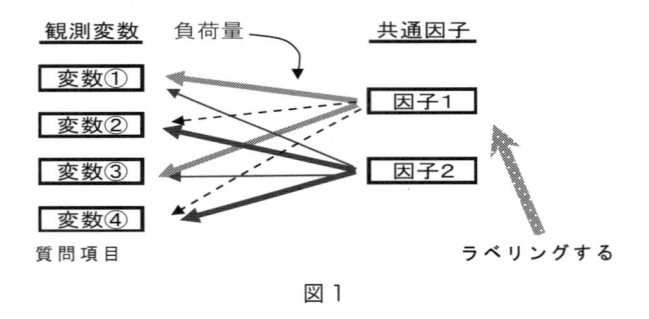

図1

これを統計的に数式で説明すると次のような式になります。

　　［式1］　　$X = aF1 + bF2 + cF3 + E$

Xは変数で、F1は因子1、F2は因子2、F3は因子3です。Eは抽出したどの因子でも説明できないものとします。aは変数への因子1の負荷量の係数です。bは因子2への、cは因子3への負荷量の係数を意味します。このようにすべての変数はF1からF3の各因子から影響を受けていますが、その強さは各変数で異なります。これを①からn個までの変数の式で表すと次のようになります。a_1、b_1、c_1は変数①の各因子F1～3の負荷量の係数です。

　　［式2］　　変数① $= a_1 F1 + b_1 F2 + c_1 F3 + E1$
　　　　　　　　変数② $= a_2 F1 + b_2 F2 + c_2 F3 + E2$
　　　　　　　　　　⋮
　　　　　　　　変数n $= a_n F1 + b_n F2 + c_n F3 + En$

因子1は<u>aの値の大きい変数を集めたもの</u>です。同様に因子2はbの値、

因子3はcの値を考えます。このように因子分析の特徴は、グループ化のルールにあります。まず、特に結びつきの強い相関関係のある変数だけを集めて最初のグループにし、第1因子とします。

ポイント3　相関関係の最も強い変数のグループを第1因子とする

次に、第1因子として選んだ変数を除いた残りの変数だけで新たな相関関係を出し、結びつきの強いものをグループにし第2因子とします。この作業を続けて、説明できる因子に分けていきます。このため、すでに決めた因子に入った変数は、たとえ残りの変数と弱い相関関係があっても考慮しません。

ポイント4　第1因子の変数を除いた残りの変数の相関で次の因子を決める

このように順に因子のグループを作っていくので、第2、第3と順番が後になるほど変数間の結びつきが弱くなります。最後の方に残った変数は、どの因子とも結びつきが弱く、グループとして成り立ちません。これは［式1］では、負荷量の係数 a, b, c がすべて低いものと考えられます。因子分析では、このような変数は、他の変数と関連が少ない、「測定する構成概念と関係があまりない項目」と見なし除外します。残った変数同士の全体の相関は強くなるはずです。こうして適切な変数だけを選ぶので、「調査項目の信頼性が高まる」のです。ダイスケ先生の場合は今回の調査に合わない⑩を除きます。①から⑨の項目で「英語の対話に困った時の行動」をまとめるのです。

ポイント5　他の変数と相関の低い変数を除外し全体の相関関係を高める

> 注意1　因子分析は変数の相関関係で分析する方法なので、測定したい概念に重要な性質があっても、それを反映するような変数が質問項目に入ってないと因子は見つからない。つまり予備調査を十分行い質問項目に漏れがないことを確認する必要がある。
> ⇒　先行研究をよく調べる。質的調査を事前にする。

第4章　統計処理の方法

> ダイスケ先生の分析2
> 　続いて先生は、3つの代表的な因子と、回答した生徒の顔を思い浮かべました。「①③⑧⑨と答えたA君、B君、Cさんは英語が得意な生徒だ。成績がよくないE君、F君は⑤⑥⑦を選んでいる。Dさんは英語が好きでいつも楽しそうだ。最近成績が伸びていて②④を答えている。」　そこで、積極的にコミュニケーションを図ろうとする態度を育成するには、次のようにすべきだと提案しました。「相手と対話中に交渉する」行動を練習し、「気持ちをコントロールする」行動を身に付ける必要があります。英語の苦手な生徒の「対話に積極的でない」行動を改善すればよい結果が得られると思います。ところが校長先生は言いました。「でも、わずか10人に聞いただけで、大丈夫ですか？」

4.6.2　実際の因子分析
〈例題2〉

　校長先生の疑問に答えるため、学習者が英語で対話する時の行動認識について因子分析を使って量的に調べます。一般に学習の意識的な行動概念をストラテジーと呼びます。つまり、どのようなストラテジーを使い英語の対話をするのか因子を抽出します。

手順1　因子分析にかける質問項目を選ぶ

　この場合、英語の対話中のストラテジーに対する各質問項目が変数となります。「注意1」で述べたように調査する概念を反映する変数がもれないように、予備調査として自由記述やインタビューを行い、最初はできるだけ多くの質問項目を候補としてあげます。また、他とあまりにも似た質問は省きます。先行研究を調べ、どのような質問項目が使われているか確認します。

　今回は、このステップを慎重に行い、付記のような40項目の質問用紙を作成しました (p.186参照)。各質問への回答は5段階のリッカート尺度にしました。同僚の先生の協力を得て261人の生徒にこの質問紙に答えてもらいました。

手順2　質問紙の結果を『Excel』のワークシートに入力し分析開始

　第1列に生徒の番号、第1行目に質問の番号を入力します。まずデータ入

4.6 因子分析

力範囲を設定します。次に図2のように「エクセル統計」から「W多変量解析」→「因子分析 (F)」を選択します。

図2

図3のウィンドウが現れたら、「分析に用いる変数 (X)」にすべての質問項目が入っていることを確認します。データラベルであるStudentsは「変数リスト (L)」から、「データラベル (Y)」に入れておきます。

図3

第4章　統計処理の方法

次に「オプション (O)」をクリックすると図4のウィンドウが現れます。

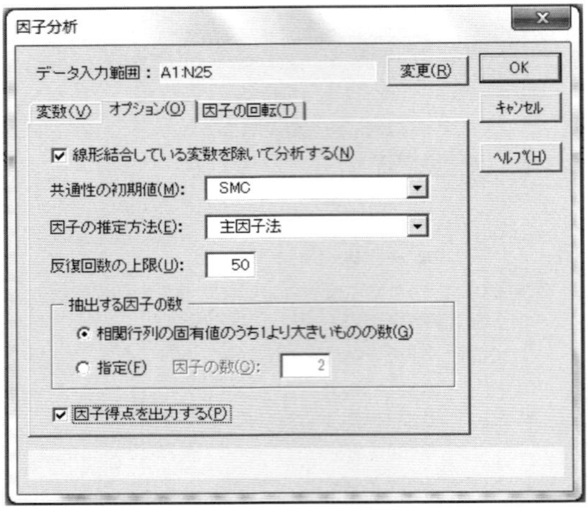

図4

- 「共通性の初期値 (M)」は代表的な「SMC」を選択します。「共通性」とは各変数が因子の影響を受けている度合いです。[式2] では、変数 ① の a_1 が属する因子1 (F1) からどれくらい影響を受けているかの値です。
- 「因子の推定方法 (E)」は代表的な「主因子法」を選びます。
- 「抽出する因子の数」は「相関行列の固有値のうち1より大きいものの数 (G)」を選択し、「因子得点を出力する (P)」をクリックしておきます。因子得点は実験参加者のそれぞれの因子との関係を示します。

次のステップとして「因子の回転 (T)」をクリックすると図5が現れます。ここでは代表的な「直交回転　バリマックス法 (A)」を選び、最後に「規準化を行う (N)」を選択し「OK」をクリックします。

先に進む前に、なぜ因子の回転をすると因子がわかりやすくなるのか、例題1の因子を例にイメージ的に説明します。変数の ①〜④ の観測値がグラフ1のようになったとします。横軸を第1因子の負荷とし、縦軸を第2因子としています。確かにグループでまとまっていますが、このままでは因子と変数が合致していません。

4.6 因子分析

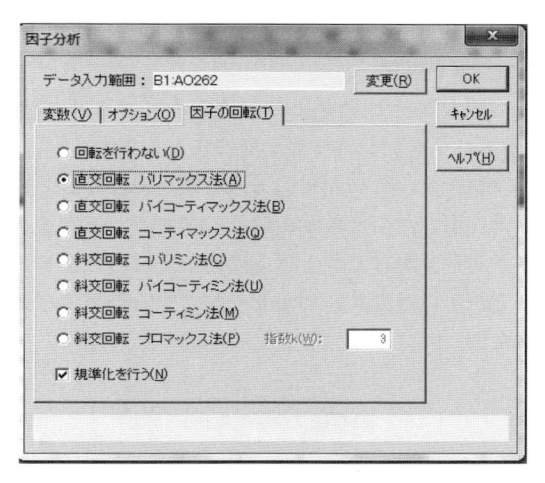

図5

　これを合致させるために、グラフ2のように軸を回転してみます。この場合は時計回りに45度回転させてみました。すると新しい軸は斜めになり、変数①と③が横軸の第1因子の近くに位置します。同じく変数②と④は縦軸の第2因子の近くに位置します。これで因子と変数が合致します。つまり第1因子の特徴をよく表すのが変数①と③、第2因子は②と④が表しているということになります。このように軸を直角にして回転する方法が「バリマックス回転」で、「直交回転」とも呼ばれます。他にも回転の方法はありますが、これが最もよく用いられるので、最初はこの手法で十分だと思います。

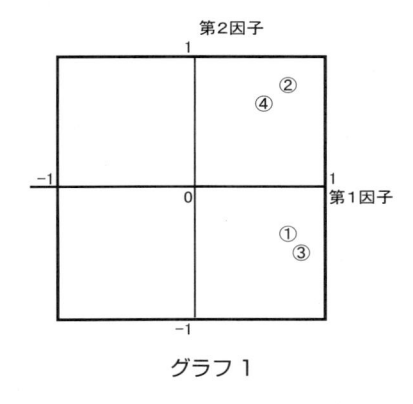

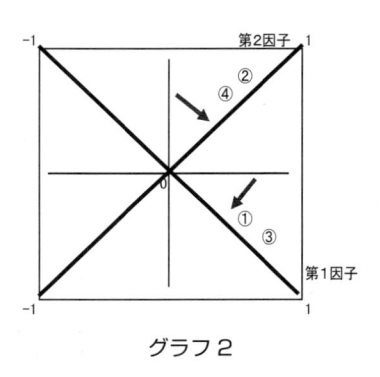

グラフ1　　　　　　　　　　グラフ2

第4章　統計処理の方法

手順3　分析結果からあまり相関関係のない変数を削除し信頼性を上げる
1)　因子の数と寄与率を確認

「OK」をクリックすると、結果として表がたくさん出てきますが、まず「固有値スクリープロット」というグラフに注目します。

図6がこのグラフです。この左軸の「固有値」に注目してください。これは、各因子と分析に用いた全変数との関係の強さで、値が大きいほど関係は強いと言えます。通常は固有値が1以上の因子を採用します。図6では、因子No.4の値までが1以上です。わかりやすくするためにここでは線を手動で引いてみました。

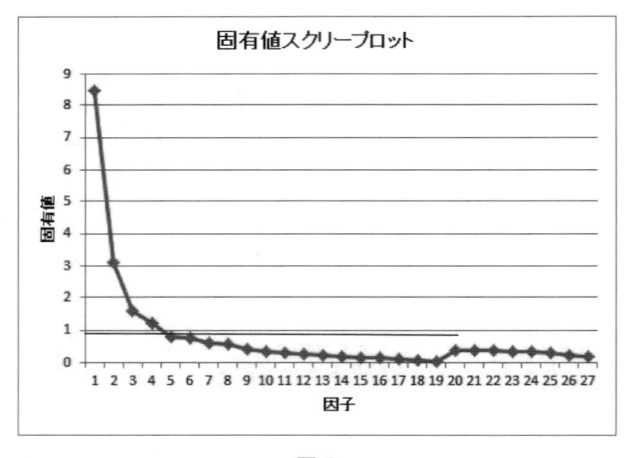

図6

これを数字で表したのが図7のような固有値表の中の回転後の表です。「固有値」の列の値では、上から4番目の因子4は1.962となっていて確かに1以上です。これで因子を4つまで抽出することがおおよそ適切だと言えます。

寄与率は、それぞれの因子が変数全体を説明している割合です。第1因子の寄与率は変数全体18.04%を説明していることになります。以下次第に寄与率が下がっています。これは、「ポイント3、4」で述べたように、変数の中で最も結びつきの強いものを第1因子にしているからです。第1因子から第4因子までの寄与率の累積合計である累積寄与率は36.10%となっています。これは、変数全体の36.1%をこの4つの因子で説明していることになり

4.6 因子分析

累積寄与率	回転後 固有値	寄与率	累積寄与率
24.31%	7.217	18.04%	18.04%
33.35%	3.000	7.50%	25.54%
37.38%	2.262	5.66%	31.20%
41.07%	1.962	4.91%	36.10%

図7

ます。この値が高いほど分析結果に信頼性があると言えます。

2) 関連性の低い変数を除去する

次に「因子負荷量: 回転後 (バリマックス法)」に注目します。図8の結果が出ました (スペースの関係上、質問16まで載せています)。各質問項目、つまり変数の各因子の得点を表しています。列は質問で、行は各因子の負荷量です。因子負荷量は、観測変数に対して因子がどれくらいの強さで影響を与えているかを示し、値が大きいほどその因子からの影響が強い変数でしたね。[式1] の a, b, c の値です。例えば図8の質問3は [式1] にあてはめると次のようになると考えられます。

$$X3 = 0.518F1 + 0.042F2 + 0.001F3 - 0.245F4 + E_3$$

因子負荷量: 回転後 (バリマックス法)

変数名	因子No. 1	因子No. 2	因子No. 3	因子No. 4
質問1	-0.013	0.311	0.054	0.169
質問2	0.363	0.064	0.045	-0.131
質問3	0.518	0.042	0.001	-0.245
質問4	0.264	0.345	-0.150	0.036
質問5	0.071	0.667	-0.131	0.023
質問6	0.089	0.699	-0.093	0.020
質問7	0.443	0.290	-0.010	-0.123
質問8	-0.176	0.471	-0.341	0.243
質問9	0.017	0.598	-0.151	0.031
質問10	0.333	0.150	0.610	-0.063
質問11	0.196	0.378	0.193	-0.050
質問12	0.050	0.146	-0.538	0.153
質問13	0.605	-0.061	0.021	0.132
質問14	0.515	0.152	-0.003	-0.072
質問15	0.565	-0.208	0.232	-0.055
質問16	0.618	0.139	-0.118	-0.277

図8

第4章　統計処理の方法

　因子負荷量が0.4以上ない変数はその因子分析にはあまり関係ない、つまりこの調査にあまり適さない変数と見なせます。因子負荷量0.4以上に色をつけてみました。どの因子にも負荷量が0.4より少ない質問を除外することで残りの変数間の相関関係はよくなると考えられます。図8では、質問1、2、4、11、12を省くのです。ただし自動的に削除するのではなく、質問項目の内容を確認することも大切です。このような手順で、適切な項目だけ選び、因子分析を続けていき信頼性を高めていくのです。最終的に27の質問項目が選ばれ図9の固有値表ように、累積寄与率は41.07%まで上がりました。より相関関係の高い信頼性のある調査項目が選ばれたことになります。

回転後 固有値	寄与率	累積寄与率
4.643	17.20%	17.20%
2.709	10.03%	27.23%
2.117	7.84%	35.07%
1.620	6.00%	**41.07%**

図9

　因子分析で特に重要な表は「因子負荷量行列（回転後）」です。最終的な27の質問項目に因子分析を行った結果が図10の表です。すべての変数がいずれかの因子に負荷量が0.4以上あります。このままでは読み取りにくいので、論文執筆用に見やすく加工します。この際、各質問項目の共通性も因子4の横の列に貼り付けておきます。

手順4　論文執筆用に表を仕上げる

　まず第1因子の中で因子負荷量の大きい順に質問項目を並べ替えます。次に第2因子の因子負荷量の大きな行を先頭にして降順に並べ替えます。続いて第3、第4因子と並べかえます。質問項目の内容も質問番号の横の列に挿入しておくと、因子の特徴を把握する時に役に立ちます。

　さらに図9の固有値表の固有値、寄与率、累積寄与率の値を各因子の下に貼りつけます。また全体の値の信頼性をクロンバックのαで求めて同じく表に記載しておきます。できあがったものが図11です。このような形で論文には掲載されています。

4.6 因子分析

変数名	因子負荷量：回転後 (バリマックス法)				共通性
	因子No.1	因子No.2	因子No.3	因子No.4	
質問5	0.144	0.027	0.727	-0.009	0.5503
質問6	0.136	0.049	0.726	0.021	0.5483
質問8	0.080	-0.276	0.507	0.328	0.4474
質問9	0.132	-0.049	0.660	0.059	0.4584
質問10	-0.045	0.454	0.035	-0.159	0.2346
質問13	0.348	0.500	-0.047	0.111	0.3858
質問14	0.348	0.382	0.127	-0.141	0.3029
質問15	0.213	0.573	-0.212	-0.141	0.4391
質問16	0.510	0.363	0.123	-0.311	0.5040
質問17	0.243	0.640	-0.054	-0.040	0.4727
質問18	0.315	0.628	0.032	-0.108	0.5065
質問19	-0.127	-0.029	0.017	0.618	0.3987
質問20	0.488	0.145	0.033	-0.146	0.2815
質問24	0.540	0.140	0.204	0.075	0.3586
質問25	0.479	0.315	-0.021	0.057	0.3321
質問26	0.589	0.186	0.148	0.106	0.4142
質問27	0.561	0.207	0.150	0.123	0.3950
質問28	0.407	0.349	0.055	-0.174	0.3206
質問29	0.192	-0.258	0.099	0.457	0.3221
質問30	0.779	-0.079	0.104	-0.032	0.6251
質問31	0.431	0.125	0.094	-0.191	0.2473
質問32	0.720	0.126	0.094	-0.342	0.6598
質問33	0.521	0.231	0.118	-0.405	0.5026
質問34	0.439	0.170	0.345	-0.264	0.4100
質問35	0.392	0.434	0.064	-0.135	0.3644
質問39	0.513	0.199	0.047	-0.100	0.3152
質問40	-0.203	-0.075	0.131	0.477	0.2920

図10

手順5　因子のラベリングと完成した質問紙の活用

　さて因子に名前をつけましょう。完成した図11を見てください。質問30から28が第1因子への負荷量が高い変数です。「笑顔でコミュニケーションを心がける」（質問30）、「対話を楽しみながら話すように心がけている」（質問32）など自分の感情をコントロールする項目がたくさん入っていますね。また、「相手にきちんと伝わるように繰り返して言う」（質問26）、「相手に伝わっているか確かめる」（質問27）、「相手に通じない時は例をあげて伝える」（質問25）、など相手と意味の交渉をする項目も多くあります。以上のことから「社交・意味交渉」のストラテジーと命名します。相手と積極的に交流をしながら協力しコミュニケーションをする方略と見なせます。第2因子は質問の17から14で構成されています。共通なのは、イントネーション、会話

第４章　統計処理の方法

変数名		因子No.1	因子No.2	因子No.3	因子No.4	共通性
質問30	笑顔でのコミュニケーションを心がける	0.779	-0.079	0.104	-0.032	0.625
質問32	対話を楽しみながら話すように心がけている	0.720	0.126	0.094	-0.342	0.660
質問26	相手にきちんと伝わるように繰り返して言う	0.589	0.186	0.148	0.106	0.414
質問27	相手に伝わっているか確かめる	0.561	0.207	0.150	0.123	0.395
質問24	相手の反応を見ながら話をする	0.540	0.140	0.204	0.075	0.359
質問33	なるべくリラックスするように心がける	0.521	0.231	0.118	-0.405	0.503
質問39	感情を日本語の時よりおおげさに表現する	0.513	0.199	0.047	-0.100	0.315
質問16	相手に分かるように大きな声で、はっきりと言う	0.510	0.363	0.123	-0.311	0.504
質問20	できるだけ相手の目を見て話す	0.488	0.145	0.033	-0.146	0.281
質問25	相手に通じない時は例をあげて伝える	0.479	0.315	-0.021	0.057	0.332
質問34	何とか言いたいことを伝えるように努力する	0.439	0.170	0.345	-0.264	0.410
質問31	間違いを気にしないように心がける	0.431	0.125	0.094	-0.191	0.247
質問28	会話の間があかないようにする	0.407	0.349	0.055	-0.174	0.321
質問17	イントネーションやリズムに気をつける	0.243	0.640	-0.054	-0.040	0.473
質問18	会話全体の流れに気をつける	0.315	0.628	0.032	-0.108	0.507
質問15	発音に気をつける	0.213	0.573	-0.212	-0.141	0.439
質問13	状況に応じて言葉の使い方に気をつける	0.348	0.500	-0.047	0.111	0.386
質問10	文法や語順に気をつける	-0.045	0.454	0.035	-0.159	0.235
質問35	自然な英語になるように心がける	0.392	0.434	0.064	-0.135	0.364
質問14	あせらず、ゆっくり少しずつ話す	0.348	0.401	0.127	-0.141	0.303
質問5	自分のよく知っている単語を使う	0.144	0.027	0.727	-0.009	0.550
質問6	簡単な英語で話す	0.136	0.049	0.726	0.021	0.548
質問9	知っている単語をなるべく多く使う	0.132	-0.049	0.660	0.059	0.458
質問8	とりあえず単語を並べて伝える	0.080	-0.276	0.507	0.328	0.447
質問40	伝わらない時はあきらめる	-0.203	-0.075	0.131	0.477	0.292
質問29	通じない時は笑ってごまかす	0.192	-0.258	0.099	0.457	0.322
質問19	英語を間違うことを心配し黙っていることがある	-0.127	-0.029	0.017	0.618	0.399
二乗和		4.643	2.709	2.117	1.620	
寄与率		17.20%	10.03%	7.84%	6.00%	
累積寄与率		17.20%	27.23%	35.07%	41.07%	
クロンバックの α n=261						0.8457

図11

の流れ、発音など自分の話し方に注意を向け、よりスムーズに対話を心がけていこうとするストラテジーです。このため「発話の流暢さ」のストラテジーと命名しました。第３因子は質問５から８で構成されています。これらは、よく知っている単語を使い、発話を続けていこうとする概念です。あまり対話に自信がなくても何とか話そうとするストラテジーと言えます。ラベリングは簡単ではありませんが、「発話の単純化」のストラテジーではどうでしょう。最後の因子は質問項目40、29、19で「対話の回避」のストラテジーとなるでしょうか。

　このように因子のラベリングは、実験者が恣意的に行います。これがおもしろくもあり、解釈の違いが出るところです。このため結果は、分野の専門家や、複数の研究者の意見を聞き、問題がないか検証する必要があります。

4.6 因子分析

　まとめると、生徒たちは「社交・意味交渉」、「発話の流暢さ」、「発話の単純化」、「対話の回避」の4つのストラテジーの因子を認識していると言えます。これらは、その性質を反映した複数の変数で構成されています。変数は合計27個あり、これらが英語の対話中に使われる調査項目となります。結果として信頼性のある質問紙が完成しました。これを利用し、学習者ストラテジーの認識の調査をしていくのです。

　この質問紙を使う研究案には次のようなものがあります。英語発話テストで得点上位と下位の生徒のストラテジー使用認識はどう違うのでしょう。男女間の比較はどうでしょう。学年では違いがあるでしょうか。さらに英語コミュニケーション活動を中心としたクラスにおいて、事前と事後に調査をすれば、認識に変化が出るかもしれません。これらに興味のある方は、大規模な調査をした中谷（2005）を参照してください。今回は英語の発話の調査でしたが、同じ因子分析の手法で、リスニング、リーディング、ライティングのストラテジーも検証できます。

> **注意2**　因子分析を実施する場合、実験参加者はできるだけ多い方がよい。最低でも100名は必要とされている。また、各因子は3つ以上の変数で構成されていた方がよいという考えもある。便利な統計的手法ではあるが、一般に目に見えない心理的な事象に関する調査に使うため、研究者の仮説に基づく恣意的な面があることに留意を要する。

【参考文献】

鎌原雅彦，大野木裕明，宮下一博，中沢潤．1998．『心理学マニュアル　質問紙法』北大路書房．

田中敏，山際勇一郎．2000．『ユーザーのための教育・心理統計と実験計画法——方法の理解から論文の書き方まで』教育出版．

中谷安男．2005．『オーラル・コミュニケーション・ストラテジー研究』開文社出版．

第 4 章　統計処理の方法

付記　予備調査で作った検証前の質問紙

あなたが英語で対話する時、以下の項目であてはまる数字に○をしてください。　5：とてもよくあてはまる
4：よくあてはまる　3：いくらかあてはまる　2：あまりあてはまらない　1：全くあてはまらない

1	まず日本語で言いたいことを考え英語に直し話す	5	4	3	2	1
2	初めから英文を思い浮かべ、会話に合うようにして話す	5	4	3	2	1
3	英語を練習するため積極的に話す機会を持つ	5	4	3	2	1
4	言いたいことを短く的確に伝える	5	4	3	2	1
5	自分のよく知っている単語を使う	5	4	3	2	1
6	簡単な英語で話す	5	4	3	2	1
7	通じない時は他の言葉で言い換える	5	4	3	2	1
8	とりあえず単語を並べて伝える	5	4	3	2	1
9	知っている単語をなるべく多く使う	5	4	3	2	1
10	文法や語順に気をつける	5	4	3	2	1
11	主語と動詞をしっかり言う	5	4	3	2	1
12	文法は気にせず話す	5	4	3	2	1
13	状況に応じて言葉の使い方に気をつける	5	4	3	2	1
14	あせらず、ゆっくり少しずつ話す	5	4	3	2	1
15	発音に気をつける	5	4	3	2	1
16	相手に分かるように大きな声で、はっきりと言う	5	4	3	2	1
17	イントネーションやリズムに気をつける	5	4	3	2	1
18	会話全体の流れに気をつける	5	4	3	2	1
19	英語を間違うことを心配し黙っていることがある	5	4	3	2	1
20	きるだけ相手の目を見て話す	5	4	3	2	1
21	ジェスチャーや表情をつけて話す	5	4	3	2	1
22	話していて文法の間違いに気づいたら自分で訂正する	5	4	3	2	1
23	話していて習ったルールに合うように話しているのに気づく	5	4	3	2	1
24	相手の反応を見ながら話をする	5	4	3	2	1
25	相手に通じない時は例をあげて伝える	5	4	3	2	1
26	相手にきちんと伝わるように繰り返して言う	5	4	3	2	1
27	相手に伝わっているか確かめる	5	4	3	2	1
28	会話の間があかないようにする	5	4	3	2	1
29	通じない時は笑ってごまかす	5	4	3	2	1
30	笑顔でのコミュニケーションを心がける	5	4	3	2	1
31	間違いを気にしないように心がける	5	4	3	2	1
32	対話を楽しみながら話すように心がけている	5	4	3	2	1
33	なるべくリラックスするように心がける	5	4	3	2	1
34	何とか言いたいことを伝えるように努力する	5	4	3	2	1
35	自然な英語になるように心がける	5	4	3	2	1
36	会話を進めるため授業で習った文章を使う	5	4	3	2	1
37	言い方が分からない時は誰かに助けを求める	5	4	3	2	1
38	たくさん話すように心がけている	5	4	3	2	1
39	感情を日本語の時よりおおげさに表現する	5	4	3	2	1
40	伝わらない時はあきらめる	5	4	3	2	1

第5章
データ分析の方法と学会論文の投稿

　第4章では、英語教育学などでよく使われる主な統計処理の方法として、「t 検定」、「分散分析」、「ピアソンの相関係数」、「χ^2（カイ二乗）検定」、「スピアマンの順位相関係数」、「因子分析」を学習しました。読者の皆さんは、自分が実施したい研究を遂行するためには、どのような統計処理の方法が適切であるのかについて理解することができたと思います。特に初学者の方は、できれば、すぐに第5章に進まずに、これらの統計処理の方法をもう一度復習し、十分に習熟しておくことをお薦めします。

　第5章では、実際に収集したデータをどのような点に留意しながら研究論文としてまとめ、国内外の学会のジャーナルに投稿していけばよいのかについて具体的に説明していきます。

　5.1節「データ分析の方法」では、2つの研究論文の実例を扱います。研究論文の主な構成の実例として「研究方法」、「記述統計」、「推測統計」、「考察」、「英語教育への示唆」、「研究上の課題」などの各章の執筆方法について解説します。

　なお、これらの論文は、本節の趣旨がよりわかりやすく理解できるように、実際の構成や内容に関して必要に応じて修正を施しています。この節を通して、研究論文の分析方法や執筆方法の基礎を学んでいきましょう。

　5.2節「学会論文の投稿の方法と留意点」では、執筆した研究論文を国内外の学会に投稿する方法や、その場合の留意点を述べます。特に、投稿論文の査読審査の場合に重視されるさまざまな留意点について、内外のジャーナルの査読委員の経験を踏まえて具体的に解説していきます。この節を通して研究論文の投稿方法の基礎を学んでいきましょう。

第 5 章 データ分析の方法と学会論文の投稿

5.1 データ分析の方法

これまでの章で、研究の仮説をどのように設定し、どのような統計的手法を使用して実証的研究を行うのかを説明しました。また、仮説設定の方法と仮説の検証方法の基礎について十分に理解できたことと思います。

本節では、実験や調査などから得られた研究結果をどのように客観的に分析・考察し、研究論文としてまとめていけばよいのかについて具体的に述べていきます。

まず、研究結果の考察は、研究課題（research questions）や仮説に対応して適切な方法で行わなければなりません。特に、入手したデータの分析結果は、関連する先行研究だけでなく、理論言語学、応用言語学、認知科学などの知見なども援用しながら考察を行い、研究論文としてまとめていくことが重要です。

研究論文の章立ては、一般的には、① 序論（introduction）、② 研究の目的（aim）、③ 先行研究（previous studies）、④ 研究方法（research methods）、⑤ 結果（results）、⑥ 考察（discussion）、⑦ 結論（conclusion）、⑧ 問題点（limitations）、⑨ 今後の研究（further research）などの章で構成されます。これまでに①から④について言及してきましたので、本節では、⑤ 実験の結果の分析と考察の方法に主に焦点を当てて説明していきます。

以下に、2つの研究論文の一部を実例として取り上げ、具体的手順を示します。

事例 1（5.1.1）：音読ソフトの評価機能を利用して音読スコアを計算し、英語熟達度との関係について調査した研究。

事例 2（5.1.2）：日本人 EFL 学習者の英文の統語処理において、その英文の前に置かれた談話情報がどのような影響を及ぼすのかに関して調査した研究。

5.1.1 事例 1
5.1.1.1 研究方法の示し方
［事例 1］の研究論文は、音読ソフトの評価機能を利用して、学習者の音読スコアを算出し、英語習熟度との関係を調査した研究です。

5.1 データ分析の方法

　音読練習は、英語の授業におけるさまざまな場面で繰り返し行われます。学習者は音読の繰り返しによって、どの程度、音読は上達するのでしょうか。また英語発音の観点から音読が上達しているとされる学習者は、熟達度が高い学習者と言えるのでしょうか、それとも熟達度とは関連性がないのでしょうか。このような日常の授業から生まれてくる疑問がこの研究の出発点です。

　まず、研究方法の章で、どのようにして実験参加者からデータを集め、どのようにしてデータを分析したのかをできるだけわかりやすく説明します。記述例は以下のようになります。

研究方法の記述例

> **測定方法**
> **音読評価のスコア化**
> 　音読評価をスコア化するために、音読練習用のソフトウェア『Speak! Japanese version 3.0』（ライトハウス社）を用いた。『Speak!』は、学習者の英語音声と、標準アメリカ英語[*1]の発音との違いを比較して評価を下す。例えば、学習者が100語の英文を読み上げ、その100語の個々の単語の発音について、モデルの発音と比較して、「良い」「普通」「悪い」「不合格」の4段階の評価を、テキスト上に色分けして学習者にフィードバックする。また、音読した総語数からそれぞれの発音に「良い」「普通」「悪い」「不合格」（認識されない単語）の判断を下し、その割合（パーセント）を表示する（図1）。

（*1）　アメリカ合衆国の北西部で使われる一般米音（General American）および東部標準発音（Eastern Standard）とされる。『Speak!』は元来、米国 Speak ESL 社による製作のため、これらのアメリカ英語を基準にしている。また、評価の詳細な仕組みは公開されていない。標準イギリス英語や国際共通語としての発音モデルには準拠していない点に留意を要する。

第5章　データ分析の方法と学会論文の投稿

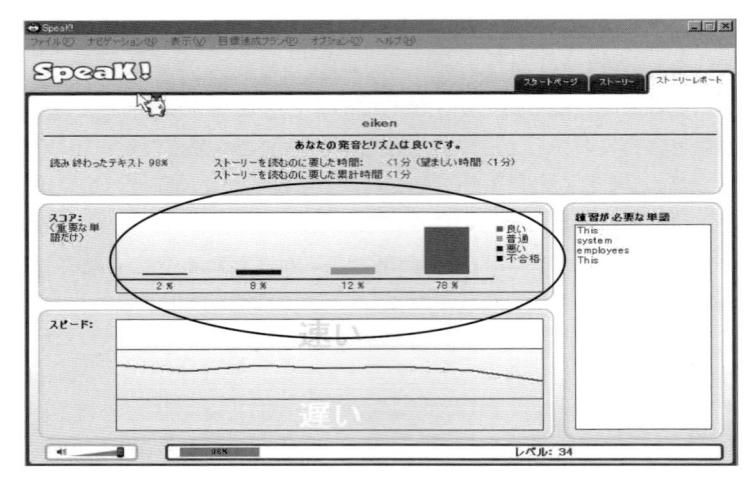

図1　『Speak!』による音読後のフィードバック画面

習熟度の測定

　コンピュータテストである『CASEC』（教育測定研究所）を利用した。同テストは、IRT（項目応答理論）に基づいた CAT（コンピュータ適応型テストシステム）を用いている。これにより、従来のペーパーテストに比べ短時間で、正確な能力測定が可能とされている。CAT とは、受験者の解答の正解・不正解によって次の問題の難易度を変化させていくシステムである。

　TOEIC® テストや英検などの資格試験と相関が高く、習熟度テストとして妥当と判断した。

　同テストは4つのセクションから成り立っており、40分ほどの所要時間で実施できる。セクション1は語彙の知識（15問で250点満点）、セクション2は表現の知識（15問で250点満点）、セクション3はリスニングでの大意把握（15問で250点満点）、セクション4はディクテーション（10問で250点満点）であり、合計1000点満点である。全55問間の信頼性係数は0.93と発表されている。

測定の手続き

　通常の90分授業の前半を利用して、『CASEC』による英語能力を測定した。所要時間は約50分。次に、『Speak!』による音読能力測定をした。

5.1 データ分析の方法

> まず、操作や音読に慣れる必要があったため、次のような手順をとった。
> (1) ソフトに組み込まれている英文を実例として録音方法の確認と練習をさせた。
> (2) 英検2級の二次試験の英語の文章（passage）（62語）を黙読させた。この際には、教師による内容説明の時間はとらずに、実験参加者に「英文の直後に日本語訳を添えた用紙」を配布した。
> (3) 教師の後に続いて音読を1度行わせた。
> (4) 同テキストをオーサリングツール（使用者が独自に英文テキストを読み込ませる機能）でソフトウェアにアップロード（貼り付け）させた。
> (5) 音読の録音をさせた。
> (6) 評価のフィードバック画面の見方を説明し、所要時間と、音読評価のパーセンテージを記入させた（「良い」、「普通」、「悪い」、「不合格」の割合）。
>
> 以上の手続きを経て、実験参加者の用紙に記された記録にもとづいて、「良い」×3点、「普通」×2点、「悪い」×1点、「不合格」×0点という形で計算し、合計点を音読スコアとした。

次の手順は、結果を導くための分析方法の記述です。

5.1.1.2 分析方法の記述

下記の分析方法の記述例を見てください。ここでは、どのように結果の分析を行ったのかを明記します。コンピュータソフトを使って行う場合は、具体的なソフトウェアの名前とソフトウェアに関する必要最小限の情報を記載します。例にある「ピアソンの積率相関係数」とは、2つの変数（正規分布を仮定）の類似性の度合を見るための統計的手法です（→4.3節参照）。『エクセル統計2010』で簡単に求めることができます。

分析方法の記述例

> **分析方法**
> 音読スコアと英語習熟度との関係を調べるためにピアソンの積率相関係数を用いた。分析ソフトウェアとして『エクセル統計2010』を使用した。

第5章　データ分析の方法と学会論文の投稿

5.1.1.3　記述統計の示し方

　論文では、集計の結果を簡潔に、結果の章に記載します。データの記述に当たっては、まず記述統計として、主にデータの個数や、平均値、標準偏差など、どのような情報が得られたかを表にして示します。また、結果の説明を明確にするために図表を使うこともあります。ただし、図表はあくまでも補助的な手段と考え、できるだけ文章でわかりやすく記述するように心がけてください。図と表はそれぞれ、論文において通し番号を打ちます。表は、表の上側に表題、図は下側に図題を記します。

　表はすべてを枠で囲まず、横線を必要最小限に使って見やすく作ります。また、図は縦横比3対2程度が目安です。図や表は大きくても1ページの半分を超えないようにします。

　表題と図題は左寄せで記します。また、1つの表または図は、ページをまたがずに1ページの中に納められなければなりません。できるだけ文章との間に最低上下1行の空白を入れ、本文との区別を明確にしましょう。一般的には、図の左右に本文を記すことはありません。公刊論文ではそのような例を見かける場合もありますが、あくまでも紙面の分量の制約があるためと考えてください。

　結果を記す箇所には、適切な分量の図表を掲載するように注意しましょう。研究課題と仮説に即して、必要不可欠な情報として図表を補助的に使うことが重要です。以下に結果の分析の記述例を示します

記述統計の記述例

> **音読スコアと習熟度の相関関係**
>
> 　音読スコアと習熟度の記述統計は表1のとおりである。音読スコアは計算上300点満点で、平均値は183.92点であった『CASEC』得点の平均点は431.61点であった。『CASEC』の第4セクション（Dictation）が0点だった実験参加者はテスト法の習熟に問題があった可能性があるため除外したために、記述統計の分析対象者は36名となった。音読スコアは、評価の全体平均は「良い」が15.2％、「普通」が59.2％、「悪い」が21.4％、「不合格」が4.2％であった。

表 1　音読スコアと習熟度スコアの記述統計

	平均	SD	最低点	最高点
音読スコア	183.9	30.3	98	235
習熟度スコア	431.6	121.1	199	689

N = 36

5.1.1.4　推測統計の示し方

　結果の記述では、まず記述統計の結果を記述し、次に平均値の差の検定といった推測統計の結果を記載します。これらの検定結果は、研究課題や仮説に関連づけながら文章で示すことが重要です。統計結果を文章中に示す場合は、検定の種類、自由度、統計値、有意水準の順に記述します。

推測統計の記述例

> 　相関分析にあたり、音読スコアが 98 点と低得点だった実験参加者 1 名を外れ値として除外した。このため、分析対象者数は、当初の 36 名から 35 名となった。音読スコアと『CASEC』スコアの得点間の関係を表す相関図は、図 2 の通りである。ピアソンの積率相関係数による分析の結果、やや強い正の相関 ($r = .68, p < .01$) が検出された。
>
> 図 2　音読スコアと CASEC スコアの関係

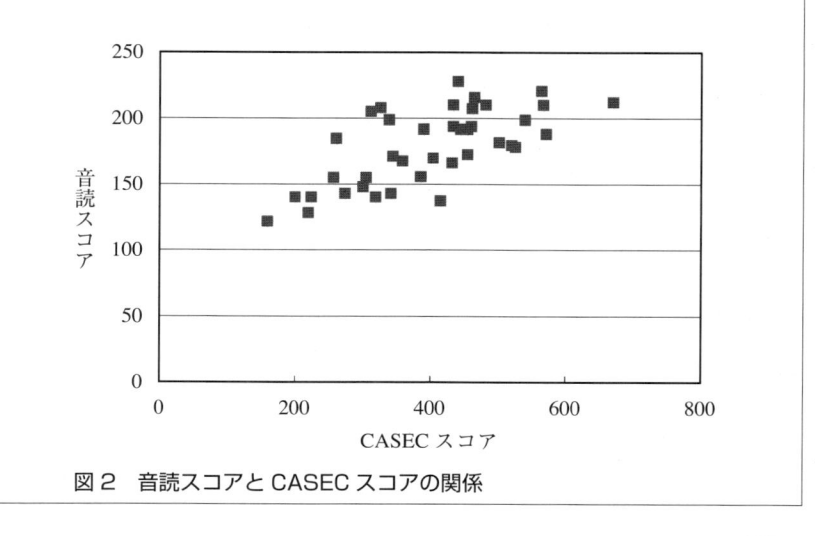

上記の事例のように、数字の記述に関しては、諸説ありますが、素点の平均点などは小数点以下第 1 位まで、統計結果に関しては小数点以下第 2 位まででよいでしょう。

有意水準の設定についても研究者間に議論がありますが、概ね 5% 水準 ($p<.05$)、1% 水準 ($p<.01$) のうち小さい方の水準を記載します。5% 水準を超えても 10% 未満であれば「有意傾向」とする場合もありますが、一般的には有意ではない ($n.s.$ = not significant) 結果と見なされます。

なお、記述統計の解釈や仮説の支持についての言及は、原則として「考察」の部分で行います。結果を先行研究などと照らし合わせながら詳しく触れるとよいでしょう。

5.1.1.5 考察の記述方法

考察を記述する際の基本は、論文の研究課題や仮説が、実施した研究方法から導き出されたデータの結果によって支持されたか、あるいは支持されなかったかを明確に示すことです。その上で、先行研究などの知見を援用して結果の解釈（なぜ支持されなかったのかなど）について言及し、次に研究方法や今後の研究課題などを述べていきます。

考察の具体的な記述方法は、以下のような流れになります。

(1) 再度、仮説を簡単に述べながら結果に言及する。
(2) 仮説の支持または不支持を述べる。
(3) 仮説を設定した際に根拠とした先行研究や、仮説を支える理論言語学、応用言語学や認知科学などの知見について簡潔に言及する。
(4) 結果を上記のさまざまな先行研究などの知見を踏まえつつ、研究者独自の視点から考察し言及する。
(5) 研究課題や仮説が複数あれば、上記 (1)～(4) を繰り返す。
(6) まとめと今後の研究課題を述べ、実験方法やデータ収集の方法、分析方法の改善点などに言及する。

特に (3) と (4) の部分が、研究論文の質を高める上で重要になります。

5.1 データ分析の方法

考察の記述例

> 音読ソフト『Speak!』の評価機能を活用した音読スコアと『CASEC』による英語習熟度には比較的強い相関が認められた。音読と習熟度の相関関係が認められた宮迫（2002）と一致する結果となった。このことから、本研究が目的とした、音読と習熟度の関連性に関して、音読が上手い学習者は、習熟度が高い可能性があることが判明した。

以上のように考察は研究課題や仮説の設定に至った理論的背景や、先行研究にも言及して論述することが重要です。考察には、先行研究や理論などに裏打ちされた研究者の言語教育観などを取り入れることも可能です。ただし、結果を曲解して著者の独自の英語教育観に基づく思い込みを語ってしまうなど、妥当性のない結果の解釈に言及していないかどうかをできるだけ客観的に検討するなどの注意が必要です。

5.1.1.6　英語教育への示唆の記述

英語教育への有益な示唆（implication）を記述することで、指導法研究としての意義を高めることができます。公刊の論文などでは多くの紙面を割くことができませんが、特に指導法に関する研究では、英語教育への示唆を記載することが重要です。

英語教育への示唆の記述例

> 英語習熟度と音読には一定の関係が認められたことから、音読指導が初級レベルの高校生に対して有効とされた Iino（1998）の結果とも一致した。以上のことから、初級英語学習者を含む中学校・高等学校など英語教育の現場において音読を取り入れた指導法の有効性が示唆される結果となった。

5.1.1.7　研究上の課題の記述

どのように周到に研究計画を立て、実施したとしても、その研究は、仮説の設定から分析・考察まですべて完璧ということはありえません。すなわち、実験参加者の選定や実験環境といった研究計画、データ収集の方法、分析方法など、最適な方法をすべて取り入れることは不可能に近いと言えます。こ

第 5 章　データ分析の方法と学会論文の投稿

のため、これらの問題点などを認識していることを研究上の限界（limitations）として言及し、後続研究を行なう際の改善点や、今後、行なわれる実現可能な研究のテーマを明記しておきます（→ 詳しくは 5.2 節参照）。

研究上の課題の記述例

> 音読のスコア化は CALL 教室や特別なソフトウェアを必要とするなど、追実験には条件的整備を要する一方、多くの多様な学習者のデータ収集が可能である。今後は、大学受験を目指す高校生を対象とし、音読に効果があったとする鈴木（1998）の研究なども参考として、上級レベルの学習者層にとって音読と習熟度がどのような関係を持つかどうかを調査したい。
>
> なお、本研究は、音読は習熟度と関係があるのではないかという英語教師の経験値を実証する試みであるが、実験参加者のサンプル数も少なく、習熟度が低い学習者しか対象としていない。したがって、結果の解釈には一定の注意が必要である。

5.1.2　事例 2
5.1.2.1　研究方法の示し方

本節からは、研究論文［事例 2］をもとに説明していきます。この研究は、日本人 EFL 学習者を対象として、例えば刺激文（stimulus sentence）[*2] などの統語的に曖昧性（ambiguity）[*3] や複雑性（complexity）[*4] の高い英文の文処理において、前置談話文脈情報、すなわち、刺激文の前に置かれた談話情報（prior discourse contexts）[*5] がどのような影響を及ぼすのかに関して調査した研究です。前置談話文脈情報を提示することによって、刺激文の有する統語的な曖昧性や複雑性は、どのように解消（resolution）されるのでしょうか。この研究は、日本人 EFL 学習者を対象とした第二言語の文処理研究（L2

[*2]　先に提示された視覚的あるいは聴覚的な刺激の受容を通して、その文の処理が促進されるのか、あるいは抑制されるのかを分析するために作成された文のこと（坂本 1998: 24–25）。

[*3]　ある文が文処理の過程において 2 つ以上の意味解釈の可能性を持つこと。

[*4]　ある文中に、別の文が埋め込まれるなどの埋め込み（embedding）操作によって統語的に複雑な構造を持つこと。

[*5]　この研究事例では、刺激文などの前に置かれた談話情報のこと。

sentence processing research）に位置づけられます。

　下記の研究方法の記述例では、実験に使用された「刺激文」、「前置談話文脈情報を提示した実験文」がそれぞれ示され、実験手順が具体的に説明されています。

　実験手順においては、実験の順序、各実験における所要時間、そして各実験の具体的な内容についてわかりやすく書くことが大切です。

研究方法の記述例

刺激文あるいは実験文
　刺激文に対する、前置談話文脈情報の影響を検討していく。
① 　刺激文
② 　前置談話文脈情報を提示した実験文

刺激文のみ
　(1),(2),(3) は句や節の閉鎖 (closure) の曖昧性の解消が文処理において要求される文であり、(4),(5) は中央埋め込み文の持つ複雑性の解消が文処理において要求される文である。前置談話文脈情報を提示しない刺激文は以下の5文である。

(1) While the boy scratched the big and hairy dog yawned loudly.
　　（出典：Fodor and Inoue. 1988. Attach anyway. In Fodor and Ferreira (eds.), *Reanalysis in sentence processing*. Dordrecht: Kluwer, 114.）

(2) Without her contributions failed to come in.
　　（出典：原口・中村．1992．『チョムスキー理論辞典』研究社．）

(3) The criminal confessed his sins harmed too many people.
　　（出典：Pickering, M. J. 1999. Sentence comprehension. In Garrod and Pickering (eds.), *Language processing*. Psychology Press, 133.）

(4) The cotton clothing is made of grows in Mississippi.
　　（出典：Marcus, M. P. 1980. *A theory of syntactic recognition for natural language*. MIT Press.）

(5) I told the boy the dog bit Sue would help him.
　　（出典：Marcus, M. P. 1980. *A theory of syntactic recognition for natural language*. MIT Press.）

第 5 章　データ分析の方法と学会論文の投稿

前置談話文脈情報を提示した実験文

　上述の刺激文をもとに、以下の点に留意して前置談話文脈情報を考案した。前置談話文脈情報は、意味的結束性（semantic cohesion）[*6] を考慮し、曖昧性や複雑性の解消に資する文とした。

　前置談話文脈情報を提示した実験文を以下に示す。刺激文には下線が施されている。

(1) ① A boy was bitten by a mosquito in three places. ② <u>While the boy scratched the big and hairy dog yawned loudly.</u>
(2) ① She played a significant role in collecting contributions in order to establish the museum. ② <u>Without her contributions failed to come in.</u>
(3) ① The man who set off a bomb on the crowded street was finally arrested by the police. ② <u>The criminal confessed his sins harmed too many people.</u>
(4) ① Cotton grows in warm climates and is mostly grown in the United States. ② <u>The cotton clothing is made of grows in Mississippi.</u>
(5) ① A homeless dog bit a boy suddenly, and I recognized that the boy was Sue's brother. ② <u>I told the boy the dog bit Sue would help him.</u>

実験手順

　(1) 刺激文のみ、(2) 前置談話文脈情報を提示した実験文ごとに、実験参加者自身のペースに合わせた読解（self-paced reading）[*7] を通して、実験参加者 75 名に対して実験を行った。

(1)　刺激文のみ

　前置談話文脈情報を与えない刺激文のみを実験参加者に提示し、① 和訳をさせる、② 和訳の際には、どんな文法事項や文の構造の知識を手がかりにしたのか、どんな点で誤訳しそうだったかなど、和訳のプロセスを記述させる、③ 和訳を行う他に、主語や動詞、修飾・被修飾の関係の把握、関

（*6）　文を構成する要素（element）の意味が、別の要素に依存して解釈される場合の談話的つながり（林 2003: 310–311）。
（*7）　実験参加者各自の読解速度で読解タスクを遂行する、読解に関する実験方法の 1 つ。

5.1 データ分析の方法

係詞節と主節の区別など、和訳を行う時に必要な事柄を、実際に英文に書き込みをしながら考えさせる。④ 各英文について、①〜③の作業が終わるごとに、[1] 解釈の可能性（直列処理・並列処理）、[2] 解釈を間違えたと判断した際の対処（即時処理・遅延処理）、[3] 解釈を間違えたと判断した際の再分析の方法（前方再分析・選択的再分析・後方再分析）に関する質問に答えさせる。

(2) 前置談話文脈情報を提示した実験文

前置談話文脈情報を提示した実験文を実験参加者に取り組ませ、① 刺激文を和訳させる、② 刺激文の意味がわかりにくかった時に、何を手がかりとして考えたのかを、その情報源（刺激文の統語情報、刺激文の意味情報、前置談話文脈情報）の優先順位を答えさせる、③ どのようなプロセスで刺激文の文構造と意味を考えたのかを具体的に記述させる。

5.1.2.2 分析方法の記述

以下に示す分析方法の記述例を参照してください。ここでは、使用した統計ソフトを明記するとともに、「刺激文のみの和訳正答率」、「前置談話文脈情報を提示した実験文の和訳正答率」に関して、どのように数値化し計算を行ったのかを具体的に示します。さらに、同一実験参加者内から得られた2つの正答率間に関して比較を行うために、「対応のある t 検定」を行ったことを記述します。

分析方法の記述例

結果は『エクセル統計2010』を使って分析された。2つの実験における刺激文、あるいは実験文の和訳に関しては、文構造の把握が正確にできていると認められる和訳は正答とした。また刺激文、実験文ごとに正答率を求め、さらに各々の実験において全体の正答率を算出した。

「刺激文のみ」の和訳正答率、「前置談話文脈情報を提示した実験文」の和訳正答率の2つの正答率の比較を行うために、「対応のある t 検定」を行った。

5.1.2.3 記述統計の示し方

ここでは、「刺激文のみ」の正答率、「前置談話文脈情報を提示した実験文」

の正答率間の比較に関して、表2のように数値を表にまとめました。さらに、図3のようにグラフを通して視覚的に表示することにより、比較が可能なようにまとめてあります。このように論文の読み手に対して表や図を効果的に活用し、わかりやすく提示することが重要です。

記述統計の記述例

刺激文のみと前置談話文脈情報を提示した実験文の正答率の比較と考察

「刺激文のみ」の正答率と「前置談話文脈情報を提示した実験文」の正答率は表2、図3の通りである。

表2　刺激文のみと前置談話文脈情報を提示した実験文との正答率間の比較

刺激文番号	刺激文のみ n=75		前置談話文脈情報を提示した実験文 n=75		差異率
	正答数	割合	正答数	割合	
1	58	77%	69	92%	15%
2	41	55%	62	83%	28%
3	16	21%	32	43%	22%
4	13	17%	39	52%	35%
5	13	17%	44	59%	42%
全体	141	38%	246	66%	28%

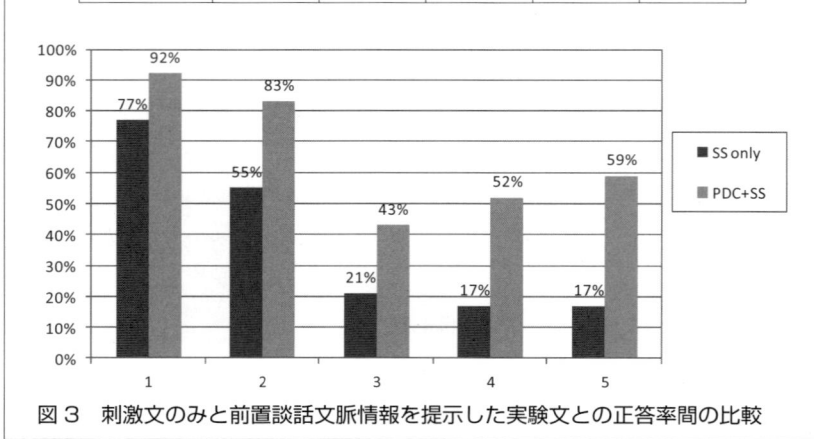

図3　刺激文のみと前置談話文脈情報を提示した実験文との正答率間の比較

5.1 データ分析の方法

5.1.2.4 推測統計の示し方

以下に示す推測統計の記述例のように、具体的に比較した「刺激文のみ」と「前置談話文脈情報を提示した実験文」の2つの正答率に関する t 検定結果について、具体的に記述するように注意しましょう。その際には、全体的な傾向を示すだけではなく、統計分析結果をもとに、必要に応じて個々の実験文に見られる顕著な傾向について言及すると、より精緻化された研究論文になります。

推測統計の記述例

刺激文のみと前置談話文脈情報を提示した実験文との正答率間の比較

表3の通り、「刺激文のみ」の正答率の平均は38%であった。一方、「前置談話文脈情報を提示した実験文」の正答率の平均は66%であった。28%の差異率に対して統計的な有意差が認められた($t=11.33, df=374, p<.01$)。なお正規分布を確認し、t 検定を行った。

前置談話文脈情報は、後続の刺激文の有する曖昧性や複雑性の解消に貢献する可能性が示された。

表3 刺激文のみと前置談話文脈情報を提示した実験文との正答率間の比較と t 検定結果

刺激文番号	刺激文のみ n=75		前置談話文脈情報を提示した実験文 n=75		差異率	t 値 ($df=74$)
	正答数	割合	正答数	割合		
1	58	77%	69	92%	15%	2.99**
2	41	55%	62	83%	28%	5.36**
3	16	21%	32	43%	22%	3.90**
4	13	17%	39	52%	35%	6.27**
5	13	17%	44	59%	42%	6.85**
全体	141	38%	246	66%	28%	11.33** ($df=374$)

$*p<.05** p<.01$

句や節の閉鎖の曖昧性の解消が文処理に要求される刺激文

表3から、刺激文1、2、3において次のような結果が判明した。

刺激文1においては、刺激文のみの正答率（77%）と前置談話文脈情報を提示した実験文の正答率（92%）の間には、統計的な有意差が認められた（$t=2.99, df=74, p<.01$）。

刺激文2においては、刺激文のみの正答率（55%）と前置談話文脈情報を提示した実験文の正答率（83%）の間には、統計的な有意差が認められた（$t=5.36, df=74, p<.01$）。

刺激文3においては、刺激文のみの正答率（21%）と前置談話文脈情報を提示した実験文の正答率（43%）の間には、統計的な有意差が認められた（$t=3.90, df=74, p<.01$）。

以上のように「閉鎖の曖昧性の解消」が要求されるすべての刺激文において、前置談話文脈情報を提示することによって正答率が上昇し、統計的な有意差が認められた。

この結果から、前置談話文脈情報は刺激文の持つ句や節の曖昧性の解消に貢献した可能性が示された。

複雑性の解消が文処理に要求される埋め込み文を有する刺激文

表3から、刺激文4、5において次のような結果が判明した。

刺激文4においては、刺激文のみの正答率（17%）と前置談話文脈情報を提示した実験文の正答率（52%）の間には、統計的な有意差が認められた（$t=6.27, df=74, p<.01$）。

刺激文5においては、刺激文のみの正答率（17%）と前置談話文脈情報を提示した実験文の正答率（59%）の間には、統計的な有意差が認められた（$t=6.85, df=74, p<.01$）。

以上のように、複雑性が要求される、すべての刺激文において前置談話文脈情報を提示することによって正答率が上昇し、統計的な有意差が認められた。

この結果から、前置談話文脈情報が刺激文の本有する複雑性の解消に重要な貢献をした可能性が示された。

5.1 データ分析の方法

5.1.2.5 考察の記述方法

［事例2］の考察では、このように「考察の記述方法」の中の特に「(3)仮説を設定するための先行研究や、仮説を支える理論言語学や応用言語学の理論について簡潔に触れる」、「(4)結果をさまざまな先行研究や理論言語学、応用言語学の知見を踏まえつつ、研究者独自の視点から考察し言及する」に重点が置かれています。

特に、なぜそのような結果が導き出されたのか、仮説を支える理論的視点と、実験あるいは調査の方法論的視点の両方から考えます。独断的とならないように関連領域などの多方面からできるだけ客観的な視点を取り入れることが望まれます。

英語教育に関する研究論文の中には、データの統計処理に基づく数値の分析のみに力点を置きすぎてしまい、理論言語学や応用言語学や認知科学などの理論や知見に基づかない研究も見受けられます。しかし、自分の研究と関連する研究分野の理論や知見を踏まえた研究計画を事前に立てておくことは極めて重要です。このことは、仮説が検証された場合でも、検証されなかった場合でも、説得力のある考察を行うための重要な鍵となります。また単なる数値の分析結果を記述するだけで、「なぜそうなるのか」という説明がきちんとなされていなければ、そのような研究には深化も進展も期待できません。

例えば、普遍文法に基づく第二言語習得研究（UG-based SLA）と認知言語学に基づく第二言語習得研究（cognitive linguistics-based SLA）の場合では、研究のスタンスが異なる場合があります。自分はどちらのスタンスで研究を行うのか、また、それ以外の第三極の知見に基づいて研究を行うのか、なども十分に念頭において行うことが望まれます。

特に理論的視点に関しては、第二言語習得研究などの知見を援用しながら、先行研究の実験結果との比較を行うことを通して、なぜそのような分析結果になったのかということ、及び、その論拠について具体的に言及することが大切です。そうすることで分析結果の考察に関する説明力が高まります。また実験や調査を実施してみて仮説が支持されなかった場合には、その他の重要な関連領域の知見や質的研究などから得た知見を複合的に援用して、その原因を解明しようと試みることも重要です（→第6章参照）。

最後の「まとめと今後の課題」では、考察の節と同様に自分の研究結果か

第 5 章　データ分析の方法と学会論文の投稿

ら得られた知見に焦点を当て、研究課題を設定した論拠と関連づけて再度、簡潔に言及します。また、研究結果が提供しうる英語教育への示唆として、指導法に関心のある読者が、研究論文から得られた知見を具体的にどのように有効に活用できるのかを示します。さらに、この章は、研究全体を省察しながらまとめ、自分独自の考えや研究の意味づけを説明する部分にもなります。完璧な実験計画と施行というものは現実的には実行不可能ですから、① 実験参加者の数が少なかった場合や、② 結果に影響を与える要因を適切に排除できなかった点などについて具体的に記載するのが一般的です。

考察の記述例

考察
仮説 1「前置談話文脈情報は後続の英文の曖昧性や複雑性の解消に貢献しうる」

刺激文のみの正答率 38% と前置談話文脈情報を提示した刺激文の正答率 66% における 28% の差異率に関しては統計的な有意差が認められた（$t = 11.33, df = 374, p < .01$）。このことから、前置談話文脈情報は、後続の刺激文が有する曖昧性や複雑性の解消に貢献したことが認められた。したがって仮説 1 は支持された。

先行研究を踏まえた考察
この仮説の検証により、ESL 学習者を対象とした Ying（1996）における「曖昧性の解消に関して、前置談話文脈情報は影響を及ぼした」という実験結果と、日本人 EFL 学習者を対象とする実験を遂行した寺内・飯野・巴（2010）における「前置談話文脈情報は後続の袋小路文の文処理における曖昧性の解消に貢献した」という実験結果は支持された。

句や節の曖昧性の解消が文処理に要求される実験文 (1)(2)(3) の考察
句や節の閉鎖の曖昧性の解消が文処理に要求される実験文 (1)(2)(3) では、実験文 (2) が、刺激文との正答率の差異率 28% と最も大きい。その理由として以下のことが考えられよう。

実験参加者は刺激文 "Without her contributions failed to come in." の最初の構文解析の決定（initial parsing decision）において、「遅い閉鎖」（late closure)[*8] の方略にしたがって、Without her で処理を終了して、完結した1つの句として閉じることをせずに、次の contributions までを取り込み、Without her contributions として句を閉じる解釈を採択する。しかしながら、実験参加者が failed まで読み進めた時点で、Without her contributions という解釈では、動詞 failed の主語がないことに気づき、failed の主語を見つけるために再分析 (reanalysis)[*9] が遂行される。しかし、Without her contributions という意味役割 (semantic role)[*10] がすでに付与されている構造に対して、再度、Without her という別の意味役割を付与し直して、contributions は主節の主語であると再解釈することは、θ 再解析制約 (theta reanalysis constraint)[*11] に抵触するため、文処理が困難となる。

　この句の閉鎖の曖昧性を解消するために、前置談話文脈情報としての "She played a significant role in collecting contributions in order to establish the museum." を刺激文の前に提示することにより、この前置談話文脈情報が後続の刺激文 "Without her contributions failed to come in." の文処理において、"Without her" と句を閉じるという再分析を採用し、適切な構文解析を遂行することに貢献したため、正答率が上昇したのではないかと推察される。

(*8)　句や節を閉じて文処理を遂行していく「閉鎖の原理」の1つで、「構文解析においては、新しく入力される要素は、可能な限り、処理が進行している、現在、暫定的に構造構築されつつある句あるいは節内に付加し、その一部として取り込み、処理しなさい」という統語処理方略である。すなわち、句や節の境界を早く定めて閉じるのではなく、句や節がまだ続いているものと仮定し、先を読み進め、曖昧性や複雑性が解消できるために十分な後続の入力情報が出現するまで待ってから境界を定めて、句や節を閉じることをできるだけ遅らせる方略である (Frazier and Rayner 1982；Pickering 1999: 132–133；Crocker 1999: 220–221；坂本 1998: 15–16)。
(*9)　特定の統語構造であると判断し、文処理を進めていたところ、途中で別の統語構造であることが判明し、文処理を再度やり直さなければならないこと (坂本 1998: 16–17)。
(*10)　述語 (動詞・形容詞) が表す動作・事件・状態などに関与する項 (argument) が果たす意味上の機能のこと (安藤・小野 1993)。
(*11)　すでに任意の意味役割を付与されている要素に対して、再分析処理が遂行される際に、既存の意味役割を取り除いて、新たな意味役割を付与することは意識的な文処理をやり直す必要が生じコストがかかることになるという制約である (Prichett 1992: 15)。

5.1.2.6　英語教育への示唆の記述

まとめとして、研究を通して得られた成果などを再度確認します。その知見から考えられる英語教育への示唆を書くことを通して、教育現場の改善に貢献しうる研究論文になると考えられます。

英語教育への示唆の記述例

> 以上の研究結果から、前置談話文脈情報は構文解析上の曖昧性や複雑性の解消に貢献する可能性が示された。これらの研究成果から次のような指導法への示唆が提案できるだろう。
>
> 統語的な曖昧性や複雑性の高い英文の読解において生徒がつまずいた場合には、次のような誘導的な指導（elicitation）を行う可能性も提案できよう。
>
> （1）統語的な曖昧性が高い閉鎖の原理（principles of closure）に関与する英文の読解に遭遇した場合には、「句や節がどの語から始まり、どの語で閉じられるのか」という「閉鎖の原理」の有効活用の可能性に学習者の意識を向けさせる。また例えば、二重埋め込み文などの統語的な複雑性が高い英文の読解に遭遇した場合は、節中の構成要素のどの部分に、もう1つ別の節が埋め込まれた構造になっているのかを考えさせる。例えば学習者に（　）でくくらせるなどの作業を活用して、統語構造における「埋め込み」に関する学習者の意識を高揚させる（grammar-consciousness-raising）[*12]。
>
> （2）統語的な曖昧性や複雑性の高い英文の意味理解に関して、生徒が十分に理解できない場合には、まず当該の英文の直前にある英文（前置談話文脈情報）の意味を生徒に考えさせる。次にその英文の意味と当該文の意味との意味的結束性に注目させながら、教師は後続の当該文の統語構造がより明確になるように「差異認識原則」（notice-the-gap principle）[*13]を踏まえた誘導的な発問を行う。また、統語的な曖昧性や複雑性の高い英文を2つの可能性を想定してパラフレーズした英文を提示し、どちらの統語構

（*12）　例えば、外国語学習において、学習者にインプットを与える場合や、流暢さ（fluency）を重視したコミュニケーション活動中、あるいはその前後などで、意味内容だけでなく、特定の文法形式にも注意を向けさせること。

（*13）　学習者が特定の言語項目に注目し、自分の誤りと目標言語の正用法との差異に気づくこと。

> 造がより適切なのかを学習者に考えさせて選ばせる。その後、学習者同士で統語構造の選択理由を述べさせて議論させる。

5.1.2.7 研究上の課題の記述

ここでは、研究によって発見された研究課題に関して、後続研究として、本研究と関連するどのような研究を行う必要があるのか、また、さらに明らかにすべき研究課題は何なのかを調査していく必要があるということなどを記載します。

研究上の課題の記述例

> 本実験では、日本人 EFL 学習者の熟達度を考慮し、オフライン処理（offline processing）[*14] に基づくデータ収集を行った。今後は、オンライン処理（online processing）[*15] に基づくデータも収集し、両データ間の比較・分析を試みたい。
>
> また本実験では、実験参加者に英語の刺激文を読ませ、刺激文の統語構造の把握に焦点を当てて回答させた。今後の後続研究では、談話完成タスク（discourse completion task）や談話統合タスク（discourse integration task）などを活用し、理解（comprehension）に焦点を当てて収集したデータに加えて、運用（production）に焦点を当てて収集したデータも収集し、インプットデータとアウトプットデータのデータ間の比較分析も試みたい。
>
> さらに、第二言語文処理・第二言語談話処理研究に基づく効果的な指導法を構築する前提として、熟達度の異なる実験参加者を対象とし、「英語教育への示唆」で提案した 2 種類の指導法に関して効果測定を行い、主に熟達度の差異を考慮した指導法を考察していきたい。

本節で説明してきたデータ分析の方法は、あくまでも参考例ですので、自分が実施したいと思う研究に関する代表的な先行研究をいくつか参考にして、さらに自分の研究に適したデータ分析の方法を学んでいきましょう。

[*14] オフライン処理とは、例えば、紙ベースで刺激文が提示され、実験参加者は、ある程度、自分のペースで処理を行うことができる処理のことを意味する。

[*15] オンライン処理とは、例えば、PC 画面上に刺激文が一定時間提示され、その時間内で実験参加者が行う処理を意味する。

第 5 章　データ分析の方法と学会論文の投稿

【参考文献】

安藤貞雄，小野隆啓．1993．『生成文法用語辞典』大修館書店．

飯野厚，阿久津仁史，鈴木政浩．2007．「音読ソフトを利用した音読評価のスコア化：習熟度との関係および繰り返し音読におけるスコア変化の検証」『関東甲信越英語教育学会紀要』第 21 号，37–48．

大塚高信，中島文雄（編）．1992．『新英語学辞典』研究社．

大津由紀雄，池内正幸，今西典子，水光雅則（編）．2002．『言語研究入門―生成文法を学ぶために』研究社．

門田修平．2010．『SLA 研究入門―第二言語の処理・習得研究のすすめ方』くろしお出版．

言語処理学会（編）．2009．『言語処理学事典』共立出版．

郡司隆男，坂本勉．1999．『言語学の方法』（講座 現代言語学入門 第 1 巻）岩波書店．

言語処理学会（編）．2009．『言語処理学事典』共立出版．

鈴木寿一．1998．「音読指導再評価―音読指導の効果に関する実証的研究」『LLA（語学ラボラトリー学会）関西支部研究集録』7，13–28．

鈴木良次，畠山雄二，岡ノ谷一夫，萩野綱男，金子敬一，寺内正典，藤巻則夫，森山卓郎（編）．2006．『言語科学の百科事典』丸善．

坂本勉．1998．「人間の言語情報処理」『言語科学と関連領域』（岩波講座 言語の科学 第 11 巻）（大津由起雄，坂本勉，乾敏郎，西光義弘，岡田伸夫編）岩波書店．

寺内正典．2004．「リーディング」『第二言語習得研究の現在―これから外国語教育への視点』（小池生夫，寺内正典，木下耕児，成田真澄編）大修館書店．

寺内正典．2006．「関連科学（言語情報処理と脳科学）と第二言語処理・第二言語理解」『言語科学の百科事典』（鈴木良次，畠山雄二，岡ノ谷一夫，萩野綱男，金子敬一，寺内正典，藤巻則夫，森山卓郎編）丸善．

寺内正典，飯野厚，巴将樹．2010．「前置談話文脈は第 2 言語文処理・統語処理における曖昧性と複雑性の解消に貢献するのか」『法政大学多摩論集』26 巻，1–62．

寺内正典，巴将樹．2011．「前置談話文脈情報と韻律的情報が第 2 言語文処理における曖昧性と複雑性の解消に及ぼす影響の比較に関する実証的研究」『ELEC 同友会英語教育学会　研究紀要』第 8 号，9–22．

寺澤芳雄（編）．2002．『英語学要語辞典』研究社．

中島平三（編）．2005．『言語の事典』朝倉書店．

日本認知科学会（編）．2004．『認知科学辞典』共立出版．

林宅男.2003.「結束性（cohesion）」『応用言語学事典』（小池生夫編集主幹）研究社.

フィンドレイ，ブルース（著），堀江達郎，細越久美子（訳）.1996.『心理学　実験・研究レポートの書き方―学生のための初歩から卒論まで』北大路書房.

宮迫靖靜.2002.「高校生の音読と英語力は関係があるのか？」『STEP Bulletin』14, 14–25.

Crocker, M. W. 1999. Mechanisms for sentence processing. In S. Garrod and M. Pickering (eds.), *Language processing*. Psychology Press, 191–232.

Frazier L. and Rayner, K. 1982. Making and correcting errors during sentence comprehension: Eye movements in the analysis of structurally ambiguous sentences. *Cognitive Psychology*, 14(2), 178–210.

Iino, A. 1998. *The place of reading aloud revisited — a study of its role in English language teaching in Japan*. Unpublished thesis presented to the Department of Language and Information Science, University of Tokyo, Graduate School.

Kimball, J. 1973. Seven principles of surface structure parsing in natural language. *Cognition*, 2, 15–47.

Pritchett, B. 1992. *Grammatical competence and paring performance*. Chicago: University of Chicago Press.

Putz, M. and Sicola, L. (eds.). 2010. *Cognitive processing in second language acquisition*. John Benjamins Publishing Company.

Robinson, P. and Ellis, N. C. (eds.). 2008. *Handbook of cognitive linguistics and second language acquisition*. Routledge.

Ying, H. G. 1996. Multiple constraints on processing ambiguous sentence: Evidence from adult L2 learners. *Language Learning*, 46, 681–711.

5.2 学会論文の投稿の方法と留意点

どの学会論文（journal）に、どのように投稿すればよいのでしょうか。せっかく苦労して研究論文を書くのですから、できるだけ多くの人に読んでもらいたいものです。まずはゴール、つまり、どの学会の論文に応募するのかを、ある程度決めてから書くのがよいでしょう。その理由は、学会によって、それぞれ投稿の形式や字数の制限などがあるからです。次に、学会の投稿要項をよく読み、細心の注意を払い、投稿規程に従って執筆し、投稿しましょう。以下に、重要なルールについて、国際ジャーナルなどの査読委員の経験から、具体的にまとめます。

5.2.1 読者を意識する

特に重要なことは、英語は読者中心（reader-centered）という視点を重視して執筆するということです。いくら一生懸命書いても、査読者に十分伝わらないと意味がありません。これは、「読みやすさ」を意識するということです。査読者の多くはボランティアで行っているために、読みにくい論文は評価が低くなってしまいます。それでは「読みやすさ」とは何でしょうか。

(1) アカデミック・ライティングのルール（あるいは原則）に沿って書かれているか。
(2) ジャーナルの目的にあっているか。投稿規程どおりに書かれているか。
(3) 論文が何を言おうとしているのか的確に伝わってくるか。

(1) は基本的な英語論文の書き方についての留意事項です。これは本書の主な目的ではありませんので Swales and Feak (2001) などを参考にしてください。ここでは (2)、(3) を中心にまとめます。(2) は、たとえるならば、同じ土俵の上で試合に臨んでいるかということです。査読者は通常は投稿規定の基本ルールに沿っていない点に関する修正を指示しなくてはならないような投稿論文を受理しません。また、ジャーナルによって理論的なもの、高度な統計手法を好むもの、質的な考察を好むものなど特徴があるので確認しましょう。応募の多い国際的なジャーナルでは、編集委員会（editorial board）や編集委員（editors）がかなりの権限を持ち、事前に内容を吟味し、適切で

ない時は査読に回す前に断る場合もあります。(3) は、論文の完成度、すなわち、妥当性と信頼性があり、研究の価値をしっかりとアピールしているかどうかということです。

5.2.2　どのジャーナルに投稿するか

　研究者としての評価は、書いた論文の質と量で決まります。質とはどれくらい高いレベルのジャーナルに採択されたのかということです。量とは何本書いたのかということです。それでは、どの程度の質や量があればよいのでしょう。多くの大学や研究機関では、就職や身分昇格には、最低限、必要とされる論文数がおおよそ決まっています。事前に確認をしておきましょう。

　まず、国際的なジャーナルは一般に採択まで時間がかかります。これは、世界中から応募があるために査読を待たされる場合があるからです。また、査読者は世界から選ばれた特定分野の専門家なので、論文はより高い完成度を求められ、書き直しが多くなります。しかし、コメントは丁寧で詳細なので、単に採否だけでなく、その後の研究に役立ちます。また、インパクト・ファクター (impact factor) と呼ばれる論文引用係数のあるジャーナルに掲載されると、世界的に見ても質の高い研究をしたと認知されます。

　日本の全国学会のジャーナルにもレベルの高いものが多くあります。もちろん査読も厳格で評価は甘くありません。採択された場合、出版までの期間が明確で比較的早く、研究者にはありがたいと言えます。一方で、査読者はほぼ日本在住なので、人気のある分野以外は、特定の専門家が少ない場合もあります。また国内中心のため、掲載されても外国の専門分野の研究者に読んでもらう機会が制限されます。

　地方の学会のジャーナルにも優れたものがあります。例えばJACETの九州・沖縄支部の紀要などは、査読も厳しく、質も高いと言えます。一般的に地方の学会誌は「若手研究員を育てよう」という目的もあり、コメントも建設的なものが多いと言えます。

　最後は学内の査読付き紀要についてです。同じ大学や学部に特定分野の専門家が一定数、在籍していることは少ないでしょう。また、学内の共同研究などをまとめ、対外的にアピールすることも目的なので採択されやすくなります。それでも前述したように論文の数は1本となり、量を増やすことが可能です。ただし、大学、大学院によっては、学内紀要の評価はあまり高く評

価されず、「査読付き論文」と見なされない場合もあります。

Q: もっと具体的な戦略を教えてください。
A: 少し主観的な部分もありますので、あくまでも1つのアドバイスとして読んでください。

修士論文からの投稿の場合：
　日本の全国学会のジャーナルでトライしてみましょう。ただし、必ず事前に目指す学会で口頭発表をして、あらかじめフィードバックを得ましょう。聴衆の中には、将来の査読委員の方もいるかもしれません。

博士論文からの投稿の場合：
　研究において実証された一番主要な発見は国際的なジャーナルに応募してみましょう。博士論文は斬新な観点、深い考察、完成度が通常要求されるので応募する価値はあるはずです。専門家の丁寧な役立つフィードバックが得られます。時としては厳しいコメントを受ける場合もありますが、くじけずに続けましょう。幸いなことに国際ジャーナルは数多くあります。修正した上で、別のジャーナルに応募してみましょう。時間がかかってもトライすべきですが、量の問題もクリアしなくてはいけないので、同時に主要な研究と関連する研究などを地方の学会誌や、学内紀要に応募しておきましょう。

5.2.3　完成度の高い論文とは：投稿の際に気をつけること

(1)　プルーフ・リーディング（proofreading）を済ませる。
　スペルミスなどは『Word』などのスペルチェック機能である程度修正できます。しかし、文法や談話の結束性（cohesion）や首尾一貫性（coherence）を確認するには、当該の専門領域に精通した信頼できる英語ネイティブ・スピーカーの方にプルーフ・リーディングをしてもらう必要があります。

(2)　字数制限・フォント、サイズを守る。

(3)　論文で引用したものを正確にもれなく引用文献（references）に記載する。
　引用文献の形式はAPAのフォーマットが多いのですが、中にはカッコの付け方やピリオドの打ち方など、各ジャーナル特有の形式を採用しているものもあります。投稿規定をよく読みましょう。参考までに本節の最後に代表的なジャーナルなどを掲載しておきます。

(4)　該当分野の代表的な文献はほぼ引用する。
　まず、論文には該当分野がなぜ大切かを具体的に述べます。先行研究でこ

5.2 学会論文の投稿の方法と留意点

れまでわかっていることを記載し、すでに認知されている概念を提示します。査読者はこの分野の専門家ですので、通常はこれらを把握しています。つまり、この分野で論文を書く資格があるのか試されていると考えてください。当然のことですが、このためには代表的な論文をすべて読んでおく必要があります。代表的な論文とは、インパクト・ファクター付きのジャーナル、あるいはその論文で引用されている国際ジャーナルという意味です。例えば、日本在住の方であれば、日本の全国学会誌の該当する研究論文は投稿用に内容をまとめておくとよいでしょう。

(5) クリティカル・シンキング (critical thinking) を行い、自分の研究領域を明確にする。

投稿論文を書く前提として、以下の点に注意して該当分野の各論文を読みまとめておきます。これがクリティカル・シンキング法です。初めは大変ですが、次第に既存の研究で見逃された重要な課題が見つかります。この中で一番興味あることをテーマとして選ぶべきです。

クリティカル・シンキングの6項目

① 研究仮説は何か、なぜそのテーマに価値があると言えるのか。
② どのようなタスクを用い、なぜそのタスクが適切と言えるか。
③ そのタスクでいかにデータを集めているのか、なぜそれが最善なのか。
④ 集めたデータをどのような統計法で分析しているのか、なぜそれが最良と言えるのか。
⑤ その手法による結果で、本当に仮説を正確に検証できたことになるのか。
⑥ 研究の示唆は何か、限界は何か、この次にすべき研究は何か。

(6) 自分の研究論文の原稿をチェックする。

上の (5) で示した①から⑥は、実はわれわれ査読者の評価項目でもあります。つまり、これらが研究論文の信頼性と妥当性なのです。どれ1つ欠けていても査読者はその部分の修正を要求します。投稿する前に、この6つの項目がしっかりと書かれているか確認してから応募しましょう。

(7) 使用した統計の意味をよく理解する。

『エクセル統計2010』は便利で比較的安価な統計ソフトですが、複雑な統計処理も簡単にできます。しかし、統計はあくまで分析のツールであること

を認識しましょう。査読者が困るのは、統計処理を中心にして満足してしまっている論文です。大切なのは、どのようにデータを処理したかではなく、その結果から、どのような知見を得ることができるのかということです。

〈英語教育学・第二言語習得研究などでよく引用される主な国際ジャーナル〉
(1) インパクト・ファクターが特に高いもの
　　Applied Linguistics
　　Language Learning
　　Modern Language Journal
　　Studies in Second Language Acquisition

(2) その他の代表的な国際ジャーナル
　　ELT Journal
　　Foreign Language Annals
　　IRAL
　　System
　　TESOL Quarterly

(3) 日本の代表的な全国学会論文
　　ARELE （全国英語教育学会）
　　JACET Journal （大学英語教育学会）
　　Journal of Natural Language Processing （言語処理学会）
　　Language Education & Technology （外国語教育メディア学会）
　　Studies in Linguistic Sciences （言語科学会）

(4) 指導法への示唆を重視した全国学会論文
　　ELEC Bulletin （ELEC同友会英語教育学会）

【参考文献】
Swales, J. M. 1990. *Genre Analysis*. Cambridge University Press.
Swales, J. M. 2001. *Academic Writing for Graduate Students*. The University of Michigan Press.
Swales, J. M. 2004. *Research Genre*. Cambridge University Press.

第6章
より発展的な研究を目指して

6.1 まとめ

　読者のみなさんは、これまでに『Excel 2010』や『エクセル統計2010』を活用した「実証的研究法」について学習してきましたので、基本的な知識の理解は十分できたことと思います。第二言語習得研究の分野では、例えば、人間が第二言語を理解し、運用するための認知的メカニズム（cognitive mechanism）、認知的プロセス（cognitive process）、第二言語学習者が使用する認知ストラテジー（cognitive strategy）などの言語事象に関わる諸問題を、複数の研究手段を駆使して分析しようと試みています。私たちは、「人間の脳内に内在する」と想定されている言語能力を直接見ることはできません。たとえ認知脳科学（cognitive neuroscience）が急速に進展している現時点でも、それを人間が行う実際の反応や行動を通じて間接的に観察する以外に有効な方法は、ほとんど存在しないようです。このための分析手法としては、インタビュー、プロトコル分析、質問紙、言語テスト、コーパス言語分析（corpus linguistic analysis）、脳機能イメージング法（functional brain imaging techniques）[*1] などがあります。

　まず、ここで認識しておかなければならないことは、このような手法によっ

（*1）　科学技術の進歩によって、非侵襲的な機能脳画像（non-invasive brain functional imaging）に関する情報、すなわち、脳に物理的な影響を与えることが比較的少なく、人間の脳の内部で実際に起こっている事象に関する情報などを、外部から得られる技術が開発されてきました。

　代表的な脳機能イメージング装置には、計測する対象や方法によって、EEG = electroencephalogram（脳波）、PET = positron emission tomography（陽電子放射断層撮影）、fMRI = functional magnetic resonance imaging（機能的磁気共鳴画像）、MEG = magnetoencephalography（脳磁場）、光トポロジー = optical topography（近赤外線分光法）などさまざまなものがあります。これらを活用した研究法に関する詳細や研究上の諸問題に関しては、大津他（2002）、大石（2006）、鈴木他（2006）、言語処理学会編（2009）、門田（2010）などを参照ください。

て観察、収集したデータは、あくまで間接的なものにすぎないということです。したがって、どの手法を用いるにしても単独では完璧なものはなく、いくつかのデータを互いに補完して分析していくことが望ましいと言えます。これが、複合的分析 (multiple-data analysis) という手法で、人間の行動を多面的に観察することで、言語能力をより的確に把握しようという試みの1つです。また、本書では何度か言及してきましたが、研究の「妥当性」と「信頼性」(→ 2.1.6; 2.2.4 節参照) が、第二言語習得や英語教育学の分野では特に重要なキーワードとなります。自分で研究を計画し、研究に着手する前に、もう一度、これらをよく確認して十分に理解しておいてください。

6.2 その他の重要な統計処理の方法

第二言語習得研究では、本書では取り扱わなかったさまざまな統計処理の方法があります。ここでは、その中でも比較的汎用性が高いと思われる、回帰分析 (regression analysis) と対応分析 (correspondence analysis) について触れておきます。

6.2.1 回帰分析

回帰分析は、あるデータの値から別のデータの値を予測する方法です。これは、従属変数と独立変数 (→ 2.1.5 節参照) の関係を数式で表現し、従属変数が独立変数によってどの程度まで説明できるのかを求めるものです。例えば TOEIC テストの得点を予測する時、実験参加者の語彙力テストの結果と TOEIC テストの結果の関係を統計的方法で予測します。このように1つの独立変数で予測式を構築する方法を単回帰分析 (simple regression analysis) と呼びます。また、独立変数が語彙力だけでなく、文法力やリスニング力など複数のデータの変数を考慮してテスト結果の予測式を計算する手法を重回帰分析 (multiple regression analysis) と言います。この手法を用いると、どの変数が最も得点に寄与しているのかを予測することが可能です。

Nakatani (2010) では、ストラテジートレーニング (strategy training) を受けた日本人 EFL 学習者のどのようなコミュニケーションストラテジー (communication strategy) の使用が発話能力の発達に影響を与えたのかを重回帰分析で調査しました。従属変数を「実験参加者のトレーニング後の発話テストの結果」としました。独立変数に、「SLEP Test (Secondary Level English

6.2 その他の重要な統計処理の方法

Proficiency Test) によって測定した一般的な英語能力、事前の発話テスト結果、事後テストの発話量、発話のエラー、発話データのトランスクリプションより抽出した各ストラテジーの使用頻度」を選びました。この研究では、実験参加者のどのような変数が、発話テストの結果に影響を与えたのかを調査しました。結果として、コミュニケーションストラテジーの中で、対話を維持・持続させようというストラテジーと、対話者と意味交渉 (negotiation of meaning) を遂行する際のストラテジーの使用が、発話テストの成績に寄与していることがわかりました。これらのストラテジーを教室で身に付けるトレーニングをすれば、英語力の向上が望めることが示唆されたのです。

6.2.2 対応分析

コーパス言語分析[*2]で、言語データを分類する際の1つの有力な方法として、対応分析という分析手法があります。これは、例えば「テキスト×単語」のような頻度表の行や列の関係を組みかえることによって、頻度表に表されている情報を少数の成分にまとめることで行や列のデータ間の構造を整理する分析方法の1つです。

多くの多変量解析（例えば、判別分析、クラスター分析など）では、列（縦方向）に入るデータと行（横方向）に入るデータを、それぞれ別の特性を持つデータと解釈し、前者を「変数」、後者を「ケース（個体、サンプル）」として前者を手がかりに後者を分類していきます。一方、対応分析では、前者と後者を明確に区別せず、両者を同時に分類することが可能です。すなわち、行と列の入れ替えを行っても、対応分析の結果は変わりません。例えば、Tono (2000) では、日本人 EFL 学習者の学年（中学1〜3年生、高校1〜3年生、大学1年生）のそれぞれのテキストデータを収集し、各学年がどのような特性を持っているのかを調査しました。各学年のそれぞれの情報を列データ、

(*2) コーパス言語分析は、研究者が概念的にとらえていたものを数量的に提示してくれます。すなわち、大量の言語データをコンピュータに入力し、コンコーダンサー (concordancer) と言われるソフトを活用することでさまざまな言語の数量的情報として、統計的な情報分析が可能となります。コンコーダンサーの最も代表的なものは *WordSmith* です。また無料のソフトウエアとして早稲田大学の Laurence Anthony 氏が開発した *AntoConc* などがあります。この分析は、基本的には、調査したい語彙や句、コロケーションなどの頻度をコーパスデータから抽出し、どのような状況で使用されるかを調べ、特定のテキストデータの特徴をとらえようとするものです。

第6章　より発展的な研究を目指して

品詞タグ連鎖（Part-of-Speech（POS）tag sequence）の頻度を行データとして設定し、日本人 EFL 学習者の英作文で用いられる句構造の学年別の言語発達の差異を調査するために対応分析を行いました[*3]。その結果、主な傾向として、中学生は「名詞句中心」、高校生は「動詞句中心」、大学生は「前置詞句中心」などの学年別の言語発達の推移が認められました。

このようなコーパス言語データは、言語研究だけでなく第二言語習得研究や英語教育学研究おいても第二言語習得理論や分析者の直観を補完、検証するための重要な情報を提供してくれます。この分析方法の詳細や研究方法に関しては、石川他（2010）を参照ください。特に、この本はコーパス言語分析を中心とした言語研究のための統計手法の入門書としても定評があります。また分析のためのソフトウェアや分析データが CD-ROM に収録されているので、統計学の予備知識が少ない初学者でも実際にそれらを活用しながら統計手法を無理なく習得することができるように配慮されています。

これからの重要な研究分野として、ぜひコーパスを用いた言語分析の基礎を習得することをお薦めいたします。

最後に

本書で主に学習した『Excel 2010』や『エクセル統計 2010』による統計分析は、特に研究の「信頼性」を達成するには必要不可欠な方法と言えます。すでに経験してきたように、基礎的知識があれば、容易に統計分析を行うことが可能になります。ぜひ自分が行いたいと思う研究に大いに活用してみてください。

ただし、その場合に注意しておかなければならないのは、「統計は分析を行うツールにすぎない」という認識です。たとえるならば、料理をする際の包丁のようなものでしょうか。たとえ、どんなに切れ味の鋭い包丁を持ってい

（*3）　Tono（2000）では、コーパス中の単語に品詞タガー（TOSCA tagger）で品詞情報を付与し、その品詞の連鎖（n-gram）を Standard UNIX tools で自動抽出し、学習者の構文構造を見ています。具体的には、動詞─冠詞─名詞（V-ART-N）や形容詞─名詞─句読点（ADJ-N-PUNC）といった品詞の3連鎖パターン（POS trigram）を分析対象としています。もし読者のみなさんが同様の研究を行う場合には、GoTagger でコーパス中の単語に品詞情報を付与し、エディタの正規表現などでテキストを必要に応じて整形し、AntConc などのコンコーダンサーで品詞の連鎖を抽出するとよいでしょう。

6.2 その他の重要な統計処理の方法

ても、それだけでは複雑な言語事象の真実には迫れません。大前提として「良い材料（食材）」が必要であり、さらに適切な切り方による「調理方法」が重要です。この場合は、「妥当性の高い言語事象のデータ」が「材料」で、「信頼性の高いどの統計を使い、どのような解釈を行うか」が「切り方」となります。どのように適切に特定の統計手法を使うのか、なぜその手法が最も適切だと言えるのか、これらの点をよく考慮した上で研究計画を立ててください。

また最後になりましたが、言語学の研究方法に興味のある読者の方には、郡司・坂本 (1999) や大津他 (2002) が定評のある入門書ですので、ぜひ一読されることをお薦めします。

それでは、みなさんの今後のご健闘を祈っております。いつか、どこかの学会などでお目にかかれる日を楽しみにしております。

【参考文献】

石川慎一郎．2008．『英語コーパスと言語教育—データとしてのテクスト』大修館書店．

石川慎一郎，前田忠彦，山崎誠（編）．2010．『言語研究のための統計入門』くろしお出版．

大石晴美．2006．『脳科学からの第二言語習得論—英語学習と教授法開発』昭和堂．

大津由紀雄，池内正幸，今西典子，水光雅則（編）．2002．『言語研究入門　生成文法を学ぶために』研究社．

門田修平．2010．『SLA 研究入門—第二言語の処理・習得研究のすすめ方』くろしお出版．

郡司隆男，坂本勉．1999．『言語学の方法』（講座 現代言語学入門　第 1 巻）岩波書店．

言語処理学会（編）．2009．『言語処理学事典』共立出版．

鈴木良次，畠山雄二，岡ノ谷一夫，萩野綱男，金子敬一，寺内正典，藤巻則夫，森山卓郎（編）．2006．『言語科学の百科事典』丸善．

Nakatani, Y. 2010. Identifies strategies that facilitate EFL learners' oral communication: A classroom study using multiple data collection procedures. *The Modern Language Journal*, 94(1), 116–136.

第6章　より発展的な研究を目指して

Tono, Y. 2000. A corpus-based analysis of interlanguage development: Analyzing part-of-speech tag sequence of EFL learner corpora. In B. Lewandowska-Tomaszczyk and P. J. Melia (eds.), *PALC'99: Practical application in language corpora* (pp. 323–340). Frankfurt: Peter Lang.
Martin, P and Laura, S. (eds.). 2010. *Cognitive processing in second language acquisition*. John Benjamins Publishing Company.

【URL】
AntConc:　http://www.antlab.sci.waseda.ac.jp/software.html
GoTagger:　http://web4u.setsunan.ac.jp/Website/GoTagger.htm
WordSmith:　http://www.lexically.net/wordsmith/

参考図書紹介

　本書の学習を通して、読者のみなさんは実証的研究法に関する基本的な理解が深まってきたと思います。実証的研究法の知識をさらに深め、これから実際に実証的研究を行い、研究論文を執筆していくために、以下の参考図書を自分が実施したい研究テーマに合わせて熟読されることをお薦めします。ここで紹介する参考図書は、大きく、3つの分野に分けられます。

（1）　統計処理方法関連
（2）　研究方法・研究論文関連
（3）　応用言語学（英語教育学、第二言語習得）関連

　どの分野の参考図書も、これから実証的研究を進めていく上で重要な事柄が記載されています。ここでは、各々の本の特色と概要が簡潔にまとめられています。まず自分が最も関心のある分野から読み進めていくとよいでしょう。次に各々の分野から、特に興味のある参考図書を最低一冊は繰り返し精読し、十分に内容を理解しておいてください。また、重要であると判断した箇所を自分の言葉で整理しながらノートなどにまとめ、自分の専門知識として確実に蓄えていくことをお薦めします。専門書を熟読する上での留意点については、1.3.2節を参照ください。

（1）　統計処理方法関連

1. 大村平．1984.『実験計画と分散分析のはなし―効率よい計画とデータ解析のコツ』日科技連.

　本書は、特に分散分析の知識の基礎について、楽しい語り口で解説された本です。すぐに実用に移せる本としては、本書のように統計ソフトを用いて実践的な分析手法を学べるタイプの本の方がいいでしょう。しかし統計、特に分散分析の考え方の基礎を学びたい人に、この本はとてもお薦めです。本書ではモグラをいかに大きく育てるか、養殖業者にでもなったつもりで「えさ」、「土」、「湿度」の組み合わせとモグラの成長の関係を調査し、モグラの成長に最も適した組み合わせを考えるという手法で、2要因、3要因の分散

参考図書紹介

分析へと読者を導いて行きます。大村氏の『〜のはなし』シリーズは、出版されてから時間が経過していますが、どの本もとても参考になる本です。中でもこの本は分散分析を使用することの多い、英語教育学や第二言語習得を専攻する学生にお薦めです。また、実験に組み込まれた要因を評価するのに、どのように実験回数を節約するかなど、その順序立てた説明が非常にわかりやすく書かれています。難しい数式抜きで分散分析の根本的な考え方を平易な言葉で説明されていて、初心者にもお薦めできる本です。（川﨑貴子）

2. 櫻井広幸，神宮英夫．2003．『使える統計―Excel で学ぶ実践心理統計』ナカニシヤ出版．

本書は、実際に『Excel』を使用しながら、統計や統計処理の基礎を無理なく平易に学習し、習得できるように執筆された初学者向けの本として特にお薦めの入門書です。本書では、統計の基礎から始まり、「t 検定」、「分散分析」などの各々の統計処理の方法が、各々の段階に応じて『Excel』の実際のディスプレイ画面が記載され、わかりやすい説明がなされています。本書を読み進むことで、統計知識が不十分な初学者でも『Excel』を実際に操作しながら統計処理の方法の基礎を平易に学習することが可能になります。本書の執筆にあたって編集委員が参考にした本の１つです。（工藤充、寺内正典）

3. 山田剛史，村井潤一郎．2004．『よくわかる心理統計』ミネルヴァ書房．

主に心理学で必要とされる統計処理に関して、わかりやすく書かれた教科書です。パソコンも難しい計算式も使わずに手計算で、変数と尺度水準、記述統計（１つの変数についての数値要約、２つの変数の関係）、推測統計（母集団と標本、統計的仮説検定の基礎、種々の検定手法、t 検定、分散分析）といった内容が理解できるようになっています。特に推測統計の分散分析では、さまざまなケースを取り上げて、計算方法が説明してあります。１つ１つ丁寧に読み進めていけば、統計処理の基礎を習得することができます。

ただし本書では、回帰分析や因子分析等、多変量解析などのやや高度な分析手法は割愛されていますので、これらについては、南風原朝和（2002）『心理統計学の基礎―統合的理解のために』（有斐閣）をこの本の次に読むとよい

参考図書紹介

でしょう。心理学の分野にとどまらず、他の分野で統計を学ぼうとするみなさんにもお薦めしたい一冊です。(鈴木健之)

4. 近藤宏, 末吉正成 (編). 2008. 『Excelでできるかんたんデータマイニング入門』同友館.

　統計学の基礎をベースにデータマイニングと言われる分野の代表的なデータ分析法を紹介しています。データマイニングとは「大量のデータからビジネスなどに有用な知識となるパターンを発見するプロセス」と紹介しています。本書で取り上げられているデータマイニングの代表的な手法はほとんど実践的な内容で、さらに『Excel』を用いて実習できるように配慮されています。ただし、主成分分析や因子分析の部分で使われる固有値と固有ベクトルの算出に関しては別の専用ソフトを用いなければなりません。全体的に比較的短時間で学習できる内容です。(小沢和浩)

5. 秋山裕. 2009. 『統計学基礎講義』慶應義塾大学出版会.

　本書は経済学部の学生向けに執筆された統計学の教科書ですが、統計学の基礎を丁寧に解説しているので他の分野が専攻の方でも問題なく学習することができます。コンピュータの利用を想定した題材で、じっくりと時間をかけて統計学の基礎を勉強してみたいといった方には最適の本です。また、大学の学部で「統計学」の講義を受けたが、もう一度ゆっくりと復習してみたいといった方にも適しています。基礎的なテーマをすべて扱っていますので、手元に置いておくと必要な時に役立ちます。(小沢和浩)

6. Keppel, G. and Wickens, T. D. (2004). *Design and analysis: A researcher's handbook*, 4th ed. Prentice-Hall.

　本書は、統計処理の中でも特に、分散分析を中心に書いてあります。要因の数が1つ、2つ、3つ以上の場合で細かく章を分けて説明してあり、それぞれに具体例が記載されているので、実験デザインと照らし合わせて理解することができます。2要因以上の分散分析で必要となる交互作用についての概念も、パターンごとに解釈が書かれてあるので、初めて分散分析を勉強する人だけではなく、「今までなんとなく分散分析を使ってきたけれど、概念を再度勉強し直したい」という人にもお薦めです。

また、どの実験デザインに対してどのような効果量を報告すべきか、それぞれの効果量からどのように結果を解釈すべきか、ということも詳しく説明されていますので、効果量を勉強するためにも有効な一冊と言えるでしょう。

各章の最後には練習問題がありますので、理解度をチェックすることができます。全体を通してわかりやすい英語で書かれてあり、とても読みやすい一冊です。（土方裕子）

（2）　研究方法・研究論文関連

1. 鎌原雅彦，大野木裕明，宮下一博，中沢潤．1998．『心理学マニュアル　質問紙法』北大路書房．

心理学の学習者向けに書かれた入門書です。本書の第1部は質問紙の項目作成の基礎から始まり、サンプリングや調査の実施方法が記載されています。第2部の質問紙の実習では、完成度の高い調査用紙の作成法や集めたデータの処理法が解説されています。特に項目尺度の信頼性や妥当性についての説明があり、質問項目を精選する方法が提示されています。また、収集したデータ処理の手法として、平均値の比較の検定、相関分析、回帰分析などの説明もあります。さらに多変量解析の因子分析と重回帰分析の利用に関しても基本的な解説があります。第3部には、心理学分野の研究で活用された事例が掲載されています。特に因子分析を使った検証例や重回帰分析を利用した分析例は、分野は異なりますが英語教育学の研究にも十分参考になります。（中谷安男）

2. 三浦省五（監修），前田啓朗，山森光陽（編），磯田貴道，廣森友人（著）．2004．『英語教師のための教育データ分析入門―授業が変わるテスト・評価・研究』大修館書店．

本書は、中学、高校などの英語教員を主な対象として書かれた「英語教育データの分析方法」に関する入門書です。本書では、英語教員が携わる校務（テスト作成、成績処理など）に不可欠な統計処理の方法が、わかりやすく説明されています。本書の構成は、「第1部：定期テスト編」（t検定、分散分析など）、「第2部：評価・評定編」（相関分析、回帰分析など）、「第3部：研究論文編」（因子分析、カイ二乗検定など）、「第4部：資料編」（参考書籍、分析結果の書き方など）の4部構成となっています。例えば、第1部から第

3部では、それぞれの統計処理の方法が初学者の便を考え、具体的にわかりやすく説明されています。また、章末には当該の章の要点がまとめられており、復習にも役立つように配慮されています。第4部では、統計に関する参考文献の紹介から研究論文の統計分析に関する結果の書き方などにも言及されており、研究論文を実際に執筆する際にも活用できます。(巴将樹、寺内正典)

3. 中野美知子. 2005. 『英語教育グローバルデザイン』学文社.

早稲田大学大学院教育学研究科の研究成果をもとに、「これからの英語教育は何を目指すべきか」という大きなテーマを念頭におきながら、研究を遂行する場合の具体例に関してわかりやすく執筆された本です。本書は、2部構成となっています。

第1部では、「なぜリサーチが必要なのか」という根本的な問いから始まり「研究計画の立て方」や「データ分析」に必要な統計処理の方法が具体的に説明されています。特に3章では、「コーパス」や「教科書分析」などのさまざまな研究の分析手法が、実例をもとに丁寧に説明されています。

第2部では、小・中・高・大の連携を踏まえた英語教育に焦点を当てています。「これからの英語教育は何を目的とするべきか」、さらに、「それを達成するためには何をすればいいのか」に関して言及されています。現職の教職員の方だけではなく、これから英語教育に携わろうという方にもお薦めの本となっています。(花田亮、寺内正典)

4. 中谷安男. 2005. 『オーラル・コミュニケーション・ストラテジー研究』開文社.

本書は、特定の英語教授法を導入した際、その効果の検証法に関するさまざまな事例を掲載しています。具体的には、ストラテジー学習の効果を調査するために活用する英語会話テストの作り方を信頼性と妥当性の観点から解説しています。これを用いた実験群と統制群の事前・事後の会話テストの平均点をt検定で比較しています。また、会話テストの発話データを文章化し、抽出したストラテジーの変化を分散分析(ANOVA)で検証しています。さらに、ストラテジー使用概念の頻度を計るため、因子分析を使った信頼性の高い調査用紙OCSIの作成手順を解説しています。この調査用紙で計測した、

参考図書紹介

実験群と統制群のストラテジー使用頻度変化の検証法も記載しています。英語教育の調査のために、どのようなデータを集め、いかに分析すればよいのか参考になります。（中谷安男）

5. 石井クンツ昌子. 2010.『社会科学系のための英語研究論文の書き方—執筆から発表・投稿までの基礎知識』ミネルヴァ書房.

　本書を丁寧に読み進めていけば、英語研究論文の書き方、国際学会での発表の方法、英語圏の学術誌への投稿の方法を習得するのに役立つでしょう。

　英語研究論文には、決まった書き方があります。その構成の形式に始まり、どの単語を選ぶか、時制は現在にするか過去にするか、態は能動態にするのか、受動態にするのかなど、細かい決まりがあります。本書では、こうした決まり事の1つ1つを丁寧に説明しています。

　また、英語による学会発表や学術誌への投稿の方法もパターンが決まっています。パソコンを用いたプレゼンテーションの方法や英語研究論文への投稿から掲載までのプロセスについて詳しく説明しています。特に査読結果に対して投稿者がどのように返答すればよいかに関するアドバイスはとても有益です。研究もグローバル化し、英語で研究を発信する時代において、この本は必携のマニュアルとなることでしょう。（鈴木健之）

6. 門田修平. 2010.『SLA 研究入門—第二言語処理・習得研究のすすめ方』くろしお出版.

　本書は、「第二言語処理」と「第二言語習得」の研究方法に関して、読者が実際に研究を遂行することを想定して「リサーチデザインの立て方」から「学会発表の仕方や研究論文の書き方」まで、シュミレーションしながら理解できるように丁寧に説明が施されており、これから研究を始めようとする初学者はもとより、若手の研究者にとっても貴重な示唆の得られる研究方法の入門書と言えます。本書は、以下の7章から構成されています。

　「Step 1: SLA 研究とはどんな学問か」、「Step 2: 先行文献をいかに読んでテーマを設定するか」、「Step 3: リサーチプランをいかに作成するか」、「Step 4: 心理言語学的 SLA 研究データにはどのようなものがあるか」、「Step 5: 実験実施とデータ集計をどのようにして行うか」、「Step 6: 学会発表をどのようにして行うか」、「Step 7: 第二言語習得研究の目的は」

参考図書紹介

　各章の最初に、各章で扱う「簡潔な概要」と「キーワード」が提示され、章末には、各章の内容理解を確認・深化させるための重要な問題が収録されており、読者の発展的な学習に資するように配慮されています。読みやすさを十分に考慮し、随所に工夫が施された親切で丁寧な入門書なので手元に置いておかれることをぜひお薦めします。（巴将樹、寺内正典）

7. Brown, J. D. 1988. *Understanding research in second language learning: A teacher's guide to statistics and research design.* Cambridge University Press.

　この本で紹介された実証的研究に関する情報をさらに英語で勉強したい方に、本書をぜひお勧めします。外国語の学習または教授法を研究する学生や教員にとっては基本とも言える教科書です。第二言語習得の分野での数量的研究の例を数多く取り上げ、わかりやすく説明しています。

　たとえば、第2章では、変数の種類やカテゴリー、そのさまざまな変数がどのように関係しているかが記述されています。第3章では、変数の尺度水準について説明されています。どのようなデータをとるか、またどのような分析ができるかは、どのような尺度水準を使用するかによって異なります。第9章は研究報告書や研究論文の中で統計を読むにあたって、その統計の利用が妥当であるかどうか判断するためにとても参考になる基準が提案されており、外国語教育に興味を持つみなさんには是非お薦めしたい一冊です。（ブライアン・ウィスナー）

8. Ellis, R. and Barkhuizen, G. 2005. *Analysing learner language.* Oxford University Press.

　統計分析する前に、学習者が発言したり書いたりしたものを収集しないと分析は始まりません。この本は学習者からデータを引き出す方法や収集されたデータの分析方法を紹介しています。数量的、及び質的な分析方法が詳細にカバーされており、扱っている分析方法は、学習者同士、または学習者と教員の「言語相互作用分析」、「会話分析」などさまざまです。

　各章の導入部分には、その章で扱われる分析方法の基本的事柄、歴史的視点、理論的視点などから、どのようにその方法が使われているのか、また、なぜ利用されているのかについて説明されています。そのあと、分析の仕方

を順序だてながら説明し、各章の最後にモデルとなる先行研究を紹介しています。さらにもっと詳しく調べたい人のために参考書も記載されており、大変有益な本と言えます。(ブライアン・ウィスナー)

9. Borenstein, M., Hedges, L. V., Higgins, J. P. T. and Rothstein, H. R. 2009. *Introduction to meta-analysis*. John Wiley & Sons.

　近年は応用言語学や第二言語習得のジャーナルにも、メタ分析を用いた研究論文が増えてきました。メタ分析を用いて複数の先行研究の結果を統合することは有用であると考えられますが、体系的にメタ分析を扱った専門書は、まだあまり多く世に出ていないようです。

　本書はメタ分析の入門書で、メタ分析とは何か、なぜメタ分析をすることが重要なのか、メタ分析をするときにはどのような手順を踏むのか、といったことがわかりやすく書かれています。理論編においては、各章の最後にSummary points というセクションがありますので必要な箇所だけを抽出しながら読むこともできます。

　第14章と第18章はWorked Examples となっており、データの種類ごとにメタ分析の手順を1つ1つ詳しく解説しています。また、第44章はメタ分析で使用するソフトの使い方を説明しています。この本で使われているデータセットは、ウェブからダウンロードして練習に使うことができますので、メタ分析が初めての方にもお薦めの一冊です。(土方裕子)

(3) 応用言語学(英語教育学、第二言語習得)関連

1. 小池生夫(監修), SLA 研究会(編). 1994.『第二言語習得研究に基づく最新の英語教育』大修館書店.

　本書は、日本人研究者が手がけた最初の第二言語習得研究に関する本格的な入門書の1つです。本書では、第二言語習得研究の歴史的発展の過程や出版当時(1994年)までの各研究領域の進展状況が概説され、特に日本における英語教育との関連性を重視し、英語教育学に対して第二言語習得研究が及ぼす示唆の可能性に言及されている点が、類書に比べて特徴的であると言えます。

　本書は「理論編」では、それぞれの研究領域(形態素、音韻、語彙、統語など)に関する代表的な研究の概要や進展状況がわかりやすく概説されてい

参考図書紹介

ます。「理論・実践編」では、例えば「4技能の指導法」を支える第二言語習得研究の概要、授業展開例、評価の視点などにも言及されており、研究者を目指す人はもとより、中学・高校の英語教師の参考に資するよう十分に配慮されております。また各章の巻末には、「基本問題」と「発展問題」が付され、各章の内容理解を深めるだけでなく、研究論文のテーマを選ぶ場合にも有益です。(田辺奈穂子、寺内正典)

2. 小池生夫 (編集主幹). 2003.『応用言語学事典』研究社.

　応用言語学の関連領域を対象とした、日本人研究者の手による初めての本格的な事典です。その分野は外国語教育学、言語獲得・言語習得、社会言語学、語用論、言語接触、言語コミュニケーション (ノンバーバル・コミュニケーション、異文化間コミュニケーション、通訳・翻訳、スピーチ・コミュニケーション)、認知に関する心理と言語、心理言語学、言語と脳、コーパス言語学 (コーパス言語学、辞書学)、教育工学、研究と測定、日本語・日本語教育の13に及び、それぞれがさらに説明を加えた下位項目数は1535となっています。

　本書は海外で刊行された同種の辞典・事典を単に翻訳したものではありません。つまり、海外の理論を紹介するだけにとどまらず、必要に応じて日本人の応用言語学研究の知見が入っていることが特徴です。読者対象は、研究者はもちろん、外国語教育・言語教育 (日本語教育を含む) に携わる中学・高校・大学教員、応用言語学・外国語教育を学ぶ大学生・大学院生、応用言語学に興味がある一般の方々と非常に広いものとなっています。(寺内一)

3. 畑佐由紀子 (編). 2003.『第二言語習得研究への招待』くろしお出版.

　本書は欧米言語についての第二言語習得研究・外国語教育研究を概観したあと、これまでの日本語に関する第二言語習得研究を取りあげ、外国語としての日本語に関する第二言語習得研究が進むべき今後の方向性を提示しています。同時に、日本語教育と日本語教授法において、第二言語習得研究の知識がいかに重要であるかを説いています。8章すべてが、日本だけではなく海外における第二言語習得・日本語教育の研究者にも活用されるように日本語と英語両方の言語で書かれています。

　第1章では、例えば、代表的な実証的研究を取り上げ、フォリナートーク、

参考図書紹介

インプット修正、インプット強化、相互交流、アウトプットの産出、フィードバックが、目標言語の形式的特徴を学習者に気づかせ、どの程度まで効果的に第二言語習得を促すのかを論じています。第3章では、手がかりの連携と競合を用いて、言語間の違いを捉え、統計的データにもとづく検証が可能な競合モデルは第二言語習得研究に適したものであることと、この枠組みを用いた日本語学習者の文理解（文処理）研究を取り上げながら、今後の展望について述べています。第5章では、日本語読解において、日本語独自の文章構造・論理展開・文化的背景知識によりスキーマを活性化させることで可能となるトップダウン処理と、語彙認知を含む言語知識を使い意味解釈を行うボトムアップ処理の両方が重要性であると述べ、さらに日本語教育の現場における読解ストラテジーの練習の大切さを主張しています。

　以上のように、本書は理論・応用言語学の視点からの第二言語習得研究だけではなく、外国語としての日本語教育・日本語教授法の研究にも役立つものになっています。（松谷明美）

4. 小池生夫（編集主幹），寺内正典，木下耕児，成田真澄（編）．2004.『第2言語習得研究の現在―これからの外国語教育への視点』大修館書店.

　本書は、『第二言語習得研究に基づく最新の英語教育』の10年後に刊行された姉妹版です。したがって、その後（1994年以降2004年まで）の第二言語習得研究の進展状況にも言及されています。本書では、前著の趣旨を踏襲しつつ、第二言語習得の理論的背景から、第二言語習得研究の知見を踏まえた指導方法や、その関連分野まで広範囲に網羅しています。第1章から第5章では、「普遍文法」、「認知からみた言語習得」、「社会言語学」、「脳科学」などの第二言語習得研究を支える理論面が扱われています。第6章から12章では、「教室内の第二言語習得」、「語彙」、「4技能」各々のメカニズム、プロセス、ストラテジーなどの指導法への示唆が説明されており、英語教育学との関連性が扱われています。第13章から第17章では、「メディア」、「言語テスト」、「コーパス」などとの関連性に焦点を当て解説がなされております。また、各章の章末には、「文献案内」や「練習問題」（「基本問題」と「研究課題」）が付され、読者のより発展的な学習に資するように配慮されております。（田辺奈穂子、寺内正典）

5. 鈴木良次，畠山雄二，岡ノ谷一夫，萩野綱男，金子敬一，寺内正典，藤巻則夫，森山卓郎（編）. 2006.『言語科学の百科事典』丸善.

　本書は、関連領域の最前線の進展状況が一望にできるという画期的な試みを目指した言語科学（linguistic science）に関する本格的な百科事典です。本事典で主に扱う言語科学の領域は、1. 人文科学編、2. 教育学編、3. 日本語学編、4. 社会科学編、5. 生物学編、6. 医学編、7. 工学編、8. 人間学編の8領域であり、理論言語学や応用言語学の類書と比べると、かなり広範囲な関連領域が対象になっており、他の関連領域の研究者にとって関心のある関連領域の研究動向の概要を概観する場合にも役立ちます。

　また360の中項目数を収録し、1項目を見開き2ページで解説し、図版、グラフ、表を豊富に取り組むというビジュアル面にも配慮した斬新なアプローチを取り、巻末には、素朴な疑問に答えることを意図した付録も多数、掲載されており、初学者への理解にも心を砕いております。（寺内正典）

索　引

ア行

アクションリサーチ　70
アンケート　69–96
異常値　44, 45
一元配置分散分析　116–28
一般化　165
意味交渉　62, 217
意味的結束性　66, 198
因子　171–85
因子負荷量　174, 181–82
因子分析　31, 171–85
インタビュー調査法　37
インタビュー・テスト　61
インタラクション　62
インパクト・ファクター　211, 213–14
インフォメーション・ギャップ　62
引用文献　212
横断的研究　165
オフライン処理　207
オフラインデータ　67
オンライン処理　207
オンラインデータ　66

カ行

回帰分析　44, 216
カイ二乗 (χ^2) 検定　45, 89, 143–56
概要　15
カウンターバランス　27
仮説　11, 12, 30, 188
仮説検証　12
仮説設定　12
間隔尺度　31, 89, 130, 157
棄却　101, 105
擬似インタビュー　62
記述統計　89, 95, 192
基準関連妥当性　33, 82
期待値　143–44, 149–50

基本統計量　48, 52–55, 89, 120, 123–24
無帰仮説　101–2, 105, 107, 113, 117, 136–37, 143
共分散　134
寄与率　180
区間推定　57–58
クラスター分析　217
クリティカル・シンキング　213
クローズ・テスト　66
クロス集計　86–89, 143–44
クロンバック α　32, 77–81, 94, 182
群間要因　120
郡内要因　120
形態素の習得順序　164–69
結束性　212
欠測値　44
欠損値　44, 45, 76
研究　20, 21
研究仮説　6
研究課題　6, 11, 188
研究計画　6　→リサーチデザイン
研究者観察法　36
研究方法　16
構成概念妥当性　33, 82
口頭発表　15
項目・全体得点　→ IT 相関
項目分析　32
交絡要因　6, 27
コーパス言語分析　215, 217
誤差　99, 117, 120, 127
語用論　63

サ行

再現実験　21
再生課題　66
再テスト法　26
最頻値（モード）　56, 93
再話　67

233

索　引

サマリー（要約）作成　63
参加同意書　28
残差分析　144, 149–56
産出的技能　61
三点測量　35, 70
時間的順序　65
刺激　27
刺激文　66, 196–202
事後テスト　27, 36, 61
自然習得順序　165, 169
事前テスト　27, 36, 61
実験　30
実験計画　27–28
実験群　30, 100
実験参加者　21, 28, 37, 60, 100, 136
実験デザイン　26–27
実験手続き　21
実験方法　21
実証的研究　14, 20–22
質的リサーチ　30, 35–40
質問紙　30, 215
質問紙調査法　38
シミュレーション　62
自由英作文　63
重回帰分析　216
自由再生　67
従属変数　24, 31, 61, 216
縦断的研究　165
自由度　50, 106, 120
主効果　121
首尾一貫性　212
受容的技能　61
順序効果　27
順位尺度　31, 157
上位・下位分析　→ GP 分析
情意的反応　70
条件作文　63
情報転移タスク　65
処遇　69, 100
心的表象　67
信頼区間　55–58
信頼性　24–26, 32, 75, 81, 99, 218
信頼性係数　58, 77

推測統計　95, 193, 201
推定値　77
数量的リサーチ　30–34
スピアマンの順位相関係数　31, 157–69
スピーチ　63
正規化　45
正規分布　45, 52, 130, 157, 191
折半法　26, 77
先行研究　15
前置談話文脈（情報）　64, 66, 196–202
尖度　56, 57, 93
相関係数　130, 134–38, 157,

タ行

ダイアリー及び学習ジャーナル研究　38
対応のある t 検定　100–1, 199
対応のない t 検定　100, 107–8
対応分析　217
第二言語習得（研究）　12, 13, 22, 23, 35, 164, 203, 215, 228–30
第二言語習得理論　14
第二言語談話処理研究　209
第二言語統語処理研究　64
第二言語文処理研究　196, 209
対立仮説　102, 136–37
多肢選択タスク　65
多肢選択法　72–73
多重比較　116, 121, 123–24, 128
妥当性　24–26, 32–33, 35, 60, 75, 82, 99
多変量解析　171–72, 217
単回帰分析　216
談話完成　64
遅延テスト　61
中央値（メジアン）　56, 76, 93
中間語用論研究　64
データフュージョン　47
データマイニング　47, 223
手がかりつき再生　67
テキスト・データ分析　39
テューキー　121
天井効果　76
統計シミュレーション　43
統計的有意差　99

索　引

統合化　16
統語解析能力　67
統語構造　67
統制群　30, 100
等分散　111, 113
独立変数　24, 31, 61, 216
度数分布　82–85, 143
度数分布図　→ヒストグラム
トランスクリプション　39, 217

ナ行

内的整合性　77
内容的妥当性　33, 60, 82
並べ換えタスク　65
二元配置分散分析　128
二変量解析　130, 172
認知言語学に基づく第二言語習得研究　203
認知的負荷　65, 66
認知脳科学　215
脳機能イメージング　215
ノンパラメトリック検定　143, 157

ハ行

発話プロトコル　66
パラメトリック（検定）　130, 157
バリマックス法　178, 181
反復測定データ　125
判別分析　127
ピアソンの（積率）相関係数　31, 130–42, 157, 191, 193
被験者　21
被験者間計画　125
被験者内計画　125
ヒストグラム　51, 82–85
筆記再生　67
標準化　45
標準化されたテスト / 試験　33, 99
標準誤差　56, 93
標準正規分布　45
標準偏差　43, 46, 50–51, 56, 58, 80, 81, 93, 94, 134
評定者間信頼性　32, 39

評定者内信頼性　32
標本　99
標本間因子　127
標本内因子　127
標本分散　49, 50
比率尺度　31, 130, 157
品詞タグ連鎖　218
部分英作文　63
普遍文法に基づく第二言語習得研究　203
プルーフ・リーディング　212
フロア効果　77
プロトコル分析法　37, 215
文献研究　21, 22
分散　48–49, 56, 93, 100, 108, 110, 117
分散比　108
分散分析　31, 116–128
平均　36, 43, 56, 94
平均点　51
平均値　48, 49, 80, 93, 116–17, 125
平均平方　120
平行テスト法　26
併存的妥当性　31
平方和　120
偏差値　45, 46
変数　171–73, 191, 217
母集団　49, 57, 136, 157
母分散　49, 50
母平均　58
翻訳タスク　67

マ行

マルチプル・データ分析　35
無相関の検定　136, 140–1
名義尺度　86, 143
面接インタビュー　62
問題・解決　14

ヤ行

有意確率（有意水準）101, 104–6, 111, 113, 116, 120, 137, 194
有効数字　44
誘導式絵説明　64

索　引

誘導式タスク　64
要約統計量　48
予測的妥当性　33
予備実験/調査　28, 76

ラ行

ラベリング　39, 172–74, 184
乱数　43
リキャスト　22
リサーチ・クエスチョン　30
リサーチデザイン　20, 24, 30
リッカート尺度　38, 72, 95, 176
リッカートタイプ　40
量的尺度　31, 130, 157
量的変数　30, 31
累積寄与率　180, 182
レビュー論文　21
ロール・プレイ　62
論理展開　65

ワ行

歪度　56, 57, 93

A〜Z

ANOVA　→分散分析
APA　212
COLT　36
c-test　66
df　→自由度
F 値　→分散比
F 検定　100, 108–11, 113
G-P（Good-Poor）分析　77
I-T（Item-Total）相関　77
p 値　→有意確率
R 言語　47
SAS　46
S 言語　47
SLA　12
S-PLUS　46, 47
SPSS　46
t 値　101, 106
t 検定　31, 99–114, 116–17, 201
T-score　45
z 検定　114

α 係数　→クロンバック α

英語教育学の実証的研究法入門
Excelで学ぶ統計処理

2012年8月15日 初版発行

編集代表	寺内 正典
発行者	関戸 雅男
印刷所	研究社印刷株式会社

KENKYUSHA
〈検印省略〉

発行所 株式会社 研究社
http://www.kenkyusha.co.jp

〒102–8152
東京都千代田区富士見 2–11–3
電話 （編集）03(3288)7711（代）
　　 （営業）03(3288)7777（代）
振替 00150-9-26710

© Masanori Terauchi et al., 2012

装丁：吉崎克美

ISBN 978-4-327-41081-0　C3082　　Printed in Japan